香港學校課外活動發展史

香港學校課外活動發展史

曾永康　黃毅英

合編

香港城市大學出版社
City University of Hong Kong Press

本書部分圖片承蒙下列機構及人士慨允轉載，謹此致謝：

英華書院(頁36)；
香港教育局(頁66)；
香港課外活動主任協會(頁162)；
曾永康(頁134、頁150)；
馮以浤(頁54、頁76、頁82、頁128)；
黃毅英(頁6、頁8)；
聖保羅男女中學(頁40)；
蔡香生(頁58)；
龔萬聲(頁158)。

本社已盡最大努力，確認圖片之作者或版權持有人，並作出轉載申請。唯部分圖
片年份久遠，未能確認或聯絡版權持有人。如版權持有人發現書中之圖片版權為
其擁有，懇請與本社聯絡，本社當立即補辦申請手續。

國際統一書號：978-962-937-589-8

出版

香港城市大學出版社
香港九龍達之路
香港城市大學
網址：www.cityu.edu.hk/upress
電郵：upress@cityu.edu.hk

The History of Extra-curricular Activities in Hong Kong Schools (in traditional
Chinese characters)

ISBN: 978-962-937-589-8

Published by
City University of Hong Kong Press
Tat Chee Avenue
Kowloon, Hong Kong
Website: www.cityu.edu.hk/upress
E-mail: upress@cityu.cdu.hk

Printed in Hong Kong

獻給香港課外活動主任協會

藏脩息遊

《禮記·學記》：

　　大學之教也，時教必有正業，退息必有居學。不學操縵，不能安弦；不學博依，不能安詩；不學雜服，不能安禮；不興其藝，不能樂學。故君子之於學也，藏焉脩焉，息焉遊焉。

《教育大辭書》就「藏息相輔的課外活動」作解釋：

　　所謂「時教必有正業」是指正式作業，「退息必有居學」是指課外作業，二者宜相輔相成。所謂「操縵」是指課餘的音樂活動，「博依」是指課餘的歌詠活動，「雜服」是指灑掃、應對、進退、投壺、沃盥等各項活動，「興其藝」是指射箭、騎馬、六書、九數等各項活動。學生能參加各項課外活動，才會對於正式作業有濃厚的興趣。「藏」是儲蓄其既知，「脩」是修其未知，「息焉遊焉」，是指休息的時候可參加各種遊戲、運動、娛樂、表演、集會、結社等活動，以發展個性、調劑身心。綜而言之，是主張教學要兼重正式作業與課外作業，二者必須相輔為用，才能相得益彰，顯示教學的成效。也就是說，學生若能藏修時專心藏修，息遊時專心息遊，兩者相輔為用，勞逸調和，自然身心舒泰，容易達成學習效果（蔡碧璉，2000）。

鳴謝

感謝霍秉坤教授積極參與本書寫作；鄧國俊博士提供資料；王紫妍女士、高蘭芳女士致力協助文書處理；英華書院鄭鈞傑校長、香港真光中學許端蓉校長及鄺文慧副校長（2008年香港課外活動主任協會主席）慨允閱覽兩校校史室，搜集相關資料；台灣國立臺灣師範大學教育學系劉蔚之教授襄助提供劉桂焯博士論文；香港中文大學課程與教學學系林智中教授及資深教育工作者蔡香生先生擔任評論嘉賓；高威林先生和張維醫生分別贈以《健民百年——南華體育會一百周年會慶特刊》及 *The Quest for Gold: Fifty Years of Amateur Sports in Hong Kong* 作參考；「藏脩息遊」得書法家蔣康先生題簽，謹此一併致謝。

目錄

評論嘉賓回應

香港學校課外活動發展史

序言

在現今的社會，絕大部分人都接受過學校教育。在「正規教育」之上，還有「課外活動」一環。課外活動雖然名為「課外」，但它與「正規課程」往往產生互補甚至互動的關係，而對於不少人而言，它是校園生活中印象最深刻、經歷最快樂的時光。課外活動的魅力、功能和局限到底是什麼呢？要了解一個領域的現況，甚至前瞻未來，最有效的辦法可能是回顧它的發展歷程。香港在二戰前已有多種不同背景的學校，如政府辦的官校、教會辦的資助學校、社團辦的義學和私人辦的學校（包括傳統的私塾、無黨派的私校、親國民黨的「僑校」和親共產黨的「愛國學校」等）[1]。這些學校，因着其文化、政治背景及資源，發展出其獨特的課外活動。又如村校，因着其自然環境，課外活動往往融入了師生的生活當中[2]。總的來説，這段時期，香港學校的課外活動已經趨向成熟、從起步階段過渡到蓄勢待發的階段了。

香港學校課外活動在過去一世紀走過了萌芽階段及茁壯成長之路，當中經歷了不少變革轉型，以回應時代的轉變和教育的改革。香港課外活動主任協會在香港課外活動發展的歷程中，產生着舉足輕重的作用。本書的編輯和策劃者，在協會成立 37 周年之際，特別編撰本書以闡述香港課外活動在超過一世紀所走過的路，並嘗試探索課外活動未來發展的路向。本書各章作者自 1960 年代起，曾在不同時期積極參與香港學校課外活動的發展及相關教師培訓工作，希望藉本書為大眾娓娓道出「行內人的故事（insider's story）」，並試圖展望未來的發展和挑戰。

---

1. 見方駿、熊賢君（2007）。
2. 見羅慧燕（2015）。

全書共十章，每章因應主題內容交由最合適人選用心撰寫。第一章由兩位編輯黃毅英及曾永康聯同熟知香港教育歷史的霍秉坤執筆，內容先為課外活動下定義，為讀者作佈局，然後討論課外活動的出現及其如何為教育家所重視，並述說課外活動在香港早期教育背景下如何引進香港。

　　第二章至第四章從香港課外活動的早期發展，一直談到它在「麥理浩時代」中漸趨成熟。這三章均由馮以浤執筆，他不只是香港課外活動的中流砥柱，而且在這段時期，他身體力行，積極參與課外活動、學運等，他從第一身經歷道出內裏故事，由他撰寫這三章無出其右。

　　及後至1980年代，隨着普及教育的推行，香港教育產生了根本的變化，香港課外活動亦進一步綻放。於此時期，郭偉祥及黃毅英由走在前線、於學校推行課外活動，到擔任課外活動主任，以至後來分別出任校長及大學講師，故此由他們執筆撰寫第五章至為合適。

　　循着上述發展，香港課外活動於千禧前後，在教育改革的背景下進一步蛻變。在這段時期，曾永康不單在前線擔負學校課外活動主任工作，還積極參與協會發展，亦在學界、教育局諮詢組織及大學裏不倦地協調和推動課外活動，第六章論述課外活動變革，曾永康為最合適執筆人選。

　　歷史書刊向來「述」與「論」並行。第七章討論協會成立與課外活動發展的關係，及探討課外活動的教研工作，由協會中堅分子及課程領導曾永康，夥同積極參與協會各項相關研究的龔萬聲聯合撰寫至為合適。曾永康積極推動及統籌課外活動各層次之課程眾所周知，不待多言；龔萬聲由修讀上述課程，及後在進修碩士及博士期間，曾接觸境內大量課外活動研究資料，由他為香港的課外活動研究進行綜述最為恰當，並將詳細分析載於附錄。

　　本書從第八章開始會為香港課外活動前瞻作佈局，會較多着墨於評析。第八章分析了香港課外活動當前的形勢和面對的挑戰，論及教改下的課外活動，由龔萬聲及黃毅英執筆，前者曾進行幾次全港課外活動的調查研究，從

中可清楚勾畫出當中的變化；後者在教改前後曾對香港課外活動情況作出不少探討，亦曾作過「跨文化比較研究」。兩人希望透過一個假設性人物，激發讀者反思而不是提出定見。

第九章承接第八章探討另一個重要環節：非由學校老師帶領的「課外活動」，雖然坊間一向存在消閒活動及培訓項目，以及學生在餘暇進行而又不受學校規範的活動，但在教改下，這些活動進一步轉型。本章又會利用過往一些調查研究拱托其論述和觀點。

第一章由兩位主編執筆，並特邀較熟悉香港教育史的霍秉坤博士加入。最後一章即第十章亦是由兩位主編撰寫（只是二人的排位轉換了），這樣的刻意安排是希望為讀者帶來進一步的反思空間。尾章大量運用了「假設性情景」，從正反兩方面多角度探討關於香港課外活動的不同問題，亦承接上述的假設性人物作出描述。教育從來都不是單向的固定軌跡，我們希望讀者在閱畢最後一章及省覽全書後不是得出一個個結論，而是更多的思考和疑問。

本書於撰寫期間搜集了大量資料，包括境內外的教研成果等。為方便讀者，編者將一些具體資料放於附錄，其中包括香港教育及課外活動相關大事年表。這些資料對了解香港課外活動發展具有關鍵作用，並非可有可無，讀者宜詳細參考。

本書很榮幸獲得兩位教育學者參與點評，一位是課程論專家學者林智中，另一位是課外活動教師培訓先驅兼實踐學者蔡香生，我們在此衷心致謝。

全書秉承「藏脩息遊」的精神，這正正反映我們對課外活動的想法。沒有息遊之留白，欠缺活動的體驗，學校生活容易變得枯燥乏味，而且學生難以達到真正的學習。我們在寫作過程中，既要維持論述的學術嚴謹性，又需照顧行文順暢及可讀性，也期望讓這本書為日後做相關研究的讀者作參考，因此為了取得平衡，我們沒有完全依照學術論文的徵引格式，但盡量保證所引用的文獻均能在書末的「參考文獻」或註腳中找到，全書（鳴謝除外）稱

謂從略，希望讀者理解。此外，編者盡量保持全書的一致性，但同時尊重每位作者的風格和個人觀點，故此各章文責由作者自負。

最後，我們謹以此書獻給每一位在陽光下流汗，在風雨中奮進，透過課外活動伴着學生成長，致力促進學生「多元經歷、全人發展」的教育工作者。

曾永康　黃毅英

策劃委員會及作者簡介

(依姓氏筆畫排序)

策劃委員會：郭偉祥、陳德恒、曾永康、馮以浤、黃毅英、龔萬聲。

策劃委員：（左起）黃毅英、陳德恒、馮以浤、郭偉祥、曾永康、龔萬聲

策劃委員及作者

郭偉祥 BSc (Simon Fraser), MA (Ed) (CUHK), PCEd, Cert (Ed Adm), PGD (English Studies)

　　曾肄業於柏立基師範學院、加拿大 Simon Fraser University、香港大學、香港中文大學、英國 Durham University 及華中師範大學。從事教育工作三十多年，曾任課外活動主任及學科主任多年，任中學校長一職約 20 年，其後出任香港保良局教育總主任（中學發展）、明愛職業訓練及教育服務總主任之職。曾擔任香港課外活動主任協會主席(1987–1990，第四至七屆)，現為協會專業發展顧問。

郭校長曾擔任教育署「學校管理新措施」學校行政手冊起草委員會成員（1991-1992），在 1997 年曾參與編寫教育署「課外活動指引」，並曾為「推動學校成立制服部隊」工作委員會及導向委員會委員。在香港新高中課程改革期間，郭校長在 1999 年起出任教育局課程發展委員會「體育學習領域」主席一職約十年。自 1999 年起，郭校長於香港中文大學、香港大學及澳門大學擔任兼職講師，教授課外活動管理專業文憑及碩士、教育行政、教育證書等課程。個人興趣包括網球、遠足、體育運動及唱歌等。

陳德恒 BSSc, MEd (CUHK), MH

資深教育工作者，人稱德叔。香港課外活動主任協會創會會長（1984-1986，第一至三屆），現為協會專業發展顧問。從事教育工作四十多年，早年曾任職香港培正中學，擔任地理科教師、活動主任、訓導、副校長等職務；後任潮州會館中學校長（2002-2006）。

退任校長後，猶熱心教育，仍遊走於大中小學校園，發揮餘熱。曾任教育局校本專業支援組計劃顧問、香港中文大學學校發展主任、香港大學教育學院教育領袖培訓中心主任、香港政策研究所教育政策與學校發展研究中心客席研究員及講師、電台節目主持、《明報副刊》教育專欄作家，並兼任香港及澳門五間大學講師，擔任學校支援，培訓港澳及中國內地校長及教師達 24 年，任教課程包括課外活動、非正規課程、博物館教育、校園法律、青少年成長及訓輔導、學校行政等。出版編著有《課外活動：香港課外活動主任協會十週年文集》及《教育心語(5)──課室以外》。陳校長曾於 1994 年獲香港政府頒授榮譽勳章，以表揚他對香港教育的貢獻。

曾永康 BEd (Hons), MA (Wolverhampton), EdD (Leicester), FCollP, FRSA

香港教育大學「教育創新領導計劃」副總監，香港中文大學課程協同總監，潮州會館中學教育發展顧問。教學四十餘載，曾任潮州會館中學校長 12 年（2006–2018），中學活動主任 16 年。現為香港課外活動主任協會專業發展顧問、曾擔任協會第十八至二十一屆主席（2001–2004），於 2002 年主辦「兩岸四地（大陸、香港、澳門、台灣）課外活動專業發展研討會，同年應邀出席在中國湖北舉行之「國家級實驗區綜合實踐活動課程專家組研討會」擔任主講嘉賓。曾博士於 2005 年與香港中文大學教育學院、香港教育研究所及香港課外活動主任協會共同創辦「學生活動教育文學碩士課程」，並擔任課程主任及講師。廿多年來，擔任香港中文大學「中學課外活動管理文憑課程」課程主任，「小學課外活動管理文憑課程」課程顧問，「中小學學生活動管理專業文憑課程」課程總監；在香港各大學、澳門教育暨青年局及教育院校兼任教師培訓工作。曾博士曾於 2016–18 年獲教育局委任為「教師及校長專業發展委員會」檢討教師專業能力理念架構的專家小組（T-標準[+]聯席會議核心小組）成員；2018–20 年被香港特別行政區委任為「職業專才教育工作小組」成員。曾博士現為香港童軍總會領袖訓練學院質素保證委員會主席、職業訓練局「職業專才教育證書課程」校外評核員及其 QESS 項目校外顧問，「賽馬會鼓掌‧創你程計劃」學校專業發展課程顧問。

主要學術研究範疇包括課外活動管理、優質教育領導、職業專才教育、校本課程研究、教師工作壓力等。出版著作有《香港中、小學課外活動資料冊 2003》、《學生活動風險評估與管理》、《課外活動：探究與管理——香港課外活動主任協會 20 週年文集》（合編）等。對素質教育及師生的全面發展尤為關注，身體力行，童軍生活 52 載，擅長攝影設計、游泳拯溺，喜愛閱讀創作，具遊艇船主執照及輪機師執照、專業導遊及專業領隊資格、的士駕照等，未敢自誇多才多藝，惟承認多元經歷，興趣多方，全人發展，活力創意十足。

馮以浤 BA, Dip Ed, MEd (HKU)

香港出生，祖籍廣東南海。學生時代是課外活動積極分子：拔萃男書院乒乓球隊隊長和綠社社長，曾代表綠社參加田徑、游泳、足球、籃球及乒乓球比賽；香港大學象棋隊和橋牌隊成員，以及聖約翰學院（宿舍）體育組長，曾代表宿舍參加足球、籃球、乒乓球、象棋及橋牌比賽；也曾參與學生會舉辦的話劇演出，並與同學一起創辦象棋會和天文學會；又曾參加香港的象棋、國際象棋、橋牌和攝影等比賽，曾獲校際象棋團體賽亞軍、學生個人國際象棋賽亞軍和兩次公開攝影比賽作品優異獎。

1961年大學畢業後返母校任教。在拔萃任教時，與同事創辦校內月刊《阯報》。後離職年半，回港大修讀教育碩士，專研課外活動。復職後，任課餘體育活動主任（Sportsmaster，相當於課外活動主任），期間曾擔任港九國弈會青年部長、代表香港參加1966年在古巴舉行的第17屆奧林匹克國際象棋團體賽，以及領導男女拔萃兩校學生於香港大會堂劇院以粵語演出希臘詩劇《安棣傳》。

任職港大明原堂舍監兼教育系講師時，曾獲香港國際象棋公開賽個人冠軍，當選香港國際象棋總會主席及兩次代表香港參加國際比賽。教學方面，1970年代中在教育系創設課外活動科。1979年轉職中大後，曾先後於1980年創設課外活動科和1983年組織以「課外活動」為題的中學校長研討會，並於會後成立「課外活動統籌主任協會」。隨後又出版了三冊關於課外活動的書籍：《小學課外活動》、《中學課外活動的理論與實踐》和《課外活動研究》。1994年退休時是課程與教學系主任。

退休後，出版了多項著譯，重要的有 *To Serve and To Lead: A History of the Diocesan Boys' School* (with Chan-Yeung Mo Wah Moira)、《胸肺疾病手冊》（陳慕華英文原著、馮以浤譯）、《小河淌水：退休教師回憶錄》、《人類文明簡史：從中國看世界》（雙語版，張曼儀英譯）、《林護》（陳慕華英文原著、馮以浤譯）。

黃毅英 BA, MPhil (HKU), MA (Ed) (CUHK), PhD (HKU), PCEd (HKU)

　　香港出生廣東順德人。曾於官、津、私中學任教凡十年，其中七年為課外活動主任。退休前為香港中文大學課程與教學學系教授，曾任本科課程學務委員會主席，數學教育理學碩士及學生活動文學碩士兩個課程的總監，學院教學人員人事委員會成員，又曾獲中大教育學院教學獎及優秀研究獎。於境內外發表學術論文超過 500 篇、專著超過 25 本、報章文章超過 1,600 篇。曾任香港數理教育學會數學科召集人、香港數學教育學會創會會長及香港課外活動主任協會專業發展顧問。現為香港教育大學課程與教學學系名譽教授。

　　性格內向，不好對奕。然命運驅使與不同活動結緣。中學時期為美術學會幹事、三個歌詠團團員，課餘協助父親授拳。誤打誤撞，亦曾取得篆刻獎和一些文學獎。退休後撫琴自娛，並成為香港史學會研究會員。

龔萬聲 BSc (Hons), MA, EdD (CUHK), PGDE

　　現職新界鄉議局大埔區中學化學科主任、教務主任，曾擔任課外活動主任、社監、學生會、電玩學會、足球學會及其他課外活動學會負責導師。自 2012 年起擔任香港中文大學課程與教學系兼職講師，任教中、小學學生活動的設計與實施。曾任香港中文大學學生活動教育文學碩士課程畢業同學會主席，亦曾為學生活動教育文學碩士課程的兼職講師。與其他關心香港課外活動的前線老師於 2013、2014、2018 年先後發表全港中、小學課外活動調查報告。

　　自幼有收集的嗜好：集郵(尤好香港早期郵票蓋銷法國船印)、香港紙幣(尤好編號 7 號的紙幣)、貝殼(尤好骨螺及芋螺)。間時亦愛閱讀、書法、各種球類、行山、游泳……所謂「火麒麟、周身癮」，中學時期已開始參加各種課外活動，如校內紅十字會青年團總隊長、話劇團、公益少年團、集郵學會、野外定向、獨木舟、足球隊等。

特邀作者

霍秉坤 BA, MEd, PhD (CUHK)

　　香港教育大學課程與教學學系助理教授。獲文學士、教育碩士、哲學博士(香港中文大學)。曾任中學教師、香港中文大學課程與教學學系助理教授。主要研究方向為課程政策、課程理論與實施、通識教育科課程與教學、教學方法與設計。曾編著《香港近半世紀漫漫「小學數教路」：現代化、本土化、普及化、規範化與專業化》(合著)、《尋找課程論和教科書設計的理論基礎》(合著)、《教學：方法與設計》(合編)、《現代學習與教學論：性質、關係和研究》(合著)等。同時，於學術期刊發表論文五十多篇。

　　自幼至今，更喜歡課外體驗，涉足不同類型活動，且興趣盎然：體育類如足球、籃球、羽毛球、乒乓球、桌球、單車等；文藝類如辯論、問答比賽、閱讀、閒聊。學習與工作時間以外，喜歡散步，經常觀賞體育運動，擔任義務工作。

香港學校課外活動發展史

第一章　課外活動與學校教育的關係

曾永康、黃毅英、霍秉坤

課外活動的定義

　　「課外活動」是什麼？答案恐怕因人而異，甚至有人會廣泛地把學生在課堂以外進行的活動（餘暇活動）也囊括在內。若按此廣闊定義，只要有學校和學生，便會有課外活動。據《新安縣志》[1]記載，北宋熙寧年間（1068-1077）進士鄧符協於今香港新界錦田桂角山南麓築建「力瀛書院」[2]，講學於其下。力瀛書院是香港歷史上最早有記載的書院，相傳該書院的學生愛到桂角山上的「鰲魚石」遊玩，取其「獨佔鰲頭」之意。那麼，香港的課外活動或可追溯到北宋年間。

　　事實上，課外活動多采多姿，與學校其他活動的關係也是因時而變的。今天的術科例如美勞、工藝、音樂、體育等科目，在某個時期亦算是課外活動；校外的興趣班或放學後自發到校外打球、參加教會活動，甚至是玩電腦遊戲，在某

---

1. 見《新安縣志》卷四〈山水略〉。
2. 「力瀛書院」又名「力瀛書齋」，創立於1075年。

些人眼中也是課外活動。我們可以進一步思考：「是否學校認許或知情」及「是否與課程範圍有關」對界定課外活動是不是那麼重要？

課外活動類別繁多，李相勗、徐君梅、徐君藩和楊寶乾列舉了不少；而課外活動的同義詞及相關詞語也有頗多，例如：聯課活動、原課活動[3]、第二教室、學生實踐活動、經驗學習、第三課程、非正式課程、全方位學習、其他學習經歷等[4]。這些既有共通之處，亦承載着不同的理念。

香港教育署在1980年代以後發出的文件如《學校德育指引》、《學校公民教育指引》、《學校性教育指引》、《學校環境教育指引》等都以「非正規課程」作為討論的起點[5]。自此，課外活動便逐漸與課程拉上了關係。教育署在1997年發出的《學校課外活動指引》一開始更明確指出課外活動「實質上是學校課程的一部分」[6]。

中國課外活動先驅李相勗等在上述著作中指出：「從前課外活動的定義，有很多人下過。……然而他們對於課外活動的解釋，大都是『學生在正課以外所參加的，同時不能獲得學分的活動』」[7]。這大抵採自 Jordan 在1900年的界定。香港學者亦沿用這個定義，即「課外活動是指由學生團體或教育機構為培養學生的興趣和能力，以及向他們提供娛樂和進行教育，而舉辦的各種不算學分的活

---

3. 在上課時間表內騰出課節進行各種活動。

4. 楊寶乾（1959）舉出了12個相關名稱，包括「統整活動」（integrating activities），並特別提出「防課活動」。楊極東（1990）一文便舉出了「近似課程活動」（semi-curricular activities）、「聯課活動」（co-curricular activities）、「室外活動」（extra-class activities）、「團體活動」（group activities）及「學生活動」（student activities）等類似觀念（頁1）。Frederick（1959）更舉出13個相關定義。亦見李相勗、徐君梅、徐君藩（1936）；李相勗、陳啟藩（1935）和 Tsoi（1973）。

5. 「正規」與「正式」的譯名在當時未有清晰劃分，有時會交替使用，在教育署（1984）中，時任教育署署長梁文建用「正規課程」、「非正規課程」（頁2–3）。但在小組討論報告中第三組至第七組均用「正式課程」、「非正式課程」。

6. 見教育署（1997，頁1）。

7. 見李相勗、徐君梅、徐君藩（1936，頁1）。

動」[8]。這其實與Good於1945年在美國的《教育詞典》所下的課外活動定義[9]類同。嗣後香港學者在課外活動的研究上多依照這個定義進行。

課外活動的出現與發展

中外教育家對「課外活動」的重視由來已久，例如古希臘已着重競技和辯論，中國周朝的貴族也接受六藝教育[10]。不過競技也好、六藝也好，其實是當時「主流學習」的一環，譬如「六藝」中的「射」、「御」是一種「學科」多於「課外活動」。科舉制度在隋代建立之後，雖然各朝的教學內容及考核形式有所不同，但考試無可避免地以筆試為主，內容圍繞經籍，然而射、御、書畫等仍是儒生的學習內容。唐朝武則天更開創「武科」[11]，當然武科是「高持份考試」多於「課外活動」。無論如何，古今中外，雖然教育的範圍以至這些技藝的定位因時而異，教育不只集中於今天所謂的「主流學科」。

我們仍可進一步思考「古代教育家重視課外活動」這個命題。雖然古代中國有太學、希臘有「學院」，但它們只是面向少數精英。中國雖然後來有了私塾，但與現代的學校有很大的分別。它們的設立，主要是為了培訓學生參加科舉考試，而不是為了向一般從事農、工、商等行業的老百姓提供教育。事實上，現

---

8. 見馮以浤（1988，頁1）。

9. 「與學術成績無關，在某些控制方法下，由學生團體、教育機構贊助及組織的節目與項目，以能娛樂、指導及（或）提供機會練習技能及興趣。」"Programs and events, carrying no academic credit, sponsored and organized by pupils' or students' organizations or by the educational institution, designed to entertain, instruct, and / or provide exercise of interests and abilities' subject to some measure of control by the institution." (Good, 1945, p. 7).

10. 禮、樂、射、御、書、數。

11. 「武舉」由武則天於公元702年開始推行，考試內容包括箭、弓、刀、石等。以後宋、明等朝都有武舉，至清朝時改稱「武科」。中國歷史上武舉一共進行過約500次。中武舉者稱為武舉人，武舉第　則稱為武狀元。

代的學校制度是18世紀才開始在歐洲形成的[12]。所以，「古代教育家重視課外活動」和「古代學校教育重視課外活動」有着微妙的差別。

我們又可以回過頭來看看，古代的學子一般是如何進行學習的。我們試想像佛陀或孔子和他們的弟子：學生在勞動、學習，以至進行休閒活動時，很可能都是和老師在一起的，因此，老師的揚眉瞬目可以是一種教育過程[13]。故此，課外、課內的界線不一定壁壘分明。因為學習本身是透過種種活動，甚至利用大自然來進行的。所以，廣義上説，教育本來就是重視「課外活動」的。

學習「制度化」之後，逐漸形成了所有學生都必須學習的「共同內容」，例如西方社會所説的「3R」（讀Reading，寫wRiting，算aRithmetic）。再發展下去，學校「應教應學」的「正當」學習範圍也界定得越來越清楚：一些「被看不起」的（如某時期的武術、舞獅）或「被視為可有可無」的（如插花[14]或某個時期的術科），便撥作「課外活動」。所謂「課外」是相對「課內」而言；而所謂「課外活動」能輔助「正規課程」的言論，則只是有了「正規課程」這項界定之後的推論而已。有了「正規課程」的界定，才有「課外活動」的出現。

每當「正規教育」受到過度的強調、課內課外的界限顯得太清楚時，大家就開始想起「正規教育」以外的活動（即廣義的「課外活動」）所產生的功能。難怪楊寶乾認為：「課外活動」的另一意義是「防課活動」(anti-curricular activities)。他特別提到：「『防』字是從抗毒一語而來，是中和毒素，防止中毒的意思。防課活動是防止傳統的、古老的、死板的、書卷氣的、讀死書的、與生活無關的課程去毒害兒童心靈，名稱雖然生硬，可是卻能充分地表示課外活動的意義和精神」[15]。

12. 見Archer（1984）.
13. 見蔡榮婷（1986）。
14. 早在18世紀或以前，女性已有教育機會，但與男性分開學習，並且主要在於強化她們的性別角色，包括家務（housewifery）、刺繡及烹飪，見Sagrago（2017）
15. 楊寶乾（1959，頁2）。

20世紀初期開始受到重視

　　西方國家在1760年代開展工業革命，需要大量人力資源，於是設法把適齡兒童「趕進」學校，進而釐清教學內容。隨着情況的發展，社會最後出現了「教育民主化」(democratization of education)的呼聲[16]，其早期的目的是保障貧窮兒童、女性和少數族群有受教育的機會，之後更擴展到學生有決定學習內容和取向的權利；後期更包括課程和教科書的民主化。於是各種「以兒童為中心」的教育理論陸續受到重視，尤其是杜威(John Dewey, 1859–1952)和布魯納(Jerome Seymour Bruner, 1915–2016)所提出的想法。

　　我們必須一再強調，這些思想家提出的理念各自有其不同的時代背景和哲學基礎。他們的立論不同，但卻異曲同工地令眾人關注到一些可能忘卻了的學習理念，包括學生自主學習、經歷學習、實作學習、學會學習等。這些理念引發了不同時期的教學主張，如以兒童為中心課程、活動教學、探究式學習、發現式學習、從遊戲中學習、活動教學、能力培養、創新能力的啟發、「再創造」(re-invention)，學生主動建構和透過「對話」(discourse)進行社群建構（於是衍生小組討論和問答式[17]學習法）……這些都旨在培養「跨科能力」以消弭「學科籓籬」(compartmentalization)。這些甚至引發知識的本質、獲取和製造知識的方法和那些值得學習的討論[18]，而上述教學主張都涉及學生活動，透過動手進行學習，而非單向接收知識（「死讀書」）」，在某程度上促進了大眾對課外活動的重視。

　　美國哥倫比亞大學教育學院於1919年首辦課外活動專業課程。被譽為美國課外活動之父的Fretwell在1931年指出課外活動的重要性。他的言論得到教育界，如Johnston及Faunce的響應，很多國家掀起了研究課外活動的熱

---

16. 見 Sagsago (2017).
17. 這不同於老師考問學生，而是透過「師—生」或「生—生」問答，建構知識。
18. 見 Hirst & Peters (1970).

2013年學生參加教協的全港數學比賽，圖為學生動手部分，是以實踐活動輔翼傳統教學的例子。

1989年香港統計學會舉辦的香港統計習作比賽，亦是學科與活動相結合的例子，圖為獲獎隊伍。

潮。McKown、Miller、Moyer、Patrick 和 Terry[19]的有關著述也相繼出現，各種論述如雨後春筍，包括 Bossing, Gruhn & Douglass[20] 及 Williams 等。Reavis, Hamilton、Van Dyke 等亦對課外活動作了一次大型調查。於是，這些西方學者為現代課外活動的研究及發展揭開了序幕。

20 世紀初，中國積弱不振，列強入侵。這時，中國向德、日、美等國家學習，自強運動應運而生。1909 年初，同盟會會員為了培養武裝革命力量，組織了精武體操學校。民國建立之後，上海精武體育會於 1916 年成立時，孫中山親臨祝賀[21]。中國於 1927 年正式提升了武術的地位，正名為「國術」，並成立中央國術館，而不少國術團體也在內部進行了一場「新武化」運動[22]。民初武術的復興跟課外活動早期的發展有着密切的關係，詳見第二章。

五四運動年代，杜威來華講學，為中國教育帶來了自由主義的高潮，例如以自由創作取代「樣板畫」、自由操代替團體操[23]。不過很難斷言「課外活動」是在五四運動期間才出現，因為古代已有所謂「遊息」[24]。另一方面，我們可以從下文看到，當時的一些活動在今天可能已經納入「課內」。

根據我們掌握的資料，李相勗是近代中國第一位有系統地論述課外活動的學者。他於 1921 年考入清華大學教育系，1924 年以優異成績被保送到美國加利福尼亞大學。因此，他的「課外活動」理念很可能來自美國。他於 1935 年與陳啟肅合譯《課外活動的組織與行政》，並於翌年與徐君梅、徐君藩合著《課外活

---

19. Terry (1930) 與他人合寫多篇相關文章，差不多每年均撰寫課外活動之參考選篇 Summary of Investigation of Extracurriculum Activities，包括 Terry (1932a, 1932b, 1934a, 1934b, 1935, 1936, 1937, 1938, 1939, 1940, 1941, 1942, 1946)、Terry & Brown (1948)、Terry & Charter (1947)、Terry & Cooper (1943, 1944)、Terry & Hendricks (1949)、Terry & Olson (1951)、Terry & Peterson (1945)、Terry & Stout (1950).

20. 中譯見陳奎憙(1971)。

21. 見精武體育會(1919)。香港的精武體育會情況可見黃漢勛(1954)。

22. 見黃漢超(2002)；盧煒昌(1955)。

23. 見鄧國俊等(2006) 及 Sweeting(1990)。

24.《禮記•學記》：「藏焉，修焉，息焉，遊焉」。

上環普慶坊香港精武體育會會員練習武術。

動》。他們在《課外活動》一書表明「中國之有課外活動，完全由美國輸入」[25]。他們又指出，當時的課外活動主要是由美國在中國開辦的教會大學，包括上海的聖約翰、南京的金陵和廣州的嶺南等大學所推動。

辛亥革命前的香港社會

英國管治香港後，其教育政策與社會狀況關係密切。現先簡述當時的社會背景。

1. 百業待興的小島

香港面積雖小，但地處中國南端，是中國的對外門戶，在近代中國歷史上佔有一定的地位。香港割讓給英國之前，雖非繁華都市，但亦非渺無人煙之地。除了陸續出土的新石器時代古蹟外，南北朝劉宋時，相傳杯渡禪師曾到屯門，居於青山的大山巖，故青山又名「杯渡山」。其後「杯渡庵」改建成「青山禪院」，為香港三大古寺之首，港督金文泰曾為山門題字。到了唐朝，香港有更為明顯的發展，玄宗時曾在香港屯兵，屯兵地方因此得名「屯門」。它亦是外國商船進出廣州前的暫泊地。唐昭宗時，香港現在的五大原居民氏族[26]開始定居新界。五代十國後，香港採珠業持續發展，雖然間或因官方禁止而停業，但它在發展的過程中促進了香港的經濟活動是無庸置疑的。宋朝時，香港曾興建鹽場，並有鹽官駐守，負責產鹽的工作及統籌鹽場的活動。南宋末年，宋端宗趙昰和宋帝昺逃至香港，傳說曾在九龍城與土瓜灣之間的地方休息，這個地方後來因此稱作「宋王臺」。2014 年興建沙中線鐵路時發現的宋元古井和建築遺跡，有說可能是香港

---

25. 李相勗（1936，頁3）。
26. 即新界五大原居民家族．錦田鄧氏、新田文氏、上水廖氏、上水侯氏及粉嶺彭氏。

當時的主要社區聚落[27]。明朝時，香港盛產香木，產品沿長江運往蘇杭銷售，香港的商貿日漸蓬勃，人口增加，進而成為沿海防禦倭寇的重鎮之一。清朝初年實施海禁政策，香港居民被迫遷入內陸。後康熙允許復界，居民陸續遷回，新界五族的族譜亦有打醮答謝的記載。清中葉後，香港因為是鄰近廣州的深水良港，吸引了不少外國商船到此停泊，進而發展成以貿易業、貨倉業為主的轉口港。由此可見，開埠前的香港雖非繁華都市，但亦非荒蕪之地，仍有一定的經濟活動，也有不少居民在此生活。

可是，英國人登陸時，卻視香港為一個缺乏光彩、沒有吸引力和前景暗淡的港口；英國維多利亞女皇曾說「香港是一個毫無用處之地方」[28]。1841年4月21日，英國首相坦普爾（Temple）在評論香港時也說：「香港是一個罕見房屋的荒蕪小島」[29]。根據1841年5月15日的香港憲報[30]，香港島只有二十多個村落，全島合計共有4,350人。如果加上流動性比較強的商業居民、水上居民、僱用九龍勞工等，總數達7,350人。

2. 中英文化交融的社會

初期英國人主要從經商角度考慮香港的管治。當時，香港人口有98%為華人，其中大部分由中國內地遷入，特別是廣州附近地區。移民南遷，一方面是為了謀生，另一方面是為了逃避中國內地的戰亂。他們大多只打算暫居香港，待中國局勢穩定後，便返回原居地。香港早期社會沒有傳統士大夫階層，也沒有地位崇高的知識分子，只有着重商業、以經濟發展為己任的商人，這便是香港開埠初期的主要特色。

香港學校課外活動發展史

---

27. 雖然鄧聰（2014）〈沙中線九龍城古井〉對聚落中心仍有保留，但可見宋朝已有居民在九龍城聚居。見www.amo.gov.hk/scl/pdf/threats_b5.pdf（2019年摘1月1日瀏覽）。

28. 見方美賢（1975，頁6）。不過當時所指的「香港」是哪個地域又是另一個有趣的課題，可能只是指他們登陸今天的上環一帶。

29. Endacott (1964, p. 25).

30. 當時名稱為《轅門報》。

同時，香港也是一個中英文化交融的地方。1842年以後，英國人藉着推行英語教育，把英國文化引進香港。1860年，《北京條約》簽訂後，港英政府為了配合在中國擴展勢力的需要，致力在港培育英語人才和接受西方教育的華人。歐德理（E. J. Eitel）在1878–1897年擔任教育督學時，強調香港是把西方文化帶到中國的理想地方，他在任內放棄了中文學校而加強英語教育。香港因受到中、西不同文化的衝擊，以致社會和文化有獨特的發展，這對香港教育制度的發展產生了重大影響。處於此社會狀態之下，港英政府日後建立起來的學校制度，有意無意之間糅合了中英文化的特點，形成了華人社會裏獨一無二的的中、英文雙軌制度[31]。

3.　自由放任的教育政策

屬於新安縣的香港雖然地處偏遠，但在晚清時期，書塾的數量和設置已頗具規模。在九龍半島以北的地區已世代相傳地聚居了多個不同的族群，不少族群更設有書室，供子弟求學，為參加科舉試作準備；不過新安縣的科舉成績及學風仍較廣東省其他地區如番禺、南海、香山、東莞等遜色。

當年新界比較知名的書室有錦田的力瀛書院、大埔的敬羅家塾、沙頭角上禾坑的鏡蓉書室、南涌的靜觀家塾等。根據王齊樂於1970年初的考察，新界各地有25所舊書室或其遺址；1980年代，吳倫霓霞再詳細訪尋，發現了另外二十多所，因此認為新界各地共有舊書館五十多所；到了1990年代，何惠儀、游子安經過深入研究之後又進一步發現了更多的學塾，總數達六十多所，主要分佈在錦田、屏山、廈村、上水、大埔、粉嶺、沙頭角等地[32]。大部分學塾的課本是四書、五經、《三字經》、《千字文》、成語考等，與廣東省其他地方相同。學塾教育的目的是讓子弟參加清朝的科舉考試，以獲取功名，光宗耀祖。

---

31. 詳細可參考吳倫霓霞（1997）。
32. 何惠儀、游子安（1996）。

港島方面，亦有幾所學塾為村民子弟提供入學機會。1844 年，港英政府首次提及港島有七間中國傳統中文學塾。根據時任華民政務司郭士立（Charles Gutzlaff）所述，在 1845 年，港島區共有中文學塾八間，其中兩間由外國人支持。

港英政府初期採取自由放任的教育政策[33]，沒有在香港設立正式的教育制度，但仍鼓勵教會以及私人辦學。梁一鳴探討了早期港英政府對教育的看法，指出當時的官員強調接受教育應是自願的，要讀書就得自掏腰包，政府沒有責任承擔教育費用[34]。基於這個觀點，政府於是把責任推給教會，因此這個時期管理教育的大都是傳教士。魯言談及香港早期的教育政策時，認為港英政府當時不重視教育，乃順理成章之事：

> 分析起來，並不奇怪。因為香港被開闢為商埠，原意也就使它成為一個轉口商港而已，執政者的着眼點，在於如何吸引內地的富商巨賈、官僚地主到來繁榮這個城市；吸引破產了的農民及小市民，到這商港來出賣賤價的勞力，是以一切的措施，都集中於軍事、政治、經商這幾方面，對於教育問題，自然是次要中之次要了（魯言，1984，頁13）。

對香港早期教育政策的取向，吳倫霓霞的分析最具參考價值。她認為：「1841 年英人佔領香港，主要目的是要利用香港為基地，以擴展英帝國在中國的勢力和利益，並無意提供教育以教化島上居民」[35]。因此，初期港英政府並沒有提供教育的構想。1870 年，英國實施普及教育，港英政府卻只撥出少許經費，通過補助計畫，主要是提供精英教育，目的是培養為香港政府工作、發展香港的商務和維持英國在華利益所需的人才[36]。

---

33. 雖然馬鴻述、陳振名(1958)談及港英早年的放任教育政策時認為這與民主自由有關，不過我們較傾向認為政府不願投放心力和資源。

34. 梁一鳴(2017)。

35. 吳倫霓霞(1999，頁096)。

36. 辛亥革命前的香港社會情況，可參考 Ng (1984)。

辛亥革命前的香港教育

香港早期的發展主要受下列三項因素影響：一是香港社會文化的狀況；二是香港與中國內地的關係；三是英國的教育體制[37]。

1841 年之前，如上所述，香港的教育模式主要是民辦學塾。及至香港開埠初期，學齡兒童接受教育的機會亦不多；按當時政府的文件，超過一半學齡兒童沒有上學。這個情況直至 1890 年仍未見顯著改善，且當時的兒童，因為年紀稍長便要工作謀生，幫補家計，所以大多沒有接受教育：市區的兒童在街上當小販，鄉村的則下田耕作。當局雖然了解情況，但始終沒有提供足夠的學位讓兒童就讀。

香港早期有三類辦學機構：政府、教會和私人（包括個人及慈善團體辦學）。普遍的看法都認為，港英政府早期無心肩負教育居民的責任，但經教會人士的倡議和努力後，教育開始受到政府和社會的關注。

1. 政府辦學

政府辦學的角色有兩方面。一方面，政府在香港初期通過設立委員會，以及鼓勵和資助個人、社團及教會辦學。1847 年，政府成立教育小組，其後改組為教育委員會，負責政府資助學校事宜，並於 1865 年成立教育署，負責教育事務。政府除了資助個別學校之外，也直接辦理官立學校。官立學校包括：書院（英文中學）、漢文中學、師範學校、小學、職業學校和中文專科學校[38]。

開埠初年，港英政府極少干預教育事務，也沒有重大的教育政策。在這段期間，比較重要的教育政策有二：《皇家書館則例》與《補助書館計劃》。1845年，華民政務司郭士立建議政府向每所學塾撥款十元，結果在兩年後，政府決定

---

37. 見王惠玲（2006）、方美賢（1975）及吳倫霓霞（1999）。
38. 見馬鴻述、陳振名（1958）。

資助維多利亞城、香港仔和赤柱三間華文小學，每月十元。這三所學校能夠得到政府的資助，主要是因為它們都有少許宗教教育元素。雖然《南京條約》規定，英國人不得干涉華人的傳統習慣與信仰，但看來當時政府在審批補助的時候，仍然考慮兒童能否從中獲得基督教的知識與教義。

這些教育政策的訂立和當時地緣政治因素有關。1854年，中國南部爆發了天地會之亂，廣州、珠江三角洲一帶的居民南遷香港避禍，使香港人口驟升，教育需求增加。根據1854年的教育年報，當時只有五所政府資助小學，總共可以容納150名學生，而私人學校亦僅能提供250學額。是時，香港的華人兒童數目高達8,868名。委員會認為，學校缺乏適當的教師、校舍及管理人員，極需改善。港督寶寧(Sir John Bowring)熱心教育，在任期間(1854–1859)盡力建立學校。他沒有宗教信仰，故他不依賴教會辦學，反而從世俗角度考慮教育問題。他上任不久，便去信英國政府，說：「這是十分令人吃驚的，一項撥給警察費用是8,620英鎊……比對之下，給與人民教育的支出，卻只有120英鎊」[39]。1857年，寶寧去信殖民地事務大臣Henry Labouchere時提及：「必須承認事實，對於教育這個重要課題，我發現你們完全沒有提供真正有效的協助」[40]。可見，寶寧非常認真地處理香港的教育問題。在他的努力推動下，受資助的學塾全歸政府管理。這些「皇家書館」可算是香港最早的、正式的「官立學校」。其後，政府訂定《皇家書館則例》，印發給各皇家書館。這又可算是本港最早的學校教育條例。在寶寧任內，皇家書館由1854年的五所，增加至1859年的19所，學生人數由150升至937人，其中男生佔873人、女生佔64人。

官辦學校中，最著名的是1862年成立的中央書院。中央書院的成立，可追溯至1861年。時任英華書院校長的理雅各(James Legge)向政府建議成

---

39. 王齊樂（1996，頁109–110）。
40. 引自 Sweeting (1990, p. 141, footnote 8).

立中央書院。1862 年，書院正式成立，並正名為「大書院」[41]，目標是培養通曉英語的精英分子，這成為了港英政府後來教育政策的目標。初期，書院課程中英並重，後來港督軒尼詩(J. P. Hennessy)指示要增加以英語授課的科目，於是逐步以英國文學、幾何、三角、繪圖、簿記等科目取代原來中國蒙學的科目。1905 年，中文科目的授課時間因此減至每星期約五節，從而奠定了「英文學校」(Anglo-Chinese School)的課程模式。當時，皇仁書院的學生人數多達 1,000 名，大多來自香港中層及商人階級。書院的畢業生成就顯赫，不少成為香港以至全國政治、社會、商業、專業的中堅分子，其中包括何啟、陳錦濤、孫中山、王寵惠等。1912 年前後，中央書院有不少學生來自中國內地。

由於政府希望這些學校能培養出了解西方文化並能操流利英語的華人，所以這些學校都有比較完善的設備，又教習西方文化和以英語授課。當時，中央書院大受歡迎，投考人數眾多，因為英語的「商業價值」極高，學生經過兩三年的英語訓練之後，收入遠超其他同行的僱員。此外，當時書院的學生不少來自中層家庭，他們不僅能負擔學費，亦會全力投入學習。反之，教會學校和學塾的學生大多來自低下階層，且需兼職幫補家計，與書院學生的處境相去甚遠。

港英政府雖然不重視教育，但仍然酌量投入資源。1873 年，通過了史剣活(Stewart)早年提出的《補助書館計劃》草案。初期只有 5 所基督教學校和 1 所天主教學校參與，但這法例經過 1877 及 1879 年兩次修改，取消了對學生人數及宗教科目的限制之後，受補助學校的數目激增，由 1873 年的 6 所增至 1880 年的 27 所和 1893 年的 102 所。

---

41. 梁植穎（2018，頁57）。

2. 教會辦學

英國在香港採取以教會辦學的取向，與它當年的公共教育事務主要由教會提供和管理有關。開埠初期，政府沒有建立正式的教育制度，但接受私人和教會辦學。宗教團體東來興辦學校，以宣揚教義為主要目的。馬禮遜教育協會是最早到港辦學的教會。1839年，它在澳門創立馬禮遜書塾；1842年，書塾遷至香港，改名馬禮遜學堂，成為香港第一所教授西洋文化、英文、中文等科目的英文書院。1841–1858年間，馬禮遜教育協會、美國浸信會、倫敦傳道會、美國公理會、英國聖公會、羅馬天主教會等六個宗教團體先後來港辦學。

教會辦學初時並不成功，不少教會學校只短時期開辦便停止運作。在1859年，香港只剩下三所教會學校，學生人數不到100人。這些學校受歡迎的程度遠不及政府資助的中文塾館。失敗的原因有三：（一）教會辦學主要是為了訓練華人傳教士，期望他們能在香港或中國內地傳教，但學生離校後大多任職政府或洋行，甚少從事傳教工作；（二）香港當年的衛生條件欠佳，在1843–1860年間，多次發生瘟疫、熱病、痢疾和眼疾，許多傳教士因此離開香港；（三）當時香港經濟不景，而差會[42]又未能從英倫方面獲得足夠的經費。

1860年以後，由於得到香港政府的支持，教會學校發展迅速。這時期的教會學校雖然不算辦得成功，但對華人社會的發展仍有一定的貢獻。它們把西方教育傳入香港，教授港人英語和西方知識，從而在清末培養出一批改革分子，其中比較重要的有容閎、黃寬等。因為得到政府的資助，所以教會學校的質素一般優於私立學校[43]。

---

42. 教會的宣教組織。

43. 補助學校名稱來自「香港補助學校議會」。香港補助學校議會於1939年成立，有22所學校，全部由基督教或天主教教會創辦，歷史悠久，培育了大量人才。各校均有獨特的文化傳承，一直受家長歡迎，樂意送子女入讀。見吳倫霓霞（1997）及譚萬鈞（1999）等。

特別值得一提的是幼稚園的創立。1842 至 1911 年，相對於中、小學，香港幼稚園的發展頗為緩慢。根據教育局[44]幼稚園概覽[45]，香港第一所提供幼兒服務的學校是成立於 1860 年的聖心學校。它早期的服務對象包括不同年齡的學生，有幼兒、小童和青少年。政府在 1891 年接受了教育司歐德理成立幼稚園的要求之後，聖心才於 1893 年註冊為幼稚園[46]。

3. 私人（個人及慈善團體）辦學

早期的私人辦學，個人多以學塾形式、團體則以義學形式進行。先說很早就已出現於香港的學塾。開埠前，港島區學塾較少。1844 年，港英政府首次公佈學校數字，顯示港島區僅有學塾九間。學生直接向塾師繳交學費，學塾教學只着重詩文背誦和珠算，沒有劃分班級。1847 年，如前所述，政府資助港島三間華文小學每月十元。此外，港英政府同時成立了一個由巡理司、華民政務司和殖民地隨軍牧師三人組成的教育委員會，負責監督受資助的小學。後來聖公會的會督史密夫（G. Smith）也獲授此權力。創建學塾的風氣從此一直持續。在港創辦而又稍具規模的學校，首推盧湘父的湘父學塾。他先於 1905 年在澳門創辦湘父學塾，以自編蒙學新教本教學。1911 年，學塾遷往香港，倡辦女子學校，繼辦男校。其後，陳子褒、呂伊耕、張漢三、葉茗孫等亦先後設塾授徒。當中陳子褒以編訂多套婦女、兒童啟蒙教材馳名於世。

---

44. 香港教育當局曾採用不同的名稱：1980 年教育司升格為教育及人力統籌司，教育司署易名為教育署；1983 年教育科改稱教育統籌科；1997 年教育統籌科改稱教育統籌局；2003 年教育署併入教育統籌局；2007 年 7 月教育統籌局改名為教育局。為方便閱讀，本書內文一律稱之為教育局。

45. 教育局（2018a）。

46. 李子建、張樹娣、鄭保瑛（2018）。

説到慈善團體辦學，必須提及 1870 年成立的東華三院[47]。1880 年，東華醫院成立首間義學，為貧困學童提供教育的機會。校址位於荷李活道文武廟側，以該廟的收入作為辦學經費，故又名「文武廟義學」。義學採取學塾形式，教授中國傳統經典，包括三字經、千字文、四書、五經等。此後，每屆總理都積極開辦更多小學。1880 至 1913 年，東華義學由一所擴展到 10 所；至 1928 年，更擴展到 21 所。東華義學促進了香港的平民教育，也得到了社會的好評。

當時，一些比較富裕的家庭會自聘塾師教授子弟，或把他們送到家鄉或廣州升學；普通人家的小孩大多入讀辦學條件欠佳、教師質素參差不齊的本地學校或私塾。有些出身貧苦家庭的兒童必須在課餘當散工，賺錢幫補家計；有些甚至完全被摒諸學校大門之外[48]。

香港早期學校的課外活動

香港的學校教育是於 1860 年代以後才發展起來的。英華書院雖然早在 1843 年便從馬六甲遷至香港，但它在港只存在了一段短時期，到 1856 年便停辦了，直至 1914 年才恢復運作。成立於 1851 年的聖保羅書院也曾兩度停辦，第一次是 1857 至 1861 年，第二次是 1899 至 1909 年。因此，19 世紀後期在香港產生較大作用的學校按成立的年份應是皇仁書院（1860 年）、拔萃男書院（1869 年）和聖若瑟書院（1875 年）。根據這三所學校的紀錄，它們這時已有多種課外活動，如木球、足球、網球、曲棍球、游泳、划艇、田徑、歌詠、鼓笛等。當年的課外活動多以體育活動為主。

47. 詳見東華三院教育史略編纂委員會（1963）及吳彭年（1999）。
48. 辛亥革命前的香港教育情況，詳可參 Ng（1984）、王齊樂（1996）和 Bickley（2002）。

上述三間都是男校。19世紀的香港還是一個重男輕女的地方，女校為數不多，當年比較知名的有嘉諾撒聖心書院、庇理羅士女子中學、英華女學校和聖士提反女子中學。1862年，嘉諾撒聖心書院的小孩子公開演出了一場名為「聖路易斯的使命」的話劇，贏得很多觀眾的讚賞。此後這種形式的「星期日下午娛樂」成為了該校經常性的活動。庇理羅士女子中學在20世紀初曾舉辦演說會，講題非常全面，內容包括文學、歷史、哲學、地理、科學、醫學等。20世紀初成立的英華女學校和聖士提反女子中學在創校伊始便很注重課外活動，各類型的活動如體育、藝術、興趣、學術和服務(包括宗教)都有舉辦，其中最受重視的是社會服務活動如教導家傭文化、為街童辦義學和到醫院探望病人等[49]。

總括來說，辛亥革命前，很多開設高中的學校(當時這類學校大多數是教會興辦的)都有組織課外活動，讓學生參與。當時的課外活動已呈多樣化：男校比較注重體育活動，學校之間會安排比賽；女校雖然也有體育活動，但不及靜態的活動如文學、藝術和社會服務等那麼受重視。

除此之外，一些小學(包括私塾)和只開辦至初中(即英文書院第四班)的學校也會為學生安排一些課外活動，例如赤柱書館的教師就曾帶領女學童到太平山觀光；油麻地、西營盤和灣仔三所著名的區域學校都有自己的操場，都有為學生安排課外活動。以西營盤區域學校為例，該校的校長就頗常帶領學生去游泳和旅行，並指出：「遠足活動對男生的影響和磨練是很有益的。除了教育價值大之外，這些活動也提供了機會，讓校長可以跟學生有更多的接觸和了解[50]。」

除了學校之間的友誼賽之外，教育司署在20世紀初的年報中亦偶有提及公開的校際比賽：一個是1904年開始的校際足球比賽；另一個是1905年開始的校際衛生盾問答比賽[51]。

---

49. 英華女學校歷史見該校校史編委會(2001)，《百年樹人百載恩》，頁87–88；聖士提反女子中學歷史則見該校網頁：www.ssgc.edu.hk/profile.php?cid=3(2019年3月6日瀏覽)。
50. Irving (1910, p. M9).
51. Wood (1912).

整體而言，香港早期學校的課外活動雖談不上蓬勃，但已略具規模(尤其是幾間大型學校)。香港開埠初期，教育工作者、家長、學生和社會人士對課外活動的認識不多，但我們仍然可以從下列三方面檢視眾人對課外活動的看法。

首先，學塾的教師和學生對學習的概念比較狹窄。在學習內容方面，初學者的課本是《三字經》、《百家姓》、《千字文》等，比較艱深的課本有《龍文鞭影》、《幼學故事瓊林》，再進一步便為四書、五經。老師會按學生的程度分別教授識字、學習和背誦詩文，以及練習創作對聯等。上課的時間很長，一般由上午6時至下午4時，中間僅有短短的早餐和午餐時間。我們估計，從1842到1911年，學塾的教師和學生只是聚焦於科舉考試，應該沒有系統地辦課外活動。不過從平民教育家、著名塾師陳子褒的教學找到旁證，在課堂內，所有時間都用於傳授學科知識、寫字、作文、品德修養；課餘的時候，他常常邀集學生，在課外討論，以誘掖學生之思想，這便類似本章一開始所講，師生一起遊息論道的傳統。

其次，教會建立學校，主要是為了宣教，及培養華人傳教士，以便在香港和內地傳教。因此，學校的課程中，《聖經》及教義約佔一半，其他時間則用來學習英文、地理、算術，以及中國蒙學課本。但有些學校(例如拔萃男書院、皇仁書院和聖士提反女子中學)則非常着重提供課外學習的機會。這些學校也很重視體育活動，其中皇仁書院和拔萃男書院的校史都詳細地列出了學生的課外活動，也記錄了各項比賽的結果[52]。

其三，有教育學者提倡課外活動，但公眾對課外活動的態度，因為沒有進行過有系統的調查，還未能確切知道。不過，可以想像，當年的公眾和家長大概不會像對主流學科那般重視課外活動，因為課外活動在那段時期還未全面受到學校及教師所重視，且課外活動的成效未能像主流學科那麼容易而又清晰可見。

52. 見 Featherstone (1930), Irving (1910), Wood (1912).

第二章　二戰前學校教育的興起與課外活動的發展

馮以浤

辛亥革命後的香港社會和教育

香港回歸前夕，港英政府的最後一本年鑑有一篇題為〈歷史〉的文章，總結了香港成為英國殖民地之後百多年來的發展，對辛亥革命之後的香港社會有這樣的描述：

> 自 1911 年辛亥革命推翻滿清政府後，中國長期動盪不安，很多華人來港避亂。中國雖曾參加第一次世界大戰，但未能藉《凡爾賽和平條約》收回德國在山東的租借地，加以戰後國民黨推行急進的政策，人民充滿愛國思想，排外情緒高漲，故此動盪局面一直持續。中國人民力求廢除外國憑藉條約所取得的一切特權，因此實行抵制外國貨。不安的局勢延及香港，1922年遂發生海員罷工，其後遭受廣州的壓力，在 1925 至 1926 年間演變為大罷工。該次風潮雖然逐漸平息，但香港居民的生活已備受打擊。當時，英國在中國境內有大量的外資利益，因而成為排外運動的主要目標，但不久反日情緒取而代之（香港政府，1997，頁 327）。

20 世紀初年,《辛丑條約》簽訂之後,滿清政府痛定思痛,終於接受建議,在政治、軍事、經濟、教育等領域上進行了大規模的改革,並取得了可觀的成績。可惜時不我與,最後還是給革命推翻了。辛亥革命前後,不少同胞南下,移居香港。當時香港只有英文學校和私塾,沒有正規中文學校,這是因為當年的港英政府並不準備為本地華人提供中文教育,華人子弟如要學習中文就只能入讀私塾或回內地升學。

　　香港的人口在 20 世紀上半葉迅速增長:由 1901 年的 300,000 人增加至1950 年的 2,300,000 人[1]。新增的人口主要是南來的新移民,他們很多是知識分子,有嚮往革命的激進青年,也有相對保守的清朝遺老。他們來港後,大多從事教育工作。這些從事教育工作的知識分子,不管是激進派還是保守派,大都熱愛自己的國家和文化,並以傳授中國文化為己任。他們的努力,不但使到香港的中文教育迅速發展起來,也促進和深化了港人的愛國意識。

　　為了抗衡本地華人日漸膨脹的民族意識,香港政府決定在教育上採取「一手硬、一手軟」的政策,先後推出三項措施:(一)1911年,成立半官方的漢文小學教育委員會,以推廣及調控中文教育,並規定皇仁書院(前中央書院)的考生必須漢文及格才能入學;(二)1912年,成立香港大學,為香港和內地培訓人材;(三)1913年,立法規管學校,主要為了應付日後可能如雨後春筍般出現的私立中文學校。

　　《1913年教育條例》訂立之前,因為沒有規管私立學校的機制,所以無法知道中文學校有多少學生。1914 年,英文學校有學生 6,206 人,中文學校13,175 人;到1938年,這兩類學校分別有9,109人和103,034人。1914年,二者的比例是 1:2,到 1938 年便變成了 1:11,大大地拉開了差距[2]。這些中文學校

---

1. 1911年約460,000人;1921年約630,000人;1931年約840,000人;1941年約1,600,000人;1945年抗戰勝利前約500,000人。
2. 王賡武(1997,頁507)。

大都是「五四運動」之後成立的，它們把「五四」前後在國內引起極大爭議的「新文化運動」帶來香港，使這個小島也成為新舊文化之爭的戰場。

　　大量漢文學校的成立，使到香港社會出現兩種顯著不同的學校：以公立為主的英文書院和以私立為主的中文學校。前者採用英國制度，由最低年級的第八班至最高年級的第一班：讀完第二班參加會考；讀完第一班考大學入學試。後者初期沒有明確的制度。當時的中文學校除了有剛從歐美引進的新式學校之外，還有不少私塾，比較知名的有清朝革新派盧湘父、陳子褒等開辦的「改良學塾」。1922年，中國內地實行「六三三」制之後，香港的中文學校亦步亦趨，不出數年也都跟隨國內改行新制了。這樣做主要是出於政治考慮，但也是為了方便學生返回大陸升學。到1931年，香港的中文中學生更可報考廣東省教育廳的高、初中會考[3]。

　　二次人戰前，香港的學校主要有兩類：英文書院和新式中文學校。根據互聯網資料，這個時期按時序成立的知名私立新式中文學校有：育才、港僑、梅芳、英陶、陶秀、嶺南、崇蘭、德貞、陶淑、養中、民生、中華、西南、麗澤、培正、長城、德明、大同、真光、培英、志強、培道、嶺英、知用等。拔萃男書院於1930年代的校刊曾經提到與一間名叫顧智的中文學校作足球友誼賽[4]。筆者的姊姊剛巧也曾於這年代在該校擔任體育教師。顧智位於旺角彌敦道東面，鄰近山東街，是一所頗具規模的學校。這類學校有些開辦時已是中學，有些初期是小學，後來增設中學部。

　　當年香港比較受政府和上層社會重視的學校是政府直接辦理的官立學校(現稱政府學校)和政府資助、教會辦理的學校，它們主要是英文書院。政府學校包括：英皇書院、皇仁書院、庇理羅士女子中學、嘉道理學校、九龍英童學校、

---

3. 王齊樂（1996，頁298–311）。

4. Fung & Chan-Yeung (2009, p. 273).

長洲官立中學、官立漢文學校、初級工業學校等。其中只有金文泰中學是中文學校。

　　資助學校有：英華書院、聖保羅書院、聖保祿學校、嘉諾撒聖心書院、拔萃女書院、拔萃男書院、嘉諾撒聖方濟各書院、聖若瑟書院、嘉諾撒聖瑪利書院、英華女學校、聖士提反書院、聖士提反女子中學、聖保羅女書院（戰後改為聖保羅男女中學）、香港華仁書院、九龍華仁書院、瑪利諾修院學校、瑪利曼中學、聖嘉勒女書院、喇沙書院、協恩中學等。其中聖保羅女書院和協恩中學早期都是中文中學。

　　1925 年 5 月和 6 月，上海和廣州分別發生了「五卅慘案」和「沙基慘案」。兩個慘案都源於當地英軍向示威學生開槍，造成傷亡。慘案激起了強烈的反英情緒，廣州的國民政府和 1921 年才在上海成立的共產黨於是趁機宣揚愛民族、愛國家、愛人民和反殖民、反侵略、反帝國等博愛及和平思想，並發動工人和群眾進行罷工和罷市等行動。在香港，參與罷工、罷市的高達 250,000 人，佔人口總數的三分之一以上[5]。這次省港大罷工導致香港百業蕭條、經濟崩潰，整個城市陷入極度困境。

　　為了撫平省港大罷工所造成的傷口，英國政府委任漢學家金文泰（C. Clementi）為港督。他在任內（1925–1930）成立了香港首間官立中文學校（即今天的金文泰中學）和支持港大增設中文系，又大力拉攏清朝遺老和推動古文教學，以抗衡發展中的新文化運動。

---

5. Tsang (2004, p. 94).

香港大學的成立[6]

　　香港大學的成立對香港中小學的發展起了促進的作用。在香港成立一所大學的建議首先是由《中國郵報》（又名《德臣西報》）的責任編輯唐納德（W. H. Donald，澳洲人）在1905年12月15日的報章上提出的。他認為這會加強英國在亞洲的影響力，也會為香港和中國帶來好處。但這個建議不為當年的港督彌敦（M. Nathan）接納。兩年後，接任港督盧吉（F. D. Lugard）的視野則比較廣闊，他對唐納德的建議深感興趣，也很同意他的觀點，於是在聖士提反書院1908年的頒獎禮上宣佈成立大學的計劃。數星期後，得到早年移居印度、後輾轉來到香港的波斯人麼地（H. N. Modi）答允，捐出 $150,000（後增至 $180,000），作為建校費用(第1至6章)。

　　建築費解決了，但日後的營運費還須張羅。麼地認為，雖然已經解決了土地和建築費問題，但在籌得 $1,250,000 捐贈基金之前，不可貿然動工。盧吉去信英國政府請求支持時，不但未獲首肯，英政府還禁止他通過英國駐華公使朱邇典(J. Jordan) 向滿清政府尋求協助。他們不認為香港需要一所大學。幸好在朱邇典的斡旋下，英倫勉強同意他接受清廷的捐款，但指明必須是無條件的（第6至11章）。

　　籌措基金的工作展開後，經過多方的努力，到1910年底，終於籌得 $1,266,000，其中太古洋行佔 $457,000、香港華人 $270,000、兩廣總督張人駿 $200,000、惠州各界 $93,000、滙豐銀行 $50,000、西貢（今胡志明市）各界 $42,000、廣州各界 $32,000、怡和洋行 $25,000、香港外籍人士 $21,000，等等（第9章）。由於收到的捐贈基金已經超過 $1,250,000，盧吉便下令動土施工，並於1910年3月16日在現今陸佑堂（1956年之前稱大禮堂）的位置舉行奠基禮、1911年3月30日通過立法正式成為大學，開幕禮則定於1912年3月11日舉行。

---

6. 除特別註明外，本節資料全部來自Chan Lau Kit-ching and Peter Cunich. (2002). *An Impossible Dream. Hong Kong University From Foundation to Re-establishment, 1910–1950*, pp. 1–192.

開辦不久，香港大學便面臨經濟困境。1916年，幸得馬來亞華僑陸佑給予援手，慷慨提供 $500,000 的 21 年免息貸款，香港大學得以渡過難關。1956年，時任校長的賴廉士（L. Ride）為了紀念陸佑生前對港大的貢獻，遂把大禮堂正名為陸佑堂（頁 100、115）。

開辦初期，香港大學是一所只招收男生（1921 年才開始招收女生）的寄宿大學，設工學院和醫學院（前身是香港華人西醫書院）。首年學生人數不多，只有 54 人，工學院佔 37 人。次年加開文學院。文學院和工學院為四年制；醫學院為五年制。在第一屆（1916年）畢業典禮上，獲頒發學位的只有 23 人，都是唸工科的。文學院在 1917 年開設教師培訓系、1927 年開設中文系。1939 年，港大再進一步擴展，增設理學院。

談到港大的課外活動，其中重要的一環是舍堂。大學始創時，只有聖約翰堂（現稱學院）一間學生宿舍，第二年才加上馬禮遜堂和盧迦（盧吉）堂，隨後兩年又先後增添了儀禮堂和梅堂。港大開辦之後不久，大學的學生會和舍堂的宿生會相繼成立。學生會初期叫 HKUU，會員包括教師；1949 年註冊為獨立社團，改名 HKUSU。它的宗旨是：促進學生的福利、成為學生與大學之間的橋樑、關注影響香港市民生活的社會事件、在各方面代表香港大學全體學生[7]。學生會屬下還有其他學會，各自舉辦不同的活動。例如教師培訓系開辦兩年後便成立了教育學會，它初期的活動包括宣讀論文、討論問題、探索研究、嘉賓演講、社交聯誼等，後來又增加了辯論、旅行、參觀、出版學報、就教育問題進行小組討論、籌款開辦免費夜校等項目[8]。

當年港大的學生已經有相當多的課外活動：體育性的如各種運動比賽；藝術性的如音樂會、話劇演出等；學術和思辯性的如演講會、辯論會、刊物出版等；聯誼性的如旅行、聯歡會、交誼舞會等。在體育活動方面，他們有時會組隊

7. https://en.wikipedia.org/wiki/Hong_Kong_University_Students%27_Union（2018年7月1日瀏覽）。
8. Sweeting（2002, pp. 81–84）。

參加公開賽或校際賽，與社會各界打成一片；在其他活動方面，他們的作為也會對中學生起着示範作用。至於個人的休閒活動，常見的有讀小說、看電影、聽音樂，也有抽煙、喝酒、賭博等。遇到社會或國家發生問題時，他們會表示關注，甚至積極參與行動。例如1937年7月7日盧溝橋事變後，港大學生會發動全港學校投入抗日援助工作，於9月20日召開記者招待會，宣佈成立香港學生賑濟會，並展開籌款工作。參與此事的學校多達三百餘間[9]。

香港首項教育法例

辛亥革命後，港英政府為了遏止內地強烈的革命意識和澎湃的民族思潮在香港蔓延，乃於1913年通過法例，監督學校。《1913年教育條例》是香港有史以來首個教育法案。它規定所有學校，除了政府及軍部所辦的，都必須向教育司署註冊和受到監管。法案不但強化了政府對教育的控制和影響，也加強了它對教育的承擔。成立時，它受到社會各界的嚴厲批評和質疑[10]；但在香港的教育發展史上，它確實產生了正面作用：令香港的教育日漸走上正確的發展軌道。

與此同時，香港政府又開展一連串的教育本地化政策，致力推廣中文（當時稱漢文）教育：1913年，皇仁書院開設漢文師資班；1920年，成立漢文師範學堂；1926年，成立漢文中學；同年，又創辦了大埔漢文師範學堂。這四間旨在培訓中文教師的學校後來統稱「漢文師範」[11]。

《1913年教育條例》實施後，在民居開辦的小規模學校受到壓抑而減少，但自設校舍的正規學校則日漸增多。前者限於人力、物力和場地，個別師生雖然有組

---

9. Fung (2002, pp. 175–192), https://zh.wikipedia.org/wiki/香港教育史（2018年7月1日瀏覽）。

10. Sweeting (1990, pp. 220–289).

11. https://zh.wikipedia.org/wiki/香港教育史（2018年7月1日瀏覽）。

織課外活動的意識，但卻難以付諸實行。後者因為師生人數較多，一般超過二三百人，辦學者都有較強的現代教育意識和使命感，財力和場地也較為充足，所以大多會開設一些課外活動。因此，條例實施之後，雖然有些人感到他們的學校備受打壓，但它的正面作用不久便浮現了出來。自此之後，香港的中文學校或多或少都會為學生安排一些課外活動，以豐富學生的課餘生活和滿足他們的身心需要。

與此同時，香港也持續受到中國內地發展的影響。20 世紀初，上海是一個重要的革命基地。1909 年，陳其美、宋教仁等為了革命的需要，呼籲國人積極強身健體，得到年僅二十的陳公哲熱烈響應。他和農勁蓀、陳鐵生等開始組織精武體操會。學校於次年 6 月 1 日成立，以「愛國、修身、正義、助人」和融會各派武術於一堂為辦學宗旨。1916 年，陳公哲和幾位志同道合的朋友成立精武體育會時，國父孫中山先生曾與全體會員見面，更於該會進行六周年紀念活動時親臨祝賀。1919 年，該會舉辦十周年會慶時，孫中山不但親筆題贈「尚武精神」匾額和答應擔任該會的名譽會長，還為它的特刊《精武本紀》撰寫了序文。該會從此在國內和南洋的華人社會聲名大噪、遍地開花。香港隨後於 1922 年成立了「香港精武體育會」[12]。流風所及，香港的學校和文教組織都紛紛推行武術活動，而坊間的武館也因此如雨後春筍般多了起來[13]。本書編輯黃毅英的父親黃漢勛就曾於 1939 年在西營盤的陶淑女子中學（及後於中南中學和漁民學校等）教授螳螂拳。估計香港也有其他學校在第二次世界大戰前開設武術班，作為一項課外活動。

民國初年，孫中山首先提出「德智體」三育作為教育重點，後來王國維加入美育，成為四育[14]，北大校長蔡元培再擴而充之，認為教導青年應「德智

---

12. 黃漢勛（1954，頁 16–18）及香港精武體育會網頁：www.chinwoo.com.hk/load.php?link_id=140912 及 https://zh.wikipedia.org/wiki/精武體育會（2018 年 7 月 1 日瀏覽）。

13. 黃漢超（2002，頁 44）。

14. https://zhidao.baidu.com/question/371572482612680684.html?&mzl=qb_xg_3&word=（2018 年 7 月 1 日瀏覽）。

體群美」五育並重[15]。戰前海內外的學校和文教組織如青年會等多認同孫中山的觀點，重視體育，並設體育課和組織課外體育活動。此外，它們亦經常舉辦具德、智性的文餘活動。1938年，香港女青年會就曾在利舞台舉行「三八婦女節」紀念大會，事前邀請了多間女子學校的師生參與籌備工作，應邀出席3月8日大會的女子或男女中學代表有真光、聖保羅、西南、聖士提反女子中學、聖神、端正、蘭風、華僑、貞敏、一中、養中和國南等校的師生。當晚有不少社會知名人士出席，包括中國同盟會的早期成員、國民黨元老及孫中山得力助手廖仲愷的夫人何香凝等[16]。

《賓尼報告書》

上世紀20、30年代，香港的教育事業飛躍發展，特別是中文學校。在發展的過程中，出現了一些失控的現象，因而引起了英國政府的關注。英政府於是在1934年底委派英國皇家視學官賓尼（E. Burney）來香港，全面檢視當時的教育情況和問題。《賓尼報告書》於翌年5月發表。

報告書的着重點在中文小學教育的發展。他認為政府不應只為少數人提供英語教育，更應顧及為數眾多、佔香港人口九成以上的華人，為他們提供母語教育。他批評香港政府一向都對當地的母語教育採取鴕鳥政策，視而不見，讓它自生自滅，因而遲滯不前，落後於社會的發展。賓尼認為，香港應從速發展中文教育，特別是在小學這個層面。此外，中、小學的課程也須要改善，使之符合社會的要求和滿足社會的需要。

---

15. 韓連山。《想起了蔡元培校長》www.inmediahk.net/node/1042224（2018年7月1日瀏覽）。
16. www.inmediahk.net/node/1048046（2018年7月1日瀏覽）。

報告書也有涉及課外活動。賓尼指出，香港的學校，特別是私立中文學校，一般都只關心學生的學業而忽視了他們的健康和身心發展上的需要，沒有適量地為他們提供各種體育活動（如田徑、游泳、球類競技等）和美育活動（如音樂、美術、勞作等）。賓尼注意到，不少學校是沒有體育課的，而有些學校則每周只有半小時的體育課，他認為這太少了，不利於學生身心健康的發展，建議每個學生每天都要有體育課和適量的時間進行美術、工藝和音樂等活動，日後政府學校必須安排足夠的體育課，資助學校也必須如此才能獲得政府的資助。報告書的結語寫道：「學生的上課時間表應該有較多經常性的體育課，最好是每天都有；也應該騰出時間，為他們安排一些其他活動如音樂……等。」

香港政府接納了這份報告書。可惜在準備按部就班地實施這些建議的時候，太平洋戰爭就爆發了。在日軍佔領香港前，只建成了香港第一間較具規模的教育學院——羅富國師範學院（後與其他教育學院合併，成為香港教育學院，2016年升格為香港教育大學）和香港官立高級工業學院（後逐步發展，1995年成為香港理工大學）[17]。

香港淪陷前學校的課外活動概況

香港五間歷史最悠久的男校，按成立年份，依次是英華書院、聖保羅書院、皇仁書院、拔萃男書院和聖若瑟書院[18]。我們在這裏就以這五間英文男校，特別是當年在課外活動上比較活躍而校史又相當完整和詳盡的皇仁和拔萃為藍本，旁及其他英文學校和上世紀20、30年代才發展起來的中文學校，來說明一下香港學校在第二次世界大戰前的課外活動概況。

---

17. 理工大學網頁：www.polyu.edu.hk/web/tc/about_polyu/history/index.html（2018年7月1日瀏覽）。
18. 根據梁植穎（2018），1857成立的西角書院（後正名為西營盤書院）是英皇書院的前身。但因為它在1926於現址成立及正名為英皇書院前並非一間具規模的學校，在20世紀初期也沒有什麼課外活動，所以沒有計算在內。

課外活動有不同的分類方法，但近人大多以下列五大類為依歸：（一）體育性，例如田徑；（二）藝術性，例如音樂；（三）趣味性，例如象棋；（四）學術性，例如出版；（五）服務性，例如童軍。這些活動，尤其是體育性的，很多都是以競賽的方式進行。競賽的單位可以是個體，也可以是團體；參賽者的身份可以是個人自己，也可以是班、級、社或學校代表。

「社」這個制度源於英國。英國的公學初時只收男生，他們全部都要住校。學校設若干獨立屋（house）為宿舍，每間宿舍收容大約50名不同年級的學生。校內的各種競賽就以宿舍為單位，這制度叫 "house system"。遍查譯書，都找不到它的「法定中譯」，姑且譯為「屋社」，簡稱「社」。美國的學校沒有這個制度，因為它們極少是全寄宿或以寄宿為主的，所以它們以「級社」或「班社」作為各種校內比賽的單位。就筆者所知，戰前香港的英文書院中，只有拔萃在1922年成立了「社」，其他英文書院要到戰後才陸續建立起這個制度，例如：皇仁在1950年，聖保羅在1975年。中文學校則自始便沿用美制。很多戰後才成立的英文學校也不設「社」。踏入1980年代之後，設社的學校日漸增多，中文學校也不例外。至今2019年，香港實行「社」制的中學已超過了九成。

20世紀初期，皇仁和拔萃都設立了不少課外活動。除了體育性的課外活動之外，還有中樂、西樂、歌唱、繪畫、攝影、話劇、旅行、象棋、出版、演講、童軍等。1928年，皇仁一位熱心的老師於課餘給學生講授西方音樂；次年，他們又成立中樂學會，以及舉辦美術和攝影比賽。同年，在酷愛大自然的校長領導下，他們多次前往新界進行地質和動、植物考察活動。可見皇仁書院當年在課外活動的多個領域上已得風氣之先[19]。

更值得一提的是，皇仁早在1899年便創辦了《黃龍報》，初時是每年十期，1930年後改為每年三期，之後是每年兩期，1958年起變成年刊。當然，期

---

19. Stokes & Stokes (1987, p. 107).

數跟篇幅的消長是成反比的。拔萃校刊 *Steps*（1974年加上中文名《集思》）則要到1934年才面世：初期是半年刊，1955/56年度改為年刊。

　　1928年拔萃的招生簡章這樣寫道：「學校會盡力照顧學生的體格、飲食和健康。他們會獲得定期訓練，夏天前往沙灘進行海浴和學習游泳。其他體育項目包括足球、木球、網球、排球、籃球、滾軸溜冰、乒乓球等。每個學生都要參加一些體育活動。」1939年2月出版的拔萃校刊[20]也報道了學校的其他課外活動，例如音樂、繪畫、攝影、勞作、集郵、自然考察、地理學會、營商學會、童軍、基督徒團契、擦鞋救國團等。拔萃是一間特別重視體育和課外活動的學校。

　　早期香港學校在課外活動方面的差異是相當大的。比較重視課外活動的，大多以體育活動為主。這固然是承襲了英國的傳統，而香港當年的居住環境和惡劣的衛生情況也應該是原因之一。1894年，鼠疫首先在太平山（地區）爆發，跟着傳遍整個香港，導致超過2,500人死於香港、逾萬人在內地喪生（香港當時有一半華人遷回內地，其中不少是病者）。為此，香港政府曾於20世紀初期組織校際衛生測驗比賽[21]。

　　香港開埠之後，最早發展起來的體育活動是木球，主要是因為英國人熱衷於這項活動。19世紀時，英國人對木球趨之若鶩，視之為國家最重要的運動項目，中學和大學經常舉辦木球比賽。滑鐵盧戰役之後十年，威靈頓公爵重訪母校伊頓公學時，曾指着球場説：打敗拿破崙的是這個球場。他的意思是：木球給他的訓練是他這次獲勝的關鍵，由此可見英國人對木球這項運動的重視程度。1851年，即香港開埠之後九年，位於中環遮打道的香港木球會（現已遷往黃泥涌）宣告成立；1922年跑馬地又開設了紀利華木球會（Craigengower Cricket Club，簡稱CCC）。於是，木球也就成為了香港一些深受英國傳統影響的學校如

20. 拔萃男書院校刊 *Steps*（1939年2月，頁26-29）。
21. Featherstone (1930, p. 41).

香港學校課外活動發展史

皇仁和拔萃最早出現的球類運動。20世紀初，拔萃的木球隊不但稱雄學界，在公開賽裏也被視為勁旅。

　　20世紀初，足球在皇仁和拔萃受歡迎和重視的程度不及木球，但在其他學校，情況便不一樣了。在這些學校裏，學生對足球的興趣遠勝於木球，有些人甚至不知木球為何物。當時皇仁、拔萃和聖若瑟三校是足球場上的表表者，經常與友校進行比賽。聖若瑟的學生和校友可能是三校之中最熱心足球的，他們很早便組成球隊參加乙組公開賽，1919年更晉升到甲組去。戰後初期，聖若瑟足球隊仍然逐鹿於香港甲組聯賽。皇仁的學生也很醉心足球，香港不少足球圈內的知名人士如李惠堂、霍英東等都曾入讀皇仁書院。

　　1904年，皇仁的校長聯合其他英文學校，創辦香港首屆校際足球聯賽。這個比賽，一直持續到1923年才終止（第一次世界大戰期間曾停辦兩年）。終止的原因是：有些球員因求勝心切，失去了體育精神，以致比賽經常發生不愉快事件，影響了院校之間的關係。這情況愈演愈烈，到1922／23年度球季結束前，終於出現了腰斬聯賽的事件。各校校長因對競爭性的足球比賽失去興趣，於是決定停辦聯賽。此後，香港的學校只好回復以前的做法，自行安排與他校辦友誼賽[22]。

　　前面所說的是腰斬聯賽而不是腰斬球賽。因此，估計不應僅是為了球場上的爭執，更重要的理由可能是學生因過度重視錦標而失去了體育精神。當年不少人是抱着奪標的期望參賽的，到奪標無望時便無心戀戰，只派後備球員上陣，甚或索性退出比賽。這不但令餘下的賽程變得混亂，也使賽事出現不尋常的結果。皇仁和拔萃的校長面對學生這種錦標至上的心態都深感不安[23]。拔萃的新任校長費瑟斯通（W. Featherstone）有見及此，便決定分別於1919年和1921年起，規

22.《華人足球史稿》，見https://elevenstrokes2014.blogspot.com/2014/07/blog-post.html（2018年9月14日瀏覽）。

23. Featherstone (1930, p. 57), Stokes & Stokes (1987, p. 92).

定校內各項水上運動和陸上運動的比賽都不設錦標；1922年再進一步，退出所有校外聯賽。從這年開始，拔萃設四社（以顏色區分），只辦校內比賽和跟他校進行友誼賽。到1930年代，拔萃換了校長之後，才逐漸恢復參加校際比賽。

參加第一屆校際足球聯賽的六隊之中，出賽的球員只有一名是華人，他就是拔萃男書院的莫慶。1908年，他和大約40名來自皇仁及其他英文書院的華人學生組成華人足球隊，參加外籍人士舉辦的足球競賽。1910年，他們改稱這個組織做南華足球會，1916年再改為南華遊樂會，最後在1920年正名為南華體育會。南華體育會是近代中國的第一個體育組織。莫慶在這個體育會的整個發展過程中起着領導作用。1910年，他帶領南華足球隊，以華南區代表的名義，參加在南京舉行的第一屆全國運動會足球比賽，最後擊敗華東隊，贏得冠軍。1913年，任中華民國國家足球隊領隊，到菲律賓參加第一屆遠東運動會足球比賽，成為中國足球史上首位國家隊領隊[24]。

1902年開始運作的香港基督教青年會在1908年分裂為西人青年會和華人青年會兩個獨立的機構。它們先後在1918年建成港島必列者士街的華人青年會會所（簡稱華青會所）、1925年建成九龍疏利士巴利道（今梳士巴利道）的西人青年會會所（簡稱西青會所）和1928年建成九龍窩打老道的華青分會會所。香港基督教女青年會成立於1920年，但要到40年代才有自置的會所。男青年會的三個會所都有不錯的設施，在戰前和戰後初期為促進香港學生的課外活動，特別是體育活動方面，起着非常積極的作用。在客觀條件稍遜和辦學理念傾向國內模式的學校（例如中文中學）就讀的學生，有不少參加了青年會後愛上了運動。當年青年會和一些設施較佳的學校會為學生提供乒乓球、排球、籃球等球類活動。這些活動比較流行於中文中學和以華人為主的英文中學。香港有很多人是來自廣東的新移民，他們的身型比較單薄，經不起衝撞，所以比較喜歡不涉及肢體接觸的競技運動如乒乓球和排球，其次是要求身手敏捷、動作靈巧的籃球。

24. 郭少棠（2010，頁15–27）及https://zh.wikipedia.org/wiki/莫慶，http://beyondnewunut.com/20141202/12450/莫慶（2018年9月14日瀏覽）。

排球是 19 世紀末首先在美國發展起來、20 世紀初傳到亞洲的。在中國，它先落戶香港和廣州，然後傳開去。在香港，最熱衷排球的是青年會和基督教學校。受到它們的影響，不少中學都鼓勵學生參與排球活動。1851 年成立的聖保羅（英文）書院是 19 世紀聖公會為了培訓神職人員而在香港創辦的學校，嶺南（中文）中學則是美國長老會為了傳播基督教而在廣州成立嶺南大學之後繼續在香港開設的學校。也許因此，他們都很重視排球活動。1930 年代，聖保羅書院排球隊稱霸香港學界，並於 1938 至 1940 年連續三屆獲得香港排球公開賽冠軍，更於 1948 年贏得全國冠軍。1930 年，嶺南中學的學生徐亨獲選入國家排球隊，參加在東京舉行的第九屆遠東運動會排球賽。他離校後，繼續代表國家參加排球、籃球和足球三項球類的國際賽事。

籃球是美國人在 19 世紀末創立的活動，20 世紀初傳來亞洲，但要到 1920 年代才定型。這時，不少香港中學已經有籃球活動了。英華書院的校史《古樹英華》顯示，該校當年的校長大力推行體育運動，特別是籃球活動。1926 年，英華分別在學界和普通界（包括各界團體）的籃球比賽裏戰勝上屆學界冠軍港大和普通界冠軍南華體育會。根據 1986 年出版的《民生書院六十周年紀念特刊》，該校在 1929 至 1935 年間連續六次獲得校際籃球賽亞軍，又曾於 1929 年派隊遠征汕頭。筆者從不同渠道取得的資料顯示，香港大學及英華、聖保羅、皇仁、聖若瑟、民生、培英、培道、西南、華僑等中學在 1920 或 1930 年代都曾經參加過香港的校際籃球比賽。綜合各方面的資料，1930 年代後期，香港的公開（當時稱普通界）籃球比賽分男子組和女子組；校際（學界）比賽分高級組和初級組，不設女子組。因此，普通界女子組常有女校參加，而男校間中也會進軍普通界。

除了上述幾種球類運動之外，游泳在 20 世紀上半葉也受到香港教育界的重視和歡迎。根據皇仁和拔萃的校史，這兩所學校在 19 世紀末就為學生安排了海浴、游泳等活動。拔萃校長在他 1900 年（即 1900/01 學年，下同）的報告裏指出，他們於夏天每周都帶學生到荔枝角游泳兩次；1902 年的報告描述了當年參加學生划艇比賽時的緊張情況；1910 年，學校的寄宿生人數是 90（總

民廿年季全港學界籃球冠軍英華隊

1931年英華書院籃球校隊（圖片由英華書院提供）

人數 290），懂得游泳的佔 60%；1912 年獲學界游泳比賽冠軍。根據拔萃校刊 *Steps* 的記載，學界游泳比賽中止了 11 年之後，在 1935 年 10 月恢復舉行，結果聖若瑟書院奪標[25]。皇仁校史（Stokes and Stokes, 1987, 245, 92）記錄了該校 1900 年在域多利（遊樂）會舉行第一屆水運會和 1922 年在香港業餘田徑總會主辦的游泳比賽裏，19 個項目中勝出 18 個。至於聖若瑟書院，我們在網上看不到任何有關它在學界游泳比賽的成績，只知道它的校友陳振興（Charles Chen）在 1936 年獲選入國家隊，參加奧林匹克運動會的游泳比賽。但從拔萃校刊知道，聖若瑟的學生在香港淪陷前數年是游泳界的強者。

　　田徑是另一項重要的體育活動，香港的學校很早就有這類活動了。根據聖若瑟的校史，香港在 1899 年舉行首屆校際田徑比賽，當時只有皇仁、拔萃和聖若瑟三間學校參加。聖若瑟在 1913 至 1936 年間，一共獲得 12 次全港校際田徑比賽冠軍。皇仁和拔萃早年的校史都很少提到他們在這項活動上的參與情況，這很可能是因為場地問題而較少組織田徑活動的緣故。而皇仁的校史則曾提到：1910 年有學生獲選為華南的代表，參加在南京舉行的全國運動會；1917 年校內的田徑活動相當流行。政府於 1927 年的教育年報也曾提到，皇仁書院當年舉辦了田徑比賽。拔萃的校史則指出，學校遷進旺角新校舍之後，田徑活動才逐漸發展起來，終於在 1934 和 1935 年取得校際冠軍。聖保羅的校史也提到他們包攬了 1922 至 1924 那三年全港校際田徑比賽的冠軍。1933 年才開辦的培正中學（香港分校）很快便參加了比賽，並且在 1936 年取得冠軍[26]。政府在 1933 年的教育年報指出，是年大部分政府學校都有舉辦一年一度的田徑比賽。女校也有辦田徑活動的，例如真光中學就曾於 1940 年 4 月在加路連山南華體育會的球場舉行全校聯合運動大會。

---

25. 拔萃男書院校刊 *Steps*（1935年12月，頁26）。
26. 拔萃、皇仁、聖保羅、聖若瑟的情況分別見Fung and Chan-Yeung (2009, pp. 271–273)、Stokes & Stokes (1987, pp. 56–57)、www.wikiwand.com/zh/聖保羅書院（2018年7月1日瀏覽）、https://zh.wikipedia.org/ wiki/聖若瑟書院（2019年6月13日瀏覽）及《培正中學創校75周年紀念特刊》，頁12。

1916年，南華遊樂會、華人青年會及中華遊樂會三個華人團體開會，議決成立「香港華人體育協進會」，其宗旨為「挑選香港僑胞的精銳運動員參加遠東運動會及中華全國運動會，及為參賽運動員籌措旅費，並分別舉辦全港成人及學生各項體育運動會。」從此，香港的運動員便有一個明確而又公開的渠道進入國家隊，為國家效力[27]。

綜上所述，可以知道，二次世界大戰前，香港的中學生曾在足球、排球、籃球、游泳、田徑等運動項目上代表華南參加國內或代表國家參加國際比賽。他們在1908年組成香港華人足球隊（中國第一個華人足球隊），1920年發展為南華體育會（中國第一個華人體育會）。自辛亥革命至北伐期間，南華足球隊一直都是華南地區參加全國運動會和中華民國參加國際比賽的代表。早年發起組織華人足球隊的學生莫慶在1913年獲委任為中國足球史上第一位國家隊領隊，那時他不過是一個24歲的年輕人。由此可見，20世紀上半頁，香港中學生的課外活動對中國的體育發展曾經起過先驅作用。

香港學校首先發展起來的是上述五類課外活動中的體育活動，而藝術活動則要稍後才獲得重視。拔萃早期的校長和教師都有熱愛音樂的，也在19世紀末和20世紀初辦過鼓笛隊，但因人事變遷而只是曇花一現。1930年代的校長舒展（C. Sargent）熱愛音樂，特別是歌劇。他邀請了一位學聲樂的朋友來校教學生唱歌，每周一次。他又定期為學生組織唱片欣賞晚會，每星期一次。1937年，他鼓勵學生組織一個雙十節音樂會，為香港學生賑濟會抗日救援基金籌款，事後又成立了一個有50名學生參與的音樂小組。1938年，葛賓（G. Goodban）接任校長。他更積極推動拔萃以至香港整個學界的音樂活動。在他的大力鼓吹下，香港學校音樂協會在1940年宣告成立[28]。

---

27. 見www.caaf-hk.com/about/及https://zh.wikipedia.org/wiki/香港中華業餘體育協會（2018年9月14日瀏覽）。
28. 1937至1941年 *Steps*。

林青華在《香港學校音樂協會對香港音樂教育的貢獻》說:「其實,香港學校音樂協會於1940年香港淪陷前已經成立。當時由熱愛音樂的外籍教育工作者籌辦,主要是拔萃男書院校長葛賓⋯⋯」成立協會的目標有三:(一)為學生提供欣賞音樂的機會(計劃每年辦五個音樂會,學生會費每年一元,教師二元);(二)成立聯校管弦樂隊;(三)主辦學校音樂比賽和學校交流音樂會。

協會的成立,推動力主要來自民間,政府的支援極其有限。1941年,協會舉辦了一些深受學生歡迎的普及音樂會。淪陷前,於11月11日在拔萃的禮堂舉行了一場專注貝多芬作品的音樂會,由夏利柯擔任鋼琴獨奏、樂隊的成員主要來自駐港蘇格蘭第二營軍樂隊。根據林青華的記述,音樂會辦得很成功,演出達到了相當高的水平[29]。

新興的中文學校因為受到場地的限制,又因為藝術活動比較容易配合抗日運動的宣傳和推廣,所以比較着重這類活動。一般來說,女校比較注重藝術性的課外活動,例如英華女學校的校史就有該校學生參與電影、粵劇、歌唱、鋼琴和中、西禮儀等活動的紀錄。又例如1933年陶淑女子中學在校刊及招生簡章中說明他們設有手工(十字繡、織冷、摺紙、泥工、竹工)、縫紉、車衣、刺繡等班,暑假則有圖畫、手工、書法等,內文更有標題為〈運動為女子當務之急〉的文章,說明運動對女子的重要性。上世紀30、40年代之交,很多學校都有歌唱和戲劇活動,例如嶺南中學的學生於1940年5月在娛樂戲院舉行戲劇音樂大會、基督教學生聯合會在1941年5月假聖士提反女子中學舉行戲劇民歌比賽,培道中學在比賽中獲戲劇組冠軍[30]。

20世紀初,香港有幾所學校組織聯校體育活動;1930年代,又有另外一些學校舉辦其他類別的聯校課外活動。跟華人青年會關係密切的英華書院和民生書

---

29. 林青華(2017),載周光蓁《香港音樂的前世今生:香港早期音樂發展歷程(1930s–1950s)》(頁301–305)。

30. 《大公報》。1940年5月6日,第二張第六版。

聖保羅女書院華光團（圖片由聖保羅男女中學提供）

院都有參與其事。這些聯校活動有些是以青年會的名義舉辦的，它們包括論文寫作、國語演講、粵語演講等比賽。筆者相信，這些比賽的內容多少會跟抗日戰爭和愛國運動有關。

當年不論是什麼類別的學校，最盛行的趣味活動是旅行和野餐。此外，男校學生大多喜歡下棋，而女校學生則比較傾向辦園藝活動。「滾軸溜冰」這項活動也曾出現在拔萃男書院的校史上。

至於服務性的活動，20世紀上半頁最受重視的應是童軍。香港的童軍活動始於 1909 年。1911 年，一些英國商人及軍人開始籌劃組織童軍旅。1913 年 9 月，聖若瑟書院率先成立「香港第一旅」，並於 1914 年正式在英國童軍總會註冊，成為香港童軍史上的第一個旅團。「香港童軍總會」於 1915 年 7 月組成，同年舉行香港首次童軍大會操[31]。第一隊女童軍則於 1916 年在維多利亞英童學校成立，香港女童軍協會於 1919 年正式成立[32]。1930 年代前後，香港成立了不少中文學校，而這些學校大多依從內地的學制，按照國民政府教育部的規定，初中設童軍教育科、開辦童軍團[33]。因此，香港的童軍活動在二戰前已有很大的發展。

在其他服務性活動方面，英華女學校和英華(男)書院的表現最為突出。女校的學生在課餘學習急救、為街童開辦義學和為支援抗日戰爭成立救援協會等，其中有些活動如開辦街童義學很多時是和男校的學生一起推行的。英華書院也舉辦了「一碗米運動」(籌款購米，送給貧苦)和新界服務營(多種服務，包括築路)[34]。

1925 年，香港女青年會為響應全國協會推行少女事業運動，在本港各校高中、初中開設「華光團」，舉行宿營活動，藉以培育少女的正確人生觀和健康體

31. www.scout.org.hk/chi/history/hohks（2018年7月1日瀏覽）。

32. https://hkgga.org.hk/tc/content/our history（2018年7月1日瀏覽）。

33. 附錄，表2.1。

34. 英華女學校校史委員會(2001，頁87–92)。

格。香港的女子學校如聖保羅女書院（現為聖保羅男女中學）和英華女學校等對這個運動的反應都非常熱烈[35]。

1930 年代後期，日軍南侵，神州大地慘遭蹂躪。香港學生感到悲憤，於是紛紛組織起來，利用各種文娛活動來激起人們的愛國熱情。他們開音樂會、演唱抗日歌曲；辦戲劇匯演、演出反日話劇；出版刊物、編撰壁報和舉行演講會，宣揚愛國情操，等等。不少學校都曾舉辦這類活動，例如拔萃男書院在 1937 年的雙十節音樂會中加插了一齣獨幕劇、嶺南中學學生自治會於 1940 年 5 月假娛樂戲院舉行戲劇音樂大會、基督教學生聯合會於 1941 年 5 月假聖士提反女子中學舉行戲劇民歌比賽。其中，拔萃的資料清楚明確地説明，話劇的內容是反日的，但其餘兩項活動（戲劇音樂大會和戲劇民歌比賽）則只是按理推斷而已[36]。

五四前後，國內教育界的思維深受美國教育民主化、男女平等、重視課外活動等理念的影響，大力推動女子教育和推行課外活動，包括成立各式會社和學生議會等。中日戰爭正式爆發後，這些理念隨着一些學校南遷而進一步影響了香港的教育事業及課外活動的發展（可參看劉桂焯的博士論文[37]和梁操雅等的著述[38]）。

1935 年，真光中學從廣州南遷香港。該校初期借鐵崗香港體育學校的課室上課，1937 年搬到肇輝台，1939 年建成網球場。根據真光早期的校刊（第五卷至第八卷：1937–1941 年），當時學校在課外活動方面已相當活躍，有一般的運動項目、演講比賽、論文比賽、童軍、華光團、爬山、勞動服務、植樹、領袖大會、宗教活動和學生自治會等。運動項目有籃球、排球、網球、壘球、游泳、

---

35. 見 www.hkmemory.hk/search/search?searchword=華光團&channelid=230719&perpage=&templet=search_result_all.jsp&extend_expr=（2019年1月1日瀏覽）。

36. Fung & Chan-Yeung (2009, p. 178), *Steps* (January 1938, pp. 60–62).

37. Lau (1940).

38. 梁操雅等（2011，2017）。

射箭、單車、軍操等。這些活動的設立多少受到「強身救國」思想的影響。其中救國活動佔了校刊的相當篇幅，包括募捐救國公債及慰勞傷兵等。學校更特別為此成立了救國會。

　　以上概括地回顧了二戰前香港學校的課外活動概況。要作進一步的探究，可以參看網上的舊報章[39]。

---

39. www.hkmemory.hk/MHK/collections/education/All_Items/Images/201303/t20130311_57392_cht.html?cf=classinfo&cp=漢文學校（2019年6月29日瀏覽）。

第三章　二戰後動盪的社會與課外活動的發展

馮以浤

兩份重要的教育報告書

二次大戰結束後，香港滿目瘡痍，教育是重災區。這時，又因國內再度爆發內戰而導致大量居民湧來香港，令政府不知所措，窮於應付。1950 年，港府從英國請來曼徹斯特的首席教育官菲沙（N. G. Fisher），考察香港教育當前的情況和提出方案處理這個爛攤子。1963 年，香港的經濟和社會穩定下來之後，政府又再請來在英國漢普郡負責教育經費和發展問題的馬殊（R. Marsh）和森遜（J. Sampson），就香港當前的社會和經濟狀況，提出教育發展的藍圖。

《菲沙報告書》的着重點在中文小學教育的發展，當中也旁及體育科、運動設施、課外活動等問題。菲沙批評，香港沒有培訓出足夠的體育教師，也沒有良好的體育館、球場和遊戲場地，雖然臨海卻未能充分地利用這自然資源。因此，他建議師範學院要加強對體育教師的培訓工作、師範教育要強化準教師對課外活動和青少年活動的認識，又認為香港應在新界開設一間有運動場和課室的宿營學校，在市區新建的學校要有天台操場、中學應設健身室。

這份報告書發表後，教育司署開始比較重視學校的體育和音樂活動，也比較着意舉辦各類校際運動比賽和組織校際音樂節。這些校際比賽在促進學校，特別是中學的課外活動上起了相當大的作用。

至於馬殊和森遜的報告書，因為建議調低新入職教師的起薪點而引起了教育界，特別是準教師，不少負面的反應。為了平息業界的不滿，政府乃成立一個委員會，檢討這份報告書，並於1965年發表了《教育政策白皮書》。報告書和白皮書都沒有觸及課外活動，卻在不知不覺間對香港課外活動的發展產生了意料不到的影響。

白皮書發表後，香港兩間大學的教育系/學院及政府三間師範學院的新生入學人數隨即大幅下降。在社會人士對白皮書仍然意見紛紜之際，政府無視各界反應，於1971年強行推出新的教師薪級表，把文憑教師的薪酬由$1,044－$1,598改為$889－$1,602。這激起了師範學院學生的憤怒。他們奔走呼號，並進行請願和遊行，要求社會人士主持公道。在職教師也深深地感到，白皮書的決定嚴重地貶低了他們的社會地位。於是多個教育團體你呼我應，組成「教育團體聯合秘書處」，領導教育界進行抗爭。在這次抗爭運動中，「香港教育專業人員協會」（簡稱教協）所作的貢獻最大，所以在抗爭成功、聯合秘書處解散之後，教協順理成章成為了香港最大、最重要的教育團體，對香港的教育和社會發展起着舉足輕重的影響力[1]。

這次教師薪酬事件之後，教育界平添了不少生氣，很多有理想的現任教師和準教師都因而決定以教育為終身職業。這些教師一般都比較開放和喜歡參與課外活動，甚至是搞活動的能手。他們日後都很主動投身課外活動，藉此加強對學生的了解和影響。

---

1. 陸鴻基（2016，卷1，頁299–328）。

社會動盪後課外活動受到重視

　　1960 年代，香港主要因為受到內地政局的影響而經歷了一段相當動盪和艱苦的日子。1950 年代末，內地的「大躍進」造成全國大饑荒，以致不少難民在 1960 年代初湧來香港，給香港社會帶來很大的壓力。1965 年，香港樓市崩潰，有銀行因過度放款，周轉出了問題，被迫宣告破產。這時，香港的華資銀行備受擠提之苦，引致華資銀行恒生為滙豐所收購，其他如廣安、道亨、永隆等銀行也須向滙豐或渣打這兩家發鈔銀行求助，才能渡過難關。

　　隨後兩年，又發生了兩次暴動。先是 1966 年 4 月因天星小輪加價五仙而引致的九龍騷動。騷動持續兩晚，事件中 1 人死亡、26 人受傷、1,456 人被捕。接着是 1967 年香港的左派為響應內地的文化大革命而挑起的暴亂，期間真假炸彈事件出現了 8,074 次（其中有 1,167 次是真的）。這一年多的暴亂，導致 51 人喪生、832 人受傷、約 5,000 人被捕[2]。

　　兩次暴動的性質不同，分別在於是否帶政治性，但都反映了背後同樣的社會問題。青年人因得不到適當的關懷而缺乏安全感和對社會沒有歸屬感，以及因社會經濟衰退、失業人口增加、居住環境擠迫等問題而感到沮喪，這些都是造成騷亂的主要原因。1966 年的騷亂對當時的殖民地統治者是一記當頭棒喝。

　　1966 年的暴動過後一個月，港督戴麟趾（D. C. C. Trench）宣佈成立九龍騷動調查委員會，成員包括首席按察司何瑾（M. Hogan）、港大前校長賴廉士（L. Ride）、香港童軍總監羅徵勤和律師黃秉乾，職權範圍包括調查 1966 年 4 月 5 日起在九龍發生的騷動事件的原因和來龍去脈。報告書在同年 12 月完成。

---

2. 見《一九六六年九龍騷動調查委員會報告書》（頁 1–131）及張家偉（2012，頁 171–172）。

《1966年九龍騷動調查委員會報告書》認為青年人「比較喜歡冒險，責任心也比較輕，易於用〔……〕異乎尋常的方法來消磨多餘的時間」。因此，遊行和示威對一些青年人會有較強烈的吸引力，有些人甚至會失去理智，為了尋求刺激，在公眾地方做出破壞物品的無聊行徑。由於青年人「活力爆發」的潮流已傳到香港，政府必須「協助和指導青年人，提供家庭與社會教育，以及供給正當與培養品德的活動……」。說到學校教育，報告書認為：「各級學校應該騰出更多的時間，教授公民教育。青年人比他們的父兄顯然會享有更多閒暇，所以應該教他們以建設性的方法來利用那些時間」[3]。

　　1960年代，香港青少年的入學率不高（小學約80%，中學20%），所以要透過青少年活動而非學校課外活動去消耗他們的「剩餘精力」。這時，香港專責青少年事務的社團不多，只有青年會、兒童遊樂場協會、小童群益會和青年協會（簡稱青協）。

　　兒童遊樂場協會成立於1933年，1974年改稱為香港遊樂場協會。它是一個獲政府資助的非牟利組織，其服務單位遍佈港九新界，目的是透過舉辦多元化的社會服務、康樂活動、教育活動、職業訓練等，促進香港青少年及市民大眾的福祉。

　　香港小童群益會是在聖公會會督何明華（R. O. Hall）大力推動之下，由羅旭龢（R. H. Kotewall）、施玉麒（G. She / C. G. S. Zimmern）以及一群社會熱心人士於1936年組成的。初成立時，他們稱之為「香港貧兒會所」，1938年改為「香港男女兒童會所總會」。第二次大戰後第二年恢復會務，重組架構及正名為「香港小童群益會」，並於1951年正式登記為註冊團體。1946年恢復會務後，以教授街童「讀、寫、算」和一些基本謀生技能為主。到了1960年代，隨着小學教育的發展，會務的重心開始轉向輔導活動、康樂活動、課餘活動等。1966年開始舉辦全港性的暑期活動。

---

3. 九龍騷動調查委員會（1966，531、538及544段）。

香港青年協會（簡稱青協）的創辦人史篤士（G. Stokes）是英國基督教福利會派來香港發展青年工作的。他在 1960 年成立青協，兩年後根據社團法例正式註冊，1970 年再改用公司法例註冊。青協初期的工作重點有兩個：（一）與其他團體合作，一起促進青少年服務，例如在 1964 年與小童群益會聯手，借用官立小學的校舍，合辦暑期康樂中心；（二）在公共屋邨開設青年中心。筆者 1965 年曾參與協會的職員培訓工作，1966 年起成為理事，直至 1975 年。其間曾先後擔任協會的戶外訓練營管理委員會和職員事務及培訓工作委員會的主席，因此對青協在這段時間的發展有親身的體驗。青協在 1960 年代曾針對社會及青少年的需要而率先提供多種服務，例如 1965 年開設西貢戶外訓練營、1967 年在九龍長沙灣球場進行「離散青年工作」（當年稱為「青年外展社會工作」），專為不願意到中心參加活動的青少年提供服務。青協的戶外訓練營和外展社會工作可算是為這類青少年服務的先驅。

1967 年後，社會上出現了不少提供青少年服務的社團，但大多數都像曇花一樣很快便夭折了。成功的例子只有一個：龔恩（K. Hahn）1941 年在英國創立、1970 年引進香港的外展訓練學校（Outward Bound Hong Kong，簡稱 OBHK）。它因為得風氣之先，所以很快就穩定了陣腳[4]。

外展訓練學校是一個國際組織，現今有超過 30 個國家建立了這類學校。它的創辦人龔恩認為，「最核心的教育理念包括：旺盛的好奇心、永不言敗的精神、頑強的鬥志、勇於接受理性的自我否定，而當中最高使命，是自強不息，推己及人。」它自 1970 年在香港開辦以來，一直都受到各界的重視，而參加過那些訓練課程的青少年事後都津津樂道，感到很受用。

現舉兩個五日四夜的課程為例[5]，簡介他們辦理活動的目的和方法。第一個適合 9 至 10 歲兒童的小冒險家課程：「專為快踏入青春期的小朋友而設，激發他

---

4. www.outwardbound.org.hk/zh/why-outward-bound/our-history（2018年7月1日瀏覽）。

5. www.outwardbound.org.hk/zh/courses/individuals-families（2018年8月9日瀏覽）。

們對周遭自然環境、事物的好奇心，讓他們和其他新朋友分享第一次展翅高飛的冒險旅程！課程中學員可以自由探索，運用自己最佳的學習模式，學習獨立及照顧其他人、建立人際關係，運用個人創意接受挑戰，非常適合預備升讀中學的學生。」第二個適合 11 至 13 歲小童的青少年探險家課程：「學生早在青少年時代，已經要面對林林種種的壓力和挑戰：入學面試、考試、與同輩之間在學業和課外活動中的競爭等等。年紀輕輕的青少年人要如何自處去迎戰呢？青少年探險家課程旨在促進學生的社交技巧和獨立思考能力。學員將第一次遠離舒適的家，與其他組員一起肩負起責任，通力合作從經驗和結果中學習，創造他們引以為傲的經歷！」

郭偉祥（本書作者之一）曾經接受過類似訓練。1968 年夏天，他參加了英軍在石崗軍營為高中生舉辦的訓練營。參加這個五天訓練營的人數限於 40，都是來自不同學校的高中生。他們抵達軍營後，先分成五組，每組都設正、副組長，負責管理組員的生活，以及策劃和帶領該組的活動。所有組員都要準時起床、自行收拾床鋪；所有活動，包括烹飪、登山、攀石、出海等，都帶有比賽性質。他記得曾利用飛輪渡過山谷、以游繩方法搬運物品和乘坐過登陸艇。回想起來，他感到非常幸運，有機會參加這個訓練營。訓練營為他提供了自律、合群、服從，並以團隊精神為重的訓練。郭很欣賞負責這項活動的英軍，他們既非常嚴格地執行指令，又很盡力幫助同學解決困難，而且處事公正、賞罰分明。郭深深地感到，這次活動給他帶來非常之大的裨益。

1967 年，《一九六六年九龍騷動調查委員會報告書》公佈後，社會各界反應熱烈。在戴麟趾領導下的香港政府也意識到，青少年過剩的精力是危險的，必須加以疏導，於是便毫不猶疑地接納了委員會的建議，包括設立地區民政專員、改善官民溝通和加強青少年工作等，並責成各有關部門從速把這些建議付諸實行。因此，在 1968 年夏天，市政局便大力推行青少年活動，而教育署則積極鼓勵學校為學生組織暑期課外活動。

1969年開始，教育署獲得香港賽馬會的資助，於是更積極鼓勵學校在校內或校外為學生組織各式各樣的暑期活動。教育署此舉對日後課外活動在學校的發展起了一定的鼓勵和促進作用，也為1970年代實施強迫教育後教育工作者大力推廣課外活動之舉奠下了基礎。初時，人們只看到課外活動的消極作用，並沒有注意到它的積極意義。其實課外活動的功能何止消耗青少年的剩餘精力那麼簡單，它還可以協助青少年茁壯成長、全面發展。

意想不到的是，這時北京政府也在無意中作出配合的行動。1967年年底，周恩來召集了香港的左派領袖到北京開會。港澳辦廖承志在會議上提出，要注意鬥爭的方式方法：要政治鬥爭，不要武力鬥爭；要通過統戰爭奪人心；要大力開展有益身心的文娛體育運動，通過這些活動團結香港居民，擴大左派的影響[6]。廖承志的講話導致香港的左派人士對學校的課外活動採取比較正面和積極的態度。

火紅年代的學生運動及其影響[7]

上一節提及的教師薪酬運動發生於香港學生運動發展得最蓬勃的年代。從1968年到1978年是香港學生運動如火如荼的11年，學運分子因此稱這段時期為「火紅年代」，但也泛指1970年代。

學生運動衍生出來的亞文化（或稱次文化，指偏離主流價值觀的小眾文化）和反文化（反文化可說是亞文化的極端表現，但二者之間並無明顯的界限）運動，如嬉皮士作風、搖滾音樂、行為藝術、女性主義、生態主義等，對中學生的課外活動產生了深遠的影響。大專界發起的學生運動也有不少中學生參與，因此可以說，學生運動也是中學生的一種課外活動。所以，有必要在這裏簡略地介紹一下香港70年代的學生運動。

---

6. 程翔（2018，頁164）。
7. 本節資料主要來自香港專上學生聯會編的《香港學生運動回顧》（1983）。

學生運動由來已久：有學生就有學生運動，自古已然，世界各地都一樣。香港 1970 年代的學生運動可說源於 1964 年在美國西岸加州大學伯克利[8]分校爆發的「言論自由」運動。它本來是一個爭取言論自由、學術自由和政治自由的民權運動，後來因為受到「良心反戰者」的影響，反越戰成為了運動的主軸。運動的精神很快就感染了北美洲、英國和澳洲，以至世界各大學的學生，再通過來自這些大學的學者、研究生和回流生傳到香港。當時，香港的學生經歷了兩次暴動之後，已不再害怕與政治打交道了。

拉開香港學生運動帷幕的是 1968 年的中文運動，而孕育中文運動的則是 1960 年代上半頁的中學文社潮和 1963 年成立的「大專學生社會服務隊」，以及香港專上學生聯會在 1965 年底假崇基學院教堂召開的研討會。文社潮讓學生成長起來，變得敢想、敢言和敢為。服務隊令學生更加關心社會，進而採取行動以促進社會改革。專上學生聯會研討會的議題是「香港之專上教育」。這個研討會不但史無前例地設有即時傳譯，更在決議裏向政府和大學提出中英並用的要求。上述決議引發了 1968 年初崇基學生會向政府提出「中文成為官方語文」的要求。中文運動（1968－1971）在 1970 年達到頂峰，成為香港火紅年代學生運動的第一波。

1970 年 7 月 12 日，港大學生會聯同多個專上學生團體，在九龍窩打老道青年會舉辦了一個史無前例的研討會，討論中文成為香港法定語言的問題。這在當年來說，是一個很敏感的議題，現場出現了不少看來是探員或便衣警察的人士。臨場氣氛相當緊張，但市民反應熱烈，很早就坐滿了整個禮堂，以致不少人要站着聆聽，出席人數估計在四五百之間。講者包括：黃夢花（市政局議員）、冼梓林（聖貞德中學校長）、嚴元章（中文大學教育學院講師）和馮以浤（港大明原堂舍監）。也許受到這個研討會及整個中文運動的影響，香港政府在 1971 年成立

---

8. UC Berkeley，即柏克萊分校。

了「公事上使用中文問題研究委員會」，並於 1974 年立法，確認中文為香港法定語文[9]。

另一個規模更大、影響更深遠的是 1970 至 1972 年的保衛釣魚臺運動。保釣運動源於 1970 年的美、日協議。根據這個協議，美國將於 1972 年把美軍二戰時所佔領的琉球群島連同鄰近台灣的釣魚臺交還日本。美國政府視釣魚臺為琉球群島一部分之舉引起了世界各地華人學生的不滿。首先起來反對的是美國東岸的大學生，跟着香港的學生也動起來了。這個運動至今(2020)仍然餘波蕩漾。1996 年，港大校友（早年明原堂宿生）陳毓祥更因為要在釣魚台海面宣示主權而不幸溺斃。

除此之外，1968 至 1978 年間，香港也先後發生了多次規模較小的學生運動：1968 年 8 月，港大學生在校內組織了反對蘇聯侵略捷克的示威；1969 年 1 月，港大爆發了校政改革運動；同年 9 月，珠海書院的學生因校方壓制言論自由而進行靜坐抗議。接着是：1971 年 10 月的盲人工潮事件、同年 12 月港大學生會的回國觀光團及其後的餘波（例如由學聯於 1973 年 10 月舉辦以「認識我們的祖國」為題的中國周）、1973 年 8 月的「反貪污、捉葛柏」、1975 年 3 月學聯提出「放眼世界、認識祖國、關心社會、爭取同學權益」的學運方向、同年7月的崇真書院事件、1977 年 3 月的關心露宿者計劃、1977 至 1978 年的金禧中學事件等。

金禧事件是香港火紅年代、學運澎湃時期的最後一波，也是香港學生運動十年中最值得重視的教育事件。成立於 1973 年的寶血會金禧中學，其教師主要來自當年學運的積極分子。這群學運分子的特點是為人積極、熱心教育、關懷學生、富親和力，成為教師之後也比較重視和擅於組織課外活動。1977 年，因校長把小賣部的利潤撥歸教會而引致師生不滿，後來因教育署處理不當，師生更罷課抗議，並且到堅道天主教座堂向主教請願。此事擾攘了一年，到 1978 年終於

9. 馮以浤(2015，頁138)。

民眾在天星碼頭集會支持保釣運動

得到合理的解決。這一年的時間充分展示出師生的良好關係，以及他們處事不亢不卑的態度和堅毅不拔的精神。他們的作為，最終獲得社會各界的同情和支持，迫使政府成立一個以港大校長黃麗松為首的委員會，調查問題所在和提出解決辦法。結果，政府接納委員會的建議，成立新校，吸收這群「反叛」師生，從而化解了這場因官僚作風而導致的社會衝突[10]。

1970 年代上半頁，受到國際「反建制大氣候」和香港「爭取權益小氣候」的影響，各種「專業／壓力團體」相繼成立。關心教育的有教育行動組、文教人員社會改進協會和教育專業人員協會等。1975 年教育雜誌《新教育》及《教與學》差不多同時發刊，盛況一時無兩。到了 1970 年代尾至 1980 年代初，出於政治上的考慮，香港教育工作者聯會、香港大學畢業同學會、學教團等也跟着出現了。

學運期間，不少積極的學運分子都會考慮到：總有離開大學、踏入社會的一天，到時有什麼辦法可以延續他們當年的理想？經過不斷的思索和討論之後，他們得出的結論是去當教師或社工。結果，在 1970 年代，不少思想前衞的青年進入了一向被視為相對保守的教育行業，使到香港的教育事業在 1970 及 1980 年代顯得虎虎有生氣，課外活動也隨之迅速發展起來[11]。

光復後學校的課外活動概況

我們在上一章描述了香港淪陷前學校的課外活動概況，現再聚焦到香港光復後的情況。

香港光復後，拔萃、聖若瑟及皇仁陸續重開。我們未能找到皇仁和聖若瑟戰後初期的資料，但根據拔萃的紀錄，它在 1946／47 年度已有網球個人比

10. 見馮以浤(1978)。

11. Fung（1990）.

賽、籃球和足球班際比賽（1948 / 49 年度恢復社際比賽），以及與友校作足球友誼賽[12]。

戰前已有的校際運動比賽，在戰後不久便先後恢復了，但各項比賽的恢復年份則因為紀錄不全而難下定論。據拔萃的校刊記載，該校學生參加了 1947 至 1948 年的校際田徑、游泳和足球比賽，1948 至 1949 年又增加了乒乓球和網球兩項。是年校際籃球比賽其實也恢復了，但拔萃沒有參加。至此，香港的校際運動比賽大致已回復到戰前的水平。

至於音樂及朗誦活動，則是教育司署音樂視學組在多位資助中學校長的推動和協助下組織起來的。以下資料，主要來自香港學校音樂與朗誦協會的網頁[13]。根據這個網頁，音樂節始創於 1949 年，它一開始就名為「香港學校音樂與朗誦節」，並包括少量英文朗誦比賽。筆者曾於 1950 年代初參加香港學校音樂節的朗誦及歌唱比賽，因此記得很清楚，它當年是叫做「香港學校音樂節」而不是「香港學校音樂及朗誦節」的。筆者曾為此向協會求證，但不果，於是翻查拔萃男書院的校刊，終於得出 1971 年才改名的結論。

音樂節的比賽項目在 1952 年增加了中文歌曲、1960 年增加了中樂和中文朗誦。初期的評判全部由本地教師擔任，1954 開始邀請外地的音樂家來港擔任西樂和聲樂的評判。初時只請來一位，之後因為參賽學生多了，評判的數目也相應增加。

筆者當年就讀於拔萃男書院，1953 / 54 年度曾參加中文歌曲合唱比賽，兩首指定歌曲之一是《康定情歌》。比賽結果是拔萃倒數第一，獲得冠軍的是一間以「快四舞步」唱出這首川藏民歌的學校。從英國請來的評判 Northcote 說：拔萃的學生表錯了情，把輕快的歌曲唱得過於委婉幽怨！這評語仿似晴天霹靂，令

---

12. *Steps*（1949年1月及7月）。

13. 見www.hksmsa.org.hk/tc/?page_id=196（2018年8月9日瀏覽）。

老師和學生都目瞪口呆。後來發現，節目表上所寫的歌名不是《康定情歌》，也不是《跑馬溜溜的山上》，而是《跑馬溜溜的上山》，英文則譯作 *Galloping Horse Up Hills*！

香港學校音樂及朗誦協會除了舉辦一年一度的香港學校音樂與朗誦節之外，也做一些推廣和深化音樂活動的工作。香港青年樂團於1963年成立以來，協會便負起了管理樂團的責任。新成立的樂團致力為青年人提供樂器培訓，又安排青年人在不同場合表演。這些措施起了積極的作用，使到1970年代香港學校的音樂活動迅速地發展起來。

抗日戰爭前，香港已有個別學校為了宣揚愛國意識而鼓勵和協助學生組織一些戲劇活動，但比較有系統地推動這種深具教育意義的課外活動則要等到和平之後才出現。在1952年成立的中英學會中文戲劇組，以及1961年成立的南國實驗劇團和香港業餘話劇社，其中有部分成員是大專學生。這大概是促成1966年大專院校創辦首屆大專戲劇節的原因之一[14]。

推動全港中學生話劇發展的契機則要到1967年暴動之後才出現。在政府大力推動青少年活動和課外活動的情況下，香港的中學出現了相當蓬勃的文社潮。它的出現帶起了劇本創作和話劇演出的熱潮。1968年，先後出現由皇仁書院學生袁立勳成立的校協戲劇社和聖德肋撒堂慕道班的年輕教師麥秋成立的天主教青年劇藝團，以及1972年由年輕教師張秉權創立的致群劇社。這些劇社的成立在推動香港學界的話劇活動上產生了巨大的作用。劇社創辦人當然不止一個，現只舉其犖犖大者。

回說1960、1970年代的文社潮。右派的《中國學生周報》自1952年創辦以來，日漸受到香港中學生歡迎，其影響力也日見顯著。1956年，左派的《青年樂園》起而與之爭鋒。到了1960年代初，兩份刊物的受歡迎程度已非常接

14. 國際演藝評論家協會（香港分會）：劇事年表，見www.drama-archive.hk/?a=group&id=timeline（2018年9月24日瀏覽）。

韓敦一手籌建的伊利沙伯中學西貢斬竹灣營地（圖片由蔡香生提供）

近。受到它們的引導，香港的中學生開始關心世界各地的文化、注意中國內地和台灣的政治，以及思考香港的問題。因此，在1960年代中期，香港中學生搞文社之風相當盛行，有以學校為本位獨立運作的，也有聯合其他學校的學生一起運作的。到了1960年代末，已離校的學生進一步把這風氣帶到大學和社會。在火紅的1970年代，香港曾先後出現過不下100份同仁雜誌[15]。

六七暴動之後，政府也鼓勵學生辦刊物。1968年底，在英皇書院預科生馮紹波的領導下，一群中學生獲得了社會福利署的資助，辦了一份名為《青年世界》的學生刊物。《青年世界》在1969年7月創刊，到1970年7月便停辦了，原因是刊物的言論與社署的觀點有很大的落差[16]。

從戰後到1960年代初，香港的小學很少為學生組織任何課外活動。官津小學實行半日制之後，情況尤其可憐。筆者曾於一所全日制津貼小學（志蓮義學）代課，這間學校平時從沒有為學生組織任何課外活動，只是在期考完畢之後，由主要負責術科的教師組織一個遊戲日，以便任教學科的同事有多些時間閱卷，也讓學生輕鬆一下。全日制的津貼小學尚且如此，半日制的可想而知。香港當年只有少數比較重視課外活動的學校會在適當時候為學生組織一些如田徑、音樂、戲劇、參觀、旅行等活動。

當年香港有兩位非常積極推動中學課外活動的校長：伊利沙伯中學的韓敦（A. Hinton）和拔萃男書院的郭慎墀（S. Lowcock）。他們在1960至1970年代對香港的課外活動作出了巨大貢獻。他們不謹身體力行，還通過發表講話和文章來宣揚課外活動：韓敦發表過多篇談論課外活動的文章，郭慎墀曾於1961年應邀向聖公會的小學校長和教師講述「課外活動的功能」。他的講話由筆者現場翻譯。

---

15. 香港文化資料庫：火紅七十年代，見https://hongkongcultures.blogspot.com/2010/05/blog-post_4.html（2018年9月16日瀏覽）。
16. 容志超（1998），載吳萱人，頁72–73。

他們播下的種子經過一段時間之後發芽了。1970 年代初，香港小學的課外活動開始進入蓄勢待發的階段。到 1975 年教育署落實在小學設立課外活動主任一職之後，香港小學的課外活動便迅速發展起來了。根據一項調查的結果，香港的小學在 1977 年平均只有 7.6 項課外活動（體育 1.8；藝術 1.5；學術 1.4；興趣 1.5；服務 1.4），到 1983 年便增至 13.6 項（體育 3.3；藝術 3.0；學術 2.4；興趣 2.6；服務 2.3；合計 13.6）了[17]。據此估算，香港的小學在 1970 年代初大概平均只有 4 項課外活動（體育 1.0；藝術 0.8；學術 0.7；興趣 0.8；服務 0.7）。

中學的情況比較好一點。1970 年代，全日制公立學校學生人數跟半日制私立學校學生人數的比例大約是 1:2；但到了 1980 年代初，形勢便反過來變成了 4:1。1983 年的調查顯示，香港的公立中學平均開設 30.2 項課外活動，但私立中學只有 19.2 項（體育 6.4/4.5；藝術 6.2/3.9；學術 7.3/3.8；興趣 3.3/1.3；服務 7.0/5.7；合計 30.2/19.2）[18]。因為這組數字顯示的是 1983 年的情況而不是 1970 年的，所以應該加以修正。就課外活動的數量而言，公立學校和私立學校的差距在 1970 年之前是很大的，後來才逐漸縮小。因此，估計 1970 年代初的數字大概是這樣的：公立學校設立大約 10 項課外活動，私立學校大約 4 項（體育 3/1；藝術 2/1；學術 2/1；興趣 1/0；服務 2/1）。必須強調，上述兩組（小學和中學）1970 年代初的數據，純粹是根據個人的經歷和體驗推斷出來，而不是調查所得的結果。

1960 年代的兩次社會騷動給香港學校推行課外活動帶來了契機。騷動讓政府意識到，青少年過剩的精力必須加以疏導，否則會影響社會的穩定，於是在 1968 年大力推動青少年的文、康、體活動。是年，市政局和一些志願團體（例如香港小童群益會和香港青年協會）合力為他們舉辦了如旅行、宿營、游泳、舞

---

17. 馮以浤（1986，頁183）。

18. 馮以浤（1987，頁61）。

會、粵劇、綜合晚會等規模相當大的暑期活動。不少學校也響應了政府的號召，辦起各式各樣的暑期活動來。

1968年，參加上述大型文、康、體活動的有34萬人次，反應相當熱烈。政府於是在次年成立「全港青年康樂中央統籌委員會」，以後每年6至9月都為本港的青少年舉辦一連串他們喜愛的康樂活動。後來活動的重點逐漸移向學業輔導、技能訓練和社會服務，內容包括學科補習、維修校舍、探望老人等。自委員會成立以來，參與活動的人數每年都節節上升。參加這些活動的人次在1975年達到頂峰，此後就停留在每年約200萬人次，再沒有多大進展了。

1972年，香港業餘體育協會暨奧林匹克委員會召開了一個大規模的會議，討論香港康樂體育活動的發展問題。這個帶點國際性的會議拉開了社會大力發展文康體活動和學校重視課外活動的序幕。

第四章　麥理浩年代的社經政策
　　　　　與課外活動的發展

馮以浤

港督麥理浩的政策及其影響

　　麥理浩（M. Maclehose）之前的港督都是政務官出身的，他是第一位來自外交部的官員。從他的背景和施政來看，他的任命跟香港的回歸有着密切的關係。筆者相信他的首要任務是處理好兩次暴動背後的問題，以及引導香港的居民建立對這個地方的歸屬感。他希望能夠消除大多數港人的過客心態，使他們視香港為家園，進而以「香港人」自居。其次是在取得成就後，伺機向北京提出處理「九七問題」的方案。

　　麥理浩擔任港督的時間超過十年（1971－1982），是歷來任期最長的港督。他任內建樹良多，經濟因此得以迅速發展，從而奠定香港作為國際金融中心的基石，並成為亞洲四小龍之一，與台灣、南韓、新加坡看齊。他推行了很多令社會繁榮穩定、港人安居樂業、市民心情舒暢的政策，但也有一些措施讓後來的政府大感頭痛，以致進退失據的：一項是為了討好新界原居民，以便發展新市鎮而設的「小型屋宇政策」（俗稱丁屋政策）；另一項是為了促進市民的閒暇生活而設的郊野公園（見下文）。這兩項政策都是在1970年代制定的：前者易放難收，後者佔地過廣。這兩項政策使到本來就處於地少人多困境的香港，日後在覓地建屋上更感為難。

在政治上，他積極採取親民和淡化殖民地的政策：(一)改變立法局成員的比例，非官守議員的數目從此超過了官守議員；(二)改組市政局，取消官守議員制，成員數目改為委任與民選各半，主席則由民選議員出任；(三)設區議會，成員33%民選，67%委任（其中少數官守）；(四)大量起用香港人為政務官，十年內初級政務官的人數由33%升至50%，高級的由20%增至40%；(五)香港自開埠以來，警界的貪污問題一直為市民所詬病，1973年又發生了九龍總警司葛柏貪污畏罪潛逃事件，為此學生進行示威，高叫「反貪污，捉葛柏」口號，而政府也迅速反應，於次年2月成立廉政公署、4月把葛柏捉拿歸案。

1970年代初，紡織、製衣、膠花、假髮等行業是香港的主要輕工業。麥理浩明白，單靠這些是不行的，工業必須更加多元化，於是先後成立工業投資促進委員會、經濟多元化諮詢委員會和工業發展委員會，並擴建貨櫃碼頭、在新市鎮興建工業邨，以及在九龍創辦理工學院和在港九各地建立多間工業學院，使到香港的電子、鐘錶、電器等工業得以在1980年代迅速發展起來。

香港的基建工程很多都是在麥理浩年代展開的，如青衣大橋、屯門公路、港九鐵路電汽化、紅磡海底隧道、地鐵、東區走廊等。這些基建工程使香港的交通非常暢順，大大方便了市民的來往和促進了工商業的發展。

戰後香港的人口迅速增長，到1970年已上升至大約400萬，幾乎全部集中在港島和九龍，其擠迫情況可以想見。麥理浩接任港督後大力發展新界，先後建立了荃灣、沙田、屯門、大埔、粉嶺、上水、元朗、馬鞍山等新市鎮，既舒緩了港島和九龍的人口壓力，也改善了市民的居住環境。現在（2020年）香港人口超過700萬，港島和九龍共佔不足一半。

在醫療和福利方面，麥理浩也有不少建樹。在他任內建成了瑪嘉烈醫院、葵涌醫院、菲利普（現稱菲臘）親王牙科醫院等，又籌建了威爾斯親王醫院和屯門醫院。這兩間醫院分別在1984年和1990年投入服務。至於社會福利，他改善了戴麟趾成立的公援計劃，以及先後設立長者生果金、失業救濟金、殘疾補助金等。

香港的教育在麥理浩年代也有高速的發展和長足的進步。他先後在1974年和1978年發表《香港未來十年內之中等教育白皮書》及《高中及專上教育發展白皮書》。根據前者的規劃，香港會在1979年起推行九年義務教育，但到了1978年，政府宣告提早於該年推行這項新猷。後者又提出，初中生畢業後，有60%可獲資助高中學額；高中畢業生有33%可獲資助預科學額。在大專層面，香港工業學院1972年獲准升格為理工學院，納入大學及理工資助委員會的資助範圍，與港大和中大看齊；浸會學院、樹仁學院和嶺南學院在1970年代先後成為政府認可的專上學院，浸會和嶺南更於1979年起接受政府的資助。

就閒暇活動場所而言，麥理浩在這方面的建樹不但前無古人，恐怕也會後無來者。他任內建成／籌建海洋公園（1977年落成）、藝術中心（1977年）、沙田馬場（1978年）、伊利沙伯體育館（1980年）、荃灣大會堂（1980年）、銀禧體育中心（1982年）、紅磡體育館（1983年）、演藝學院（1984年）、沙田大會堂（1987年）、屯門大會堂（1987年）和位於尖沙嘴的文化中心（1989年）；建立多個郊野公園、自然教育徑、度假村、公園、運動場、體育館、泳池和休憩場所。打麻雀(搓馬將)在1970年代之前是香港人最主要的閒暇活動，但自從有了這些設施之後，情況起了變化，只顧打麻雀的人顯著地減少了。

以下是麥理浩在促進香港的文康體發展上所做的幾件大事：1972年，體協及奧委會聯合主辦國際性會議，討論香港康樂體育活動的發展；1974年，教育司署設康樂體育事務組；1977年，政府成立音樂事務統籌處；1980年，上述康體組及音統處納入布政司署，由負責康樂文化組的專員領導；康樂文化組升格為康樂文化署，下設音統處、康體處和表演藝術組。

此外，在他任內，香港又成立了多個音樂、話劇、舞蹈等藝術表演團體。音樂方面有香港管弦樂團（1974年起職業化）、香港中樂團（1977年成立）；話劇方面有香港話劇團（1977年）、中英劇團（1979年）、進念•二十面體（1982年）；舞蹈方面有香港芭蕾舞團（1978年）、城市當代舞蹈團（1979年）、香港舞蹈團（專業中國舞，1981年）。

香港教育透視

國際顧問團報告書

一九八二年十一月

《香港教育透視：國際顧問團報告書》書影

總括來說，麥理浩時代是香港有史以來最好的年代：政府管治日見清明、工商經濟欣欣向榮、社會趨向繁榮穩定、文娛活動百花齊放、閒暇生活多姿多彩、居民心情輕鬆舒暢。在一個邁進中的社會，中等及高等教育的迅速成長，以及社會上文康體活動的蓬勃發展，必然會進一步促進學校課外活動的發展。

三份教育報告書

麥理浩在處理香港的教育問題上，採取了非常積極、進取和民主的態度。在他主政的年代，香港先後發表了三份非常重要的報告書：(一)1974年的《香港未來十年內之中等教育白皮書》；(二)1978年的《高中及專上教育發展白皮書》和 (三)1982年的《香港教育透視：國際顧問團報告書》。

在發表每份白皮書之前一年，他都先發表綠皮書，讓公眾討論，然後根據收集到的意見，修正原來的方案，寫成白皮書，作為日後施政的指南。這是民主社會的一般做法，卻是香港的破天荒第一次。

以前香港有什麼問題都會請英國的專家前來協助，這回又是破天荒第一次不單靠英國，而是面向世界，請來國際頂級專家，檢討香港的教育服務和提供進一步發展的建議。顧問團的職權界定如下：

> 參照政府既定及擬議中發展本港教育各階段之政策，確定教育制度將來的目標，研究各類教育服務是否銜接及其效用，確定在何方面需要加強服務，及就對進一步發展各類教育服務之先後次序提出建議。此外，尤其就中、小及專上教育之相互關係，以及教師在整個教育制度之地位，提供意見。(頁1)

顧問團的工作由1981年4月開始，到1982年11月結束，過程大略如下：(一)閱讀資料，包括教育署特別為他們而編寫的《香港教育制度全面檢討》，了

解情況（例如研究社會各界提交的意見書）；（二）1981年11月來港聆聽各界的意見；（三）草擬報告書初稿；（四）1982年4月再度訪港，與港人討論報告書的初稿；（五）修訂報告書，11月提交定稿給香港政府。

　　1974年白皮書的主旨是講述香港未來十年的初中教育，重點在學位分配和課程內容。它在第2.5段明確指出，每個初中生都應該修讀大致相同的課程，其中實用和技術科目應佔25%至30%。在促進學生對實用科目興趣的前提上，學校可以自行決定增加這些科目的課時。校方也應該鼓勵初中生參加體育和文娛活動(例如音樂和美術)。

　　1978年的白皮書針對的是高中及專上教育，它計劃擴闊課程範圍，以拓展學生視野。白皮書在第5.2段指出，這個階段的教育旨在協助學生對身邊事物產生興趣並養成獨立思考和自決的能力，以及欣賞自己社群以至世界各地的文化傳統。在第5.9段又指出，課程的擴闊必然會導致實用和技術科目以及相關設施的增加，這又會進一步鼓勵了課外活動的發展。

　　1982年的《國際顧問團報告書》全面檢視了香港的教育服務，也提供了進一步發展的建議。報告書在第3.2.31段提出，要減少公開考試的次數。在幼兒教育方面，顧問團認為，由於學習的方法與所學的知識和技能是永遠有關連的，所以活動教學法是最合適的方法（第3.3.8段），故此，所有教師最終都要接受活動教學的在職訓練（第3.4.6段）。高年級的學生因為考試的壓力減輕了，參與及組織課外活動的興致自然會因而增強。兒童自小就接受活動教學法的熏陶，長大後自然會比較積極主動地參與學校的課外活動。因此，《國際顧問團報告書》雖然對香港學校課外活動的發展着墨不多，但筆者認為，它必然會在這方面產生正面的作用。

麥理浩時代的學校課外活動概況

　　香港經過兩次暴動之後，學校的課外活動開始成長起來。麥理浩年代見證了課外活動在香港的中小學茁壯成長的過程：1975年，教育署規定每一所政府或資助小學都要安排一位主任級的教師，負責管理學校的課外活動；1983年，教育署宣佈接受中學教師在課外活動方面的表現作為考量升級的根據；同年，教育署又決定在所有政府及資助中學增加一名學位教師，專責或分擔學生輔導、課外活動或輔導教學等工作。從1972到1983年，香港學校課外活動一直在加速發展。

　　以下的論述取材自筆者和研究助理在1980年代中期發表的兩篇文章：〈香港小學課外活動概況〉和〈香港中學課外活動的回顧與前瞻〉，它們分別見於拙著《小學課外活動》（1986）及《中學課外活動的理論與實踐》（1987）。這兩篇文章都是根據1983年獲教育署協助的調查所得的資料寫成的。謹在此借助這些資料扼要地講述一下香港小學和中學的課外活動在這個時期的概況。

　　1983年，香港共有小學769所（政府47所，資助614所，私立108所）；收回問卷220份（政府31份，資助185份，私立4份）；回收率平均為28.6%（政府66.0%，資助30.1%，私立3.7%）。以下描述的只是公立（即政府與資助）小學的情況。沒有把私立小學計算在內，主要是因為它們的回收率偏低，加上它們的規模都比較小，而且數量也在按年遞減中。由於私立小學的辦學條件一般都比較差，因此估計它們的課外活動項目不會太多，大概不足公立小學的一半。

表4.1　各種常見(25%以上學校開設)課外活動在香港政府及資助小學開設的百分率

	體育		藝術		學術		興趣		服務
田徑	83.3%	美勞	72.7%	參觀	71.3%	旅行	80.6%	風紀	82.9%
乒乓	69.4%	歌詠	64.4%	書法	54.6%	棋藝	54.6%	公益少年團	49.0%
籃球	59.7%	朗誦	58.3%	閱讀	41.2%	園藝	44.0%	男童軍	39.8%
羽毛球	51.4%	舞蹈	56.9%	常識問答	40.3%	縫紉	36.1%	女童軍	26.4%
足球	42.1%	樂器	31.9%						
游泳	34.3%								

　　每次活動的學生和教師(括號內)參與人數都會因活動的性質而異：體育20－25人(1－4人)；藝術35－40人(2－4人)；學術65－75人(2－4人)；興趣100－130人(2－7人)；服務50－55人(1－3人)。當年香港的小學絕大多數是半日制的，辦課外活動的時間因而受到很大的限制。根據調查所得，1970年代的小學一般利用下列時間進行各種課外活動：長周末提前放學後42%；上午班放學後、下午班上課前22%；上課時間21%；假期10%；短周末4%。

　　在人口密集地區小學的學生人數一般都較多（設24班），資源也較充裕，因而會開辦較多的課外活動。全日制小學理論上應該可以舉辦較多課外活動，但1983年的調查卻發現當年的全日制小學只有很少課外活動。考其原因，主要是因為這類學校大多處於人煙稀少的地區、學生人數有限（上文提到的志蓮小學只有六班）、資源匱乏，加上學校沒有這方面的傳統，而教職員又對課外活動的教育功能缺乏應有的認識。

　　調查又發現，自1970年以來，香港小學的課外活動有穩步的發展，但還是比較緩慢。教育署1975年宣佈設課外活動主任一職後，發展的速度立刻加快了。在1978至1983年間，香港小學的課外活動在各方面都有大幅度改進：活動項目85%；活動質素84%；學生投入感85%；教師投入感69%（根據學校對問卷調查的回應）。由此可見，政策對發展的重要性。

總括來説，1970 年代在香港推動小學課外活動要面對三個難題，依次是(一)場地不足（對於半日制的小學尤為複雜，更引伸至學生接送問題）；(二)教師欠積極；(三)財政費周章。後來這些困難得到了舒緩，香港小學的課外活動才健康地發展起來。

表4.2　各種常見(25%以上學校開設)課外活動在香港中學開設的百分率

體育		藝術		學術		興趣		服務	
籃球	91.4%	美術	70.4%	中文	76.3%	棋藝	48.9%	領袖生	65.6%
乒乓	81.7%	歌詠	60.2%	英文	74.2%	園藝	34.4%	宗教小組	65.6%
田徑	77.4%	攝影	57.5%	科學	72.6%	家政	29.6%	男童軍	61.8%
排球	71.5%	朗誦	54.3%	數學	66.7%	勞作	29.0%	圖書館	61.3%
羽毛球	70.4%	戲劇	53.2%	地理	63.4%	裁剪編織	29.0%	少年警訊	58.1%
游泳	54.3%	書法	51.6%	歷史	41.9%	橋牌	28.5%	女童軍	57.0%
足球	50.0%	西方樂器	46.8%	演説辯論	39.8%			公益少年	54.8%
體操	28.0%	東方舞蹈	37.6%	經公	30.7%			社會服務	34.4%
		西方舞蹈	35.5%	生物	29.6%			紅十字會	33.9%
		音樂欣賞	32.3%	電腦	29.0%			愛丁堡	32.8%

香港在 1980 年代初大約有 420 所中學，其中四分之三是公立學校（政府和資助）、其餘是獨立私校。公立學校實行全日制、設施較佳（一般都有禮堂、籃球場、有蓋操場、各種特別室；一些還有足球場和游泳池）、教師大都受過專業訓練；私立學校大多實行半日制、設備較差（大多數沒有禮堂、籃球場和有蓋操場，特別室可能也沒有）、受過專業訓練的教師也不多。在這樣的情況之下，私立中學的課外活動跟公立中學有相當大的差距自是意料中事。那時，公立中學和私立中學平均分別有30.2/19.2項課外活動（體育6.4/4.5項；藝術6.2/3.0項；學術7.3/3.8項；興趣3.3/1.3項；服務7.0/5.7項）。

中學的課外活動有不少是以比賽的形式進行的。比賽有校內的，也有校外的。校內的比賽當時一般以個人、班社、級社或屋社為單位。在 1980 年代之

前，班社和級社是主流；之後，設屋社的學校越來越多。到1983年時，設班社或級社的學校跟設屋社的學校在數目上相去不遠了。

香港中學的課外活動，發展到1980年代，大體上還是沿用傳統的模式：傳統的活動項目、學校主導、自由參與、不記入成績表。1970、1980年代之交，情況開始出現變化：新的活動項目（例如體育項下的球類活動、學術項下的學科學會、服務項下的制服團體）不斷出現、越來越多學校讓學生主導一些以至大部分活動、有些學校因為看到課外活動的好處和壞處而實行強迫或限制學生參加、有些學校開始把學生參與課外活動的情況記錄在成績表上。

教育署在1970年代開始重視課外活動之後，不少中學的行政人員跟著也改變了態度：以前不重視的，現在重視了；以前放任無為的，現在積極投入了；以前為人獨裁封閉的，現在處事民主開放了；以前反對組織學生會的，現在積極促進了。行政人員的態度改變後，師生自然受到感染。

這樣，中學的課外活動就在民間和政府的合力推動下動起來了。日後，隨著1983年中學校長課外活動研討會的召開和1984年課外活動統籌主任協會的成立，香港中學的課外活動終於走上了成熟的道路，進而與小學一起攜手向前邁進。

大學開設課外活動選修科

課外活動開始發展起來，自然要有相應的師資培訓。筆者是香港第一位專研課外活動的教師，也是第一位在大學開「課外活動」課的講師。在拔萃男書院和港大肄業時，筆者就醉心於課外活動，在拔萃任教期間又曾擔任「課餘體育活動主任」（sportsmaster，相當於現在的課外活動主任；拔萃早年的課外活動主要是運動項目，因而得名）。筆者在回憶錄《小河淌水》中提到，在拔萃任教時，因為受到兩位重視課外活動、作風民主開放的長輩（拔萃校長郭慎墀和伊利沙伯中學校長韓敦）所影響，注意到課外活動的教育作用，於是興起了研究這個課題的意念。

1966年，筆者在港大完成了以《香港中學五年級學生對課外活動的態度和參與的實驗性研究》為題的碩士論文後，重返母校拔萃任教。後入職港大，並於1975年起，在教育系文憑／證書課程開設「課外活動」選修科。轉職中大教育學院後，於1980年引進這個科目作為文憑課程的選修科。

上世紀70年代的時候，經過了60年代兩次暴動，社會各界，特別是社福界和教育界，已深切地體會到課外活動的重要性。這時，課外活動是香港社會上的一個熱門話題，在學校一年一度的結業／頒獎禮上，應邀出席的嘉賓不少都會在演辭裏觸及課外活動的問題。在這樣的社會氛圍下，開設課外活動選修科的建議並沒有遇到任何阻力，很容易就獲得校方批准了。這項選修科在港大和中大開辦以來，一直受到學校的重視和學生的歡迎。

港大教育系初期只在一年全日制文憑班開設課外活動科，第二年才伸延到兩年兼讀制證書班。後來因為人事變遷的關係，這個科目從1979年起停辦了。在中大，因為學生人數比較多，每年開辦三班或四班：全日制一班、兼讀制夜班一班、兼讀制日班（星期六及暑期上課）一班或兩班。自1980年開辦以來，這個課程歷久不衰，從沒有因人事更迭而停辦。若干年後，它的發展更逐步伸展到教育學院的學士、碩士和博士班，以至研究院的專修科等領域去。現在已有多篇博士論文是以課外活動為題材的（詳見附錄二）。

這個科目在港大開辦那幾年，雖然受到學生的歡迎和學系的重視，但算不上是一項成功的科目，最主要的原因是語言上的障礙。在1970年代，港大的教學語言是英語，上課時絕對不許講中文，很多學員因此便只聽不講，既不發表意見，也不提問，以致在課堂上往往只聽到一把聲音，氣氛相當沉悶。後來得到系主任的同意，容許學員用粵語提問和討論，情況才有所改善。

在中大教育學院，由於教學語言是粵語，情況便大不相同了。曾經在（或仍然在）中大任教這個科目的教師，都感到學員上課時大多樂意發言和發問，分組討論時氣氛也相當熱烈。不論任教的是誰，學員課後的評語一般都是不錯的。

課外活動不僅受到兩所大學教育學院的重視，也受到它們校外課程部的關注。兩所大學的校外課程部也在 1980 和 1990 年代開辦過不少為期一年的文憑課程和為期數月或數周的證書課程。大學教育學院的正規課程和校外課程部的短訓課程各司其職，互相配合，在不同層面培訓人材，為香港課外活動的發展奠下了良好的基礎。

中學校長研討會：課外活動

1983 年麥理浩雖然已經離任港督，但他任內的政策和作風還在繼續發酵，帶領着香港向前發展。他大力推動文娛康體發展的結果導致了學校課外活動的發展。當時筆者任職中大教育學院，曾向院長提出一個構思了近兩年的計劃：與教育署合作，舉辦一個以課外活動為主題的中學校長研討會，並於會後推動成立一個課外活動協會。與這個計劃有關的各個細節，筆者在回憶錄《小河淌水》裏都有詳盡的描述，現節錄如下：

> 我看準了形勢，乃於 1982 年 5 月向院長提出我的構思：與教育署合作，舉辦一個以課外活動為主題的中學校長研討會，並於會後推動成立一個課外活動協會。他聽了之後，覺得可行，我便隨即向他提交一份早已準備好的中文計劃書初稿，讓他省覽。數天後，再向他遞交一份用英文寫成的詳細計劃書。他 6 月初致函教育署，建議合作，7 月初便獲得對方的答允了。

> 我建議與教育署合辦，主要是考慮到：（一）希望教育署的官員會因此重視課外活動，鼓勵和督導學校做好這方面的工作；（二）與教育署合辦會加強這個研討會的影響力，各校的校長會更踴躍參加；（三）教育署會因此考慮給予負責課外活動的教師一些實質性的鼓勵。果然，在 1983 年初，研討會舉辦前夕，教育署宣佈接受中學教師在課外活動方面的表現為升級條件之一，又於同年 9 月在所有政府及資助中學增加一名學位教師，以減輕負責

學生輔導、課外活動和輔導教學等教師的工作量。政府更於 1986 年 9 月起，在開設 24 班以上的中學增加兩名非學位教師，分擔上述工作。

至於只以中學校長為對象的理由包括：(一) 討論的範圍不應太闊，應先處理中學的問題，然後再回到小學；(二) 研討會的規模不宜太大，所以應先動員校長，他們在開展校內的課外活動上起着決定性的作用；(三) 我準備組織一個課外活動協會，需要各校校長的大力支持。

籌委會的成員七月便敲定了：教育署派出何子樑 (港大校友，低我一班) 和梁壽安 (港大兼拔萃校友，低我兩班)；中大的代表是陳若敏和我。七月下旬舉行第一次會議，確定各人職責、工作大綱和財政預算。籌委會的組成如下：主席馮以浤、書記梁壽安、委員陳若敏和何子樑。研討會前，籌委會一共開了七次會議。結束後 25 天，我們再開了一個總結會議。

研討會的籌備工作非常順利，我們四人合作無間，計劃邀請的講者全部答允出席。會議於 1983 年 3 月 30–31 日假葛量洪教育學院舉行。它位於彌敦道和加士居道交界，交通方便。會議期間，陽光普照，春風拂面。這個會，人和、地利、天時，一應俱全，預兆着它將會取得預期的效果。

研討會場刊包括所有與會者的姓名和所屬單位，以及全部講稿。我們得到齡記出版社的贊助，由它負責排版，清樣在會議前一星期送交學院，由後者以小型柯式機印備 300 本，在會場派發。準時報名的人數是 213，其中 7 人來自大專院校。遲報名及臨時參加的約 50 人，加上講者及工作人員，總人數在 300 上下。我們帶去的 300 本場刊，最後只剩下幾本。

研討會期間，我請來十位全日制教育文憑班的同學，在討論時協助做紀錄。他們是：莫靜雯、吳蘊儀、陳秀霞、潘敏英、梁慧妍、羅秀霞、曹會燊、周志昭、溫兆佳、伍健明。我把他們分為兩組，輪流紀錄，每組一節。我五月初收齊全部會議紀錄及評論員的文稿，整理後交齡記排版，加在場刊

中學校長研討會

課 外 活 動

一九八三年三月三十及三十一日
慈幼洪教育學院

香港教育署及香港中文大學教育學院聯合主辦

課 外 活 動

中學校長研討會專刊

馮以浤編

課外活動中學校長研討會及會後出版的論文

1984年課外活動主任協會成立典禮

內，成《課外活動中學校長研討會專刊》。該書六月中出版，由齡記贊助，印4,000冊，分贈各校。

　　我是研討會最後一節的講者，在講話期間，提出成立課外活動主任協會的建議，並發問卷徵詢與會者的意見。5月初，承培正中學林思豪校長答允，借出場地開會，我便按問卷所得的資料，發信給支持的校長，請派員(或親自)參加5月21日假培正中學舉行的會議，共商大計。41人(代表39所中學)出席了這個會議，一致通過成立課外活動主任協會，並即席成立籌備委員會，由我權當召集人。

　　經過將近八個月的籌劃，開了九次會(第一次是1983年5月28日；第九次是1984年1月18日)，「課外活動統籌主任協會」(「統籌」二字是[何]子樑在成立大會上要求加上去的¹)終於在1984年1月21日(星期六)成立了。典禮假葛量洪教育學院舉行，由副教育署長梁文建主持。散會後，獲選幹事隨即召開第一次會議，互選職員及討論協會未來工作大綱。結果，代表培正中學的陳德恒當選為第一任主席。因為這是一個中學教師組織，我一直隱身幕後，以顧問身份參與他們的工作，直至退休。(頁249–251)

中學校長課外活動研討會的召開（1983年）及課外活動統籌主任協會的成立（1984年）是香港學校課外活動發展史上一個重要的里程碑。協會自成立以來，一貫以學校為成員單位，初期只收中學會員，1994年開始兼收小學會員。它的成立與演進標示着香港學校課外活動的發展已進入成熟期。

---

1. 1994年已刪去「統籌」二字。

第五章　普及教育時代的課外活動

郭偉祥、黃毅英

　　20世紀後期，香港推行普及教育不久，隨着準備主權回歸前的民主化浪潮，加上社會要求學校向各持份者問責等種種思潮下，香港課外活動得到前所未有的積極發展，並且被正式納入教育建制中。香港課外活動主任協會的成立是課外活動發展的重要里程碑。教育統籌委員會[1]在這段時期發表的七份報告書亦起着舉足輕重的作用，指導着學校教育的發展，也指引着中小學課外活動的推行。

時代背景

1. 普及教育的實施

　　1978年，香港正式為實施九年免費教育拉開帷幕。普及教育不只代表量的增長，也靜悄悄地起着質的變化。在九年免費教育的實施過程中陸續出現不少疑

---

1. 以下簡稱「教統會」。

惑，而正如筆者（黃）所說「學習差異變成了最突出的教育問題。……在過往一早已被『淘汰掉』的學生現仍留在班房內」[2]。除了上述這類老生常談的情景外，我們還須反問，究竟學校教育除了選拔少數（早期少於5%[3]）精英進入大學外，對普羅大眾之日常生活還能起些什麼作用？我們是否仍以學術（學科教學）為學校教育的主軸？美國國家研究議會的報告《人人算數》便指出，「工作性質的變化將使持續教育成為成年人的終身現實。為此，學校將必須為所有的學生提供終身學習所需的扎實基礎」[4]。

普及教育對青少年問題起着另一個微妙的變化。前章提及，政府於1966年社會騷動後，銳意舉辦各種活動來緩解青少年問題。當時中小學教育尚未普及，所以政府要透過不少青少年組織去吸納所謂「街童」。及至1978年香港推行普及教育後，理論上所有15歲以下的青少年都必須上學。換言之，所有「青少年問題」在某程度上都變成了「學校問題」。故此，政府政策由「強化青少年活動」逐步轉為「強化學校課外活動」。

在精英年代，能升上高年級的學生都成績彪炳，篩選制度便形成令學生拼命的「電兔」，學生在學業或品行上不如理想，學校很容易把他們擯走。這不是說普及教育把學校環境變壞了，而是整個學校教育任務起着根本上的變化。於是，學校為照顧不同學業能力學生發展的需要，適量地提供更多課餘活動，讓學生能在正規課堂以外發掘潛能，建立良好的自我觀。

2. 黃毅英（2014，頁2）。

3. 按《香港的發展（1967–2007）——統計圖表集》，1976年15歲以上男性有5%接受學位課程教育，女性則為1.9%。盧一威，伍世傑，韓笑（2016）則稱「雖然中大的成立有助吸納更多中學畢業生，但大學學額仍然相當有限，其時（1960年代初期）只有約1%的適齡人口能入讀大學學位課程」（頁5）。

4. National Research Council (1989, p. 11)，引文由筆者翻譯。

2. 教統會報告書及教育署相關指引

在這段時期，教統會的一系列報告書在一定程度上主導了教育政策的發展（內容見表5.1）。教統會是於1984年按《香港教育透視：國際顧問團報告書》的建議成立的。由於各政策從蘊釀到落實需要一段時間，故本章不會按報告書先後作介紹，而會依據不同主題加以討論。

表5.1 教統會第一至七號報告書內容[5]

發表日期	報告書	討論的政策範疇
10/1984	第一號	1. 初中成績評核辦法 2. 語言對教育的問題 3. 師資培訓與教師組織 4. 公開教育 5. 教育的研究工作
8/1986	第二號	1. 教育語言問題 2. 小學學前服務 3. 中六教育 4. 師資培訓公開教育
6/1988	第三號	1. 高等教育的體制 2. 香港私立學校——直接資助計劃
11/1990	第四號	1. 課程發展 2. 特殊教育 3. 學業目標及有關的評估 4. 教育的語言 5. 小學混合 6. 校內涉及黑社會活動與體罰
6/1992	第五號	教師專業
3/1996	第六號	提高語文能力
9/1997	第七號	優質學校教育——落實學校管理新措施

---

5. 資料來源：香港教育統籌委員會網頁，見www.e-c.edu.hk/tc/publications_and_related_documents/education_reports.html（2019年4月9日瀏覽）。

在民主政治氛圍下，學校致力培養學生領袖，紛紛成立學生會。
圖為保良局1983年總理中學（現稱保良局羅傑承中學）學生會成立典禮。

在教統會發表七份報告書期間，教育署又陸續頒佈了《學校品德教育指引》、《學校公民教育指引》、《學校性教育指引》、《學校環境教育指引》、《小學活動教學指引》、《學校課外活動指引》和《戶外活動指引》[6]。有些指引表面上和課外活動沒有直接關係，但課外活動往往成為實踐指引的最理想平台，品德教育便是一例。當時教育署有鑑於學校科目已經太多，建議不將品德教育獨立成科，而採用滲透形式透過各學科去推展，並在班主任課、周會及各類課外活動中推行。其他如公民教育，甚至藥物（毒品）教育亦有類似情況。面對當時普及教育的新挑戰，要推行這些「跨學科」教育課程，課外活動扮演着一定的角色。

3. 校政民主化及學校問責制度

20世紀後期，香港除了普及教育這主軸外，不能不提1997年香港回歸祖國這個時代背景。由於港英殖民地政府在退出香港前欲「還政於民」，或為香港主權移交作準備，所以大力推行議會民主政治。1981年港島第一個區議會東區區議會正式成立；1983年首次進行分區市政局選舉；1984年7月發表《代議政制綠皮書》、同年11月發表《代議政制白皮書》等，此後政治團體及政黨相繼成立[7]；1985年第一屆立法局間接選舉。這些組織的誕生雖然表面上與教育沒有直接關係，但整個民主政治氛圍導致學生主動組織活動。學校亦致力培養學生領袖，紛紛成立學生會。當時，個別學校甚至在年終校政檢討時加入學校管理層回應學生質詢的答問大會。學校開始帶領學生制訂會議常規及選舉法則，領袖訓練營或成長計劃等亦應運而生[8]。這不是說校政委員會、學生主導活動等在那個時代才出現，但顯然當時成為了一種風尚。這風尚亦與前面提到的「火紅年代」不少大學生畢業後當老師不無關係。

---

6. 依次為1981、1985、1986、1992、1995、1996和1997。不過這些只是指引出版年份，蘊釀與推行應更早。例如小學外活動教學早在1972在六間小學進行試驗計劃。

7. 其中包括匯點(1983)、民協(1985)、港同盟(1990)、啟聯(1991)、民建聯(1992)、自由黨(1993)、民主黨(1994)。

8. 黃毅英(1982)。

在20世紀末，全球吹起「民主化」的熱潮。如第一章所述，「普及教育」有時亦稱作「教育民主化」，其含義廣泛，包括「人人有接受教育的權利」、「以兒童為中心」的學習理念、並非由政府獨攬辦學、甚至包括不獨攬課程制訂權等。香港在1980年代掀起「校政民主化」的討論[9]。及後香港教育統籌科及教育署在1991年提出「學校管理新措施」，並推動「學校中層管理」等校本管理理念。校長不再是「一言堂」，而是設有一個智囊團共襄校政，「中層管理」成為一個嶄新的理念[10]。1980年代初期，學校紛紛成立「校務委員會/校政委員會」，而課外活動組順理成章成為其中一組（圖5.1），奠定了課外活動在校政運作中應有的地位。

圖5.1　資助中學的典型組織架構（資料來源：陳若敏，1986，頁37）。

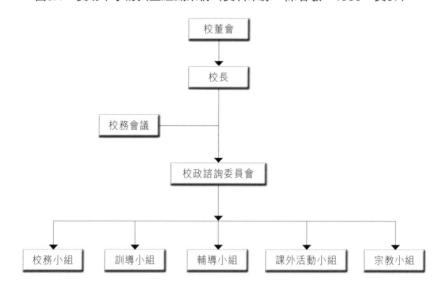

9. 馮穎賢（1986）。
10. 見中學中層管理研討會編輯委員會（1987）。

雖然有指出，在法理上，學校的最終法理負責人仍是校監和校長（後來法團校董會的情況另議），校務委員會中層管理只是承責分工而非權力下放，不算真正的「校政民主化」。無論如何，當時課外活動主任職位之確立，對學校推動課外活動起着積極和重要的作用。

以課外活動應對學生行為問題及作為全人發展的工具

九年免費普及教育不但令學生數量大增，導致個別差異增大和出現種種挑戰，還使整個學校教育的目標由選拔學科精英，轉向關注學生的全人發展。政府除了強調推行一系列品德及公民教育（打開了以學科為主導的缺口）外，學校也需要強化學生品格及領導才能的培育，推行更多類似童軍的青少年制服團隊課外活動，並且建立一些本地化及沒宗教取向的學生組織，例如以防止罪案並提高學生守法意識的少年警訊及以關心香港社會為宗旨的公益少年團[11]。其他制服團體亦如雨後春筍[12]。時任教育署助理署長何子樑指出：「為協調學校課外活動的發展，教育署於1989年成立了學校活動組，該組的職責包括為學校增聘的課外活動教師提供指導」，其中亦提到「教育署於1978年成立公益少年團，目的是培養學生對公民權利和義務的認識」[13]。

在各報告書中，《第四號報告書》恐怕是最具影響力的一份，它涵括了課程發展、特殊教育、學習目標及評估、教學語言、小學混合制（有半日制亦有全日制）、校內涉及黑社會活動問題等直接或間接跟普及教育相關的議題。

---

11. 先後於1974及1978年成立。
12. www.youth.gov.hk/tc/info-centre/extra-curricular/uniformed-groups.html（2019年1月1日瀏覽）。
13. 何子樑（1994，頁25）。

據《第四號報告書》，1980年代學生的行為問題嚴重，包括賭博、非禮、毆打、恐嚇、行劫、勒索、縱火、店舖盜竊、刑事毀壞、非法會社等。報告書的結論是，不少學生校內行為問題的成因，是由於學生沒有能力或無意修讀共同課程，又或者課程未能讓他們充分發揮，所以感到厭煩沮喪。另一個主因是使用英語作為教學語言，令學生感到困難。在這情況下，學生作出不檢的行為，藉此宣洩不滿的情緒，甚至有些學生因無法融入學校生活而中途退學。

1992年香港政府年報指出「課外活動是課程不可或缺的一部分，可充實學生的知識，以補在課堂所接受的教育的不足。課外活動不論在校內或校外舉行，通常會於課餘時間在教師指導下進行。教育署透過在職訓練計劃及派遣督學到學校視察，向教師提供專業指導和意見。此外，教育署亦資助部分活動；不少聯校計劃及活動均由該署舉辦或統籌，其中包括公益少年團、愛丁堡公爵獎勵計劃、姊妹學校計劃、校際話劇節，以及體育和康樂活動」[14]。其時參與音樂、體育及公益少年團的人數均有上升的趨勢，反映出學校積極利用課外活動讓學生投入校園生活，發揮潛能，使他們得到更大的滿足感。在該時期，學校訓輔合作（甚至把兩個行政組別合一），透過課外活動推行輔導亦非常普遍[15]。

初中成績評核辦法對課外活動的影響

免費普及教育在1970年代仍局限在小學六年及初中三年。香港政府於1974年發表《香港未來十年之中學教育白皮書》便提出在九年免費教育結束後，舉行公開考試以甄選40%的學童來繼續接受資助的高中教育。因此，香港政府在1980至1981學年實施「初中成績評核辦法」，令學生的學習壓力大增。為免

---

14. 頁119。
15. 馮以浤(1987)有章節討論。

影響學生在初中評核試的成績表現，學生參與課外活動的機會往往被家長及學校限制。然而有些關心學生成長的學校則會有些積極的措施，讓學生在考完評核試後，離暑假還有一段「沒有公開試作主導」及再不用趕課程的幾個月，舉辦領袖訓練計劃、成長計劃等課外活動[16]。

「成績—活動」往往是一個微妙的拉扯關係。初中評核試塵埃落定後，學生鬆懈導致成績下滑，於是有些學校又對學業成績緊張起來。課外活動尤其是一些有固定聚會時間的傳統學會活動，在部分學校出現被補課、考測、非完全自願參加的活動（如校隊、朗誦、風紀）逐步侵佔的現象。但有些學校則能利用課外活動的靈活性本質，化整為零，採用傳統學會以外的形式推行，於是課外活動得以繼續發揮作用[17]。

小學混合制及活動課帶來的契機

普及教育下的初中學制就如上述安排，小學方面亦要處理久未解決之小學混合制的歷史問題。如前所述，《第四號報告書》涵蓋範圍甚廣，它亦就這個問題提出了建議。事緣 1950、1960 年代由於新移民湧至，在校舍不足的情況下，將大部分小學分成上、下午校顯然是權宜之策。該報告書指出半日制小學在安排課餘活動方面有困難，很多學生（特別是雙親均外出工作的學生）有半天無人看管，年紀較長的學生尤其容易受到不良分子的影響。然而，由於當時學校校舍數量不足，要將全部小學變成全日制學校是不能實現的，於是改為探討加設活動課的可行性。值得注意的是，1960 至 1980 年代，香港小學曾着意推行「活動教

---

16. 這和早期小學學能測驗後數學課程內加入「趣味數學」（recreational mathematics）的做法類似。
17. 黃毅英（1994b）。

學」[18]，除了有課程統整、以兒童為中心、主題式[19]教學等理念外，還引進類似後期的專題研習和體驗式學習等。雖然它有異於大家常見的課外活動，但卻是利用活動促進「主流學習」的典型。

教統會經過研究推行混合制所帶來的影響及教師的工作量，提出改變小學教師與班級比率，以及改動小學職級編制，建議由一名助理教席協助統籌課外活動及其他活動。學校職級改變及人手提升可給予教師空間，讓他們學習管理所負責的有關工作，其中包括課外活動，因此對小學推展課外活動有一定裨益，讓小學課外活動更趨豐富。

《第五號報告書》提出改善校舍計劃，為學校加設學生活動中心和活動室，前者可為課外活動提供場地，如進行會社的集會、學生會的小型聚會、小型活動及講座活動、舞蹈及戲劇練習和排演、辯論比賽等；而後者則可容納約一百位學生一同參與活動，讓學生可以觀摩活動進行，對推展學校課外活動功不可沒。

改善班級學額和教師工作量，實施多層管理架構

關於上面提到的改變小學教師與班級比率，這是因為適齡學生人口有下調跡象，從 1992 年開始，小學將 40 人一班減至 35 人一班。如果小學採用「活動教學」的授課模式，則每班由 35 人減至 30 人一班；中學方面，則將 40 人改為 35 人。《第五號報告書》亦提及增加教師人手，建議於 1995 年 9 月，30 班或以下的中

---

18. 教育署(1995)。又見謝振強(1993)。
19. 例如以「小商店」為主題，讓學生在這情境中接觸數學、中文、甚至常識，以進行跨課程學習，而非以傳統學科劃分。詳見鄧國俊等 (2006)。

學增設一個文憑教師職位，超過 30 班的中學則增設兩個文憑教師職位，藉以減輕教師工作量。

《第五號報告書》又建議在標準 24 班全日制小學設立的八個主任職位中，其中一位要主管課外活動及其他活動，意指負責文化及體育活動、遊戲日、香港及新界學界體育協進會主辦的校際體育活動及舞蹈活動、香港學校音樂及朗誦協會主辦的活動、組織參觀活動、參與社區舉辦的公民教育活動、火警演習、交通安全隊、公益少年團、少年警訊活動等。

在中學方面，當時國際趨勢提出了三層、甚至多層管理系統（multitier system[20]），這或多或少和校政民主化及「放權」的潮流有關。此外，鑑於主任級（高級學位教師）及一般教師的薪金有很大差距，曾有呼聲要求在兩者之間加設一層，又或增設非行政的資深教師職位，以褒獎具高教學成效而又不一定擔當行政工作的老師（類似中國內地的「高級教師／特級教師」）。結果是《第五號報告書》建議增設兩個副校長職位，其中一個必須督導學生會的活動及提供意見，及在校內推廣課外活動。而教育當局亦建議增設首席助理教席，協助推動和協調課外活動；又增設高級助理教席，協助組織及舉辦課外活動。這個首席助理教席或高級助理教席職位被業界稱為課外活動主任。

師資專業化與學校課外活動發展

普及教育帶來的轉變，除了學生數量外，教師和學校數量也增加了，教師隊伍人數增加帶來水平參差不言而喻[21]。

---

20. https://smallbusiness.chron.com/explain-threetier-organizational-structure-58320.html（2019年1月1日瀏覽）。
21. 黃毅英（1995）。

1986年，香港中學學位教師中，有超過60%曾接受教育專業訓練。教統會建議應增加兩所大學為大學畢業生開辦的教育文憑及證書課程學額，以便至1994年時，有80%的學位教師獲得相關訓練。當時港大及中大均有提供一年的全日制入職前訓練課程及兩年的部分時間制在職訓練課程，學員在修畢上述課程後可獲得教育文憑或證書。中大當時的課程提供了課外活動選修課，教授相關理論及實踐知識。

香港課外活動主任協會在提供課外活動師資培訓課程及研討會方面，一直扮演着積極、主動及重要的角色，本書第七章及附錄會詳述之。

政府又於1978年提出教師必須擁有教育文憑或證書，並且要有持續進修（修讀複修課程），作為跨越薪酬關限或晉升高級教師的條件之一。中學方面，當時教育署透過招標由港大及中大承辦準晉升教師複修課程，課程內容包括課外活動。香港當時有很多教師透過這兩項課程，認識了更多課外活動的理念和知識、管理技巧及推行策略，對香港學校課外活動的推展有很大的幫助。小學方面亦有相應課程。而自1998年起逐步推行教師學位化，到2019至2020學年基本上全面落實。

及後師訓與師資諮詢委員會於2003年發表的《學習的專業　專業的學習：「教師專業能力理念架構」及教師持續專業發展》，規定每位老師每三年便需要完成150小時的持續專業進修指標，措施鼓勵教師終身學習，課外活動老師可以選取相關課程作為滿足進修的要求。

辦學多元化與學校課外活動表現

在早期，香港學校的多元化可以用「放任自流」來形容，自1913年頒佈教育條例後，學校才得到規管，但亦為學校齊一化埋下伏筆。及後由於普及教育的推行，需要大量學額，政府支持辦學團體（不局限於教會）建校，大量資助學校

應運而生。在校舍及師資條件上，此消彼長，相對官立學校及資助學校，私立學校顯得相形見絀。在 1970 年代初，政府陸續向僅餘的私立學校「買位」[22]。及後，一些私立學校成功向政府申請轉為資助學校，於是私立學校數量逐漸萎縮，形成學校模式單一化的局面（於此並無褒貶）。

到了 1980 年代，學校私營化、學券及學校多元化[23]在國際上變成了熱議題目，這亦可謂是順著「民主化」大潮流下的「下放」理念。而且當時「愛國學校」由於政治因素仍未獲註冊，問題有必要解決。於是《第三號報告書》提出了向那些已達到相當高辦學水平的私校進行「直接資助（直資）」，讓一些學校得到資助而又能保持與「主流」學校不同的彈性（包括薪酬、課程、教學語言自主等）。直資學校除了可獲得政府的資助外，亦可向學生收取學費。基本上他們是以一個私立學校的形式辦學，可以自行決定課程、教學語言、教職員職級，編制、薪酬等。為了吸引學生入學，漸漸地，直資學校的設施較公營學校更佳。

根據香港 1991 年報顯示，直至該年 9 月，香港只有 9 間中學加入直接資助計劃；時至 2018 年，共有 60 間直接資助中學及 21 間直接資助小學。由於這些學校的經濟資源比公營學校豐富，所以它們會聘用專業人士協助發展課外活動，例如體育項目、音樂項目、舞蹈項目、話劇、大型活動計劃等，而大部分活動，學生都要自費參與。因此，他們在校際比賽中獲取的成績往往較公營學校為佳，亦間接吸引更多活動表現優異的學生報讀。整體而言，直資學校的課外活動發展相對全面，很多直資學校在學界公開比賽的成績往往名列三甲之內。

不過直資這個理念惹來了一些批評[24]，包括學費高昂可能引致貴族化、本身又運用公帑等。直資學校相對於一般資助學校，學生家庭社經背景往往較佳，而直資學校又同時獲得與資助學校差不多相等的政府經費，以及較易獲得額外資源

---

22. 教統會其後於1988年發表的《第三號報告書》建議取消買位制度。

23. 鍾宇平、黃顯華(1988)。

24. 例如 Zhou, Wong, & Li (2015)。

（例如收取學費、活動費用、雜費等），教育公平備受關注。因為一所學校的資源直接影響學校課外活動的發展，間接影響學生的學習經歷及身心多元培育，故此學生在不同類型學校通過參與課外活動進行教育的機會是否均等及公平，值得深究。而直資學校激化了課外活動的外判趨勢，我們將在第六章和第十章討論。

管理主義問責工具下的課外活動規管

　　《第七號報告書》觸及的層面至廣，涉及整個教育系統。之前的政策文件一般只談政策，其中論及意識形態的雖然不能說沒有[25]，但在教統會七份報告書中，像《第七號報告書》般聲明要改變學校質素文化的可謂絕無僅有。該份報告書提供的意念、工具和技巧（包括之前《學校管理新措施》）確有可能為學校管理人員帶來有效的學校規劃發展方法。不過回歸到報告書本身，我們應聚焦它提出了什麼相關政策。

　　「放任—齊—化」是雙面刃。當普及教育發展到一段時期，各種挑戰陸續湧現，包括學生平均成績下滑、學生學習動機下降，甚至在品德行為方面出現種種問題。於是社會漸漸出現問責的聲音：納稅人投放大量資源於教育，公帑運用是否適得其所？這就涉及向持份者問責、學校教育質素保證等相關觀念。

　　報告書首先以一系列新指標定義「優質」。這除了曾榮光所說的市場效率膜拜外[26]，還沿襲了1990年代初期西方（以美國為主）的「評準化」浪潮。此浪潮於香港體現就是目標為本課程、目標為本評核、基本能力測試等，甚至延伸至

---

25. 如《與時並進善用資訊科技學習：五年策略1998/99至2002/03》（教育統籌局，1998）提到「範式轉移」，千禧年課程文件開宗名義，題目便是《學會學習》（課程發展議會，2001）：學習的模式改變了。

26. 曾榮光（1997）。

情意指標、品格指標、才華指標等[27]。後來所衍生的「優質教育基金」亦意味着資源與表現掛鈎。於課外活動，便是課外活動指標（包括入大學計分法）及「高中學生學習概覽」（Student Learning Profile, SLP）等。

《第七號報告書》另一個主題為校本管理。校本課程等可以視作「下放」的一個產物。在外國，「下放」每每是指中央和地方政府甚或社區間的關係，原意是「放權」，讓學校有多些自主空間（亦配合學校特式多元化的辦學理念）。但辦學總要向納稅人交代，不能讓各校放任自流，於是透過訂定「客觀的、公共的尺」（所以要以各種新指標界定優質教育），讓學校朝着這些指標向優質邁進；再加上「校外評核（外評）」，確保各學校有制定及執行這些自我完善機制。換言之，由以中央監察（如早期的督學系統）為主轉為「自我監察＋外在檢視」。可惜早期公佈外評結果及殺校等措施令致整件事的「持份」提高，於是變成了校內及校外的兩層監察，和上面放權的原先構想有一段距離。課外活動作為學校行政組織架構的一環，當然亦受監控。此外，還有上述校長「權力樽頸」[28]的問題。

校本管理對學校發展最具影響的一環，是要求學校撰寫校務計劃書，這份計劃書是學校全體行政人員與教職員共同策劃寫成的。「校本計劃書」須包括兩項問責的事宜，就是自我評估和校外評核，即質素保證視學。政府亦於1997年9月1日成立質素保證視學組以檢視及評量學校的效能，評量的等級分別為優異、良好、尚可及欠佳。政府會把學校表現報告送交學校校董會審閱。當時這個質素保證視學被稱為「校外評核」，共分四個範疇，包括(一)管理與組織、(二)學與教、(三)校風與學生支援、(四)學生表現。而對課外活動的評量主要屬於範疇三。學校三年發展計劃書及周年計劃書對學校課外活動的發展極為重要，促使學校對課外活動的發展、管理及資源分配有較詳盡的策劃，有助學校推動課外活動。由於2000年全港中小學都在實行學校管理新措施，學校要撰寫校務計劃

---

27. 見黃毅英（2014）。

28. 並非針對校長，而是總體制度。

書，因此在依從「策劃、推行、評估」的自我完善機制下，各校對課外活動必須有較完善的規劃，以滿足校外評核的要求。但這是否意味着管理主義抬頭而失卻所謂教育的靈魂[29]，甚至把學校推向「不務正業」，那就要考驗如何有智慧及有技巧地在各方面取得平衡。

課程活動化，活動課程化

　　這段時期的香港教育動向當然不局限於教統會的七份報告書，只能説在臨近千禧年，新措施越來越頻密。[30]其中包括 1996 年取消職業先修中學；1997 年 9 月《中學教學語言強力指引》，12 月教育署公佈 100 間中學豁免使用母語教學；同年發表《九年強迫教育檢討報告》、《職業先修及工業中學教育檢討報告書》；1998 年發表《與時並進善用資訊科技學習》、《目標為本課程學習評估指引》、香港公開考試系統檢討報告（*Review of Public Examination System in Hong Kong, ROPES*），提出加強校內評核，訂定基本能力等建議；1999 年教統會發表《廿一世紀教育藍圖——教育制度檢討：教育目標諮詢文件》、《終身學習、自強不息》諮詢文件，年底刊行《中學概覽》，其中包括公佈學校會考成績，惹起爭議；同年課程發展議會以八個主要學習領域重組並發表《香港學校課程整體檢視：改革建議》及《資訊科技學習目標》；同年平等機會委員會發表《中學學位分配辦法正式調查報告》，指中學學位分配辦法有性別歧視成分；2000 年教育署發表《日新求進　問責承擔：為學校創建專業新文化》；同年行政會議通過教統會建議由 2000/01 年度開始取消學能測驗，並建議設計基本能力評估代替學科測驗；9 月教統會發表《終身學習　全人發展——香港教育制度改革建議》；11 月課程發展議會發表《學會學習》諮詢文件等。

---

29. 陸鴻基（2010）。
30. 黃毅英、列志佳（2001）。

當然，一些措施和課外活動有直接關係，另一些只有間接關係，但若串連起來，可觀察出一些趨勢[31]：簡言之，教育面對社會全體，學生多了，學校多了，教育動用了大量公帑，自然需要規管。當中有人會認為課程評準化不單讓學習可以得到規範，亦可按評量學生是否達標為學生佈置個別化的學習進程，從而處理學生的個別差異。與此同時，社會急劇變化，加上知識爆炸，學校教育應從專注於「知識獲得」轉移至「能力培養」，教學亦應進行「範式轉移」。

其中目標為本課程、基本能力測試、語文基準雖然和課外活動無關，但標示着上文論及的評準化思潮。《學會學習》的宗旨不只是把學科重新歸納為八個學習範疇，其精神是「跨學科」能力和學會學習，這又和課外活動密不可分了，其中提到的全方位學習更與課外活動有千絲萬縷的關係，在第六章會有詳細討論。

在該段時期，教育署分別於1996年及1997年頒佈《學校課外活動指引》及《戶外活動指引》，是與課外活動相關的兩項大事。《學校課外活動指引》首次開宗明義説明「（課外活動）實質是學校課程的一部分」[32]，正式承認了課外活動的「合法」地位，包括推行課外活動是教師的必然職責；又詳述課外活動的功能、課外活動主任及導師的職責、學校課外活動的推行、資源的運用、應該注意的事項等，並在附錄中加入課外活動評鑑相關內容，這些都鞏固了課外活動的專業化。1997發佈之《戶外活動指引》內容包括校長、教師／導師須知、陸上及水上活動一般措施等，並就下列活動提供詳細指引：遠足、遠征訓練、露營、野外定向、單車、實地／野外研習、滑浪風帆、獨木舟、賽艇、帆船，並説明有關師生比例要求（包括有特殊教育需要學童參加戶外活動的教職員／照顧者與學生比例要求）等。後期在2012年修訂之《戶外活動指引》加入了「活動風險評估表」及「境外遊學活動指引」等相關內容。

---

31. 見Wong, Han & Lee (2004) 中之討論。
32. 頁1。

1997 年頒佈之《戶外活動指引》和八仙嶺山火事件有關。事緣 1996 年香港中國婦女會馮堯敬紀念中學的 49 名學生由 5 名老師帶領，參與該校地理學會及愛丁堡公爵獎勵計劃合辦的「金腳計劃」遠足活動，途中發生山火，釀成 3 名學生及 2 名老師死亡，13 名學生受傷。這事件除了令人關注活動安全外，亦帶來全城（不只教育界）許多反思。

麥肖玲在 1997 年《另類香港年報》[33] 的結尾中，把李麗珊為香港人首次獲得奧運金牌，以及 584 名高考中國語文及文化科背誦標準答案相提並論。麥認為李麗珊兩度參加會考，大可被界定為「主流」學校教育的未達標者[34]，而這些事件是對（教育）政策的諷刺[35]。我們還可以聯想到不少類似事例。他們是否真的那麼不濟？還是教育制度及學校課程沒有配合全民普及教育[36]？縱使有些人士如李麗珊般最後能取得成功，讓全城沾光，我們可以進一步反思，社會曾給予他們什麼支持或培育？課外活動又能扮演什麼角色呢？

回歸後的教育大事當然是教育改革，下一章將會詳細縷述。

回歸前移民潮對課外活動的影響

香港在 1980 年代末至 1990 年代中出現移民潮，據香港政府統計處資料顯示，該段期間共有數十萬港人移民海外，較多移民人士認為香港於 1997 年回歸是一個不明朗因素，對香港前景失去信心；而內地發生的政治事件亦可能是因素

香港學校課外活動發展史

33. Mak (1996), *The other Hong Kong Report 1996*。該系列至 1998 年才有中文版，用了《香港評論》為題。1997 年那冊因無中文版，故按字義採用《另類香港年報》。

34. 原文為 "would be classified as a low achiever by conventional standards." （頁 405）。

35. 原文為 "eloquent commentaries on the system and a mockery of policy rhetoric." （頁 405）。

36. 例如黃顯華（1996）檢討九年強迫教育時提出另一觀點，不是學生力有不逮而是要讓他就學的問題，而是課程配對問題。研究發現，縱使實施了普及教育，除了課程目的外，其他課程元素仍停留在篩選的精英模式。亦見黃毅英（2014）。

之一。另一方面，一些國家以教師為移民計分條件之一，當時有不少教師移民，導致資深教師甚至校長流失，學校領導層出現青黃不接的局面。當時學校要聘請合適教師填補教席空缺出現困難，部分學校推行課外活動亦因接班問題而受到一定程度的影響。直至香港正式回歸後，港人漸對香港回復信心，移民情況方穩定下來，部分移民人士亦開始回流，情況才有所改善。不過，那些曾經是資深的教師在回流後，亦不一定回復原有管理層職位。與此同時，學生因種種因由（包括教育制度改動導致的不安）選擇赴海外升學（尤其高中），這會否影響學生活動之領導群體，也是值得探討的另一課題。

搭乘「順風車」苗壯成長

自1971年香港實施六年免費教育開始，政府拼命地為適齡的小學學童提供學位。其時香港的小學學位不足，學校設備簡陋，活動空間極少，每班學生人數眾多，師生比例非常大，大部分學校須以上下午校形式運作，因此當時學校要發展課外活動面對極大困難。政府於1980年加入免費初中教育，實施九年免費及強迫教育，當時中學所面對的難題與1971年實施小學免費教育時的困難頗為相似。1980年代的《國際顧問團報告書》及所衍生的教統會系列報告書正正是要逐步解決這些困難，採取相應措施以逐步改善學校的教育質素。課外活動是教育的環節，在先輩的策動下，搭乘着這輛「順風車」，課外活動亦受到教育界的重視，確立了其應有的地位。

要全面提升香港中小學課外活動的質素，師資培訓是重要的一環。港大、中大（尤以後者）在1980年代起，持續至今提供多項課外活動教師專業發展課程，對培訓香港教師認識課外活動功不可沒，對香港課外活動發展極為重要。香港課外活動主任協會於1984年成立，初期只有中學會員學校，十年後成立小學支部，就聯繫香港中小學課外活動主任共同發展課外活動上貢獻良多。隨着政府

對師資培訓的要求、教師人手及職級的提升，加上校舍的改善及政府資源的配合，至2000年，學校課外活動的規劃已相當成熟，課外活動得以蓬勃發展。

普及教育的開展、民主開放的氛圍、學生品德的培育、跨課程的學習、香港主權的回歸等，成為20世紀後期香港教育發展的重要課題，期間出現種種的不同挑戰，課外活動雖然不是妙藥靈丹，然而課外活動確能在解決及舒緩這些問題上扮演着舉足輕重的角色。香港中小學課外活動在這段時期能順勢而行，有着長足之發展，亦在教育的「放任自流與過份規範」中取得平衡點。

這種發展是雙向的。一方面，中小學課外活動活躍起來，受到持份者更大的重視，從而促成課外活動業界及學校內部的專業反思，開始奠定其知識基礎及經驗總結，課外活動因而得以茁壯成長。另一方面，課外活動的發展不是為了自身的擴張，而是希望透過專業化過程（包括學會的成立和提供一系列師資培訓課程），為學校普及教育及學生全人發展提供具備識見的課外活動管理專業人才，並積極裝備前線教育工作者，共同推動課外活動的長遠發展，造福學子。

第六章　學校課外活動的變革

曾永康

教育改革及課程改革的進程對課外活動的影響

　　始於 2000 年的香港教育改革主要涉及(一)學制、(二)課程、(三)評核及(四)入學機制四個範疇,其中包括改革入學機制及公開考試、改革課程及改良教學法、改良評核機制、增加高中及以後的多元化終身學習機會、訂定有效的資源策略、提高教師的專業水平、實施支援前線教育工作者的措施等。有關香港教育改革的文件成為了隨後探討香港課程改革的重要基礎。而在 2001 年提出的香港課程改革,內容包括重整課程架構,由三個互相聯繫的部分組成:(一)學習領域;(二)共通能力;(三)價值觀和態度。

　　教統會早於 1999 年「課程改革及加強全方位學習機會研討會:社會支援學校、教學跑出課室」的「非正式及非正規教育目標小組」就協調三大教育領域:正規教育(formal education)、非正規教育(non-formal education)和非正式教育(informal education)[1]提出建議,指出:

---

1. 三種教育領域的定義可參考 Coombs, Prosser & Ahmed(1973, pp. 9–13)。

一直以來，非正式和非正規教育均被理解為課外活動。小組認為這是低估了非正式和非正規教育的重要性。……因此，非正式和非正規教育不應只是補足正規教育；乃是與正規教育互相協調，使學生得到更全面的發展。正規、非正式和非正規教育三方面互相協調是指：學生的全面和均衡的學習經驗，是從正規、非正式和非正規教育中累積而來的；和確認不同的社會服務單位在推廣非正式和非正規教育方面所發揮的作用和價值。(頁 2−3)

上述小組的討論，恰如其名，重點只環繞着非正式及非正規教育的目標，並無將正規教育中的「非正規課程」元素，特別是在學校課程中存在已久的課外活動，作深入的檢視。

以下觀點，與上述小組建議不謀而合。

不少《教育學》在談到課外校外活動時說：「課外活動是課堂教學的延伸」(有的叫「繼續」、「延續」和「補充」)，這是把課外活動放在課堂教學的從屬地位，當然不受重視。有的《教育學》雖然承認它「不是課堂教學的延續，有着自己的特點」，但又說「它是課堂教學的必要補充」。僅僅看作是單方面的補充，而不認為是互相補充，同樣把課外活動放在從屬的地位。應該指出，課堂教學和課外活動，既有聯繫，又有相對獨立性，有些課內所學的知識，需要在課外活動中去驗證；有些課外活動，需要用課內所學知識來指導。要說「延續」，是相互延續；要說「補充」，是相互補充，決不是單方面的。[2]

課程發展議會基於教統會的建議，提出新的課程架構，突破傳統正規課程、非正式課程與非正規課程的界限，讓課程結合課堂教學、課外活動及社群活動，發動全方位學習 (Life-wide Learning, LWL。詳見下一節)，成為學生完整的

2. 蕭宗六（1994，頁437）。

學習經歷[3]。於是，香港從 1999 年起開始醞釀、籌劃及落實教育及課程改革，打破以往正規與非正規課程的傳統分野，並提出全方位學習的教學理念，促進師生的教學範式轉移，學校重視學生的多元經歷及全人發展，各式各樣的課外全方位學習活動與日俱增。課外活動的正面價值及其教育功能備受師生及家長重視和認同，糾正以往「勤有功，戲無益」、「課外活動影響學業成績」的誤解，課外活動的正面形象得以提升，並在學校教育及學生成長方面踏上新台階。

在這段時期，課外活動在質及量兩方面皆有顯著提升，主因是(一)教育改革及課程改革帶動全方位學習包括課外活動的發展、(二)教育局及社會投放大量資源主辦及支援學生學習活動、(三)活動主任及前線教師藉參與培訓課程，帶領課外活動的專業水平有顯著提升。教改引進的全方位學習活動如境外考察、生涯規劃活動、服務學習等如雨後春筍，在中小學積極發展。但因改革對師生帶來龐大的工作量，且評估政策重視學生活動的學習成效，以及課改鼓勵進行跨課程活動以促進學生全人發展，與學業及成長相關的全方位學習活動大量增加，引致傳統課外活動空間被擠壓，師生為應付全方位學習活動疲於奔命，課外活動原有的消閒角色日漸消失。

要清晰地了解上述改革如何促進及影響當今香港學校課外活動的發展，又或者反過來說，要清楚了解香港學校課外活動如何配合當前的改革，必須回顧上述有關改革的文件，以知悉教育局配合推行之相關支援措施。

香港教育改革及課程改革建議

香港課程發展議會於 1999 年 10 月發表《香港學校課程的整體檢視報告》，提出建立全人發展課程，以培養學生成為「樂於學習、善於溝通、勇於承擔、敢

---

3. 課程發展議會(1999b)。

於創新」(樂善勇敢)的終身學習者,並強調學校課程中的學習經歷,以全面提升學生的質素。

　　由此衍生的「全方位學習」,最早出現於2000年教統會《終身學習　全人發展──香港教育制度改革建議》,隨後不斷地出現在各教育及課程改革文件。全港學校意識到學生的學習不應局限在課室內,要「時時學、處處學」(見圖6.1),學校紛紛為學生組織一些「跑出課室的學習經歷」,或把既有跑出課室的課外活動,例如旅行、宿營、學會等賦予一些特定學習目標,並要求學生活動後完成若干工作紙或匯報,以彰顯活動的學習成果。而最重要的是這些學習活動是圍繞着八大學習領域[4],是八大學習領域的「延伸」、「擴闊」和「促進」(圖6.2),進一步出現第五章所說的「課程活動化、活動課程化」,連餘暇活動也被「課程化」[5]。前者如科學教育組織科學館參觀這類傳統學科活動;至於後者,便是規範課外活動要像課程般有完備的規劃,具備課程目標、課程組織、課程實施、課程評鑑等,據說這樣可做到「擴闊」功能。有了「延伸」及「擴闊」,應可順理成章「促進」學生的思考、社交訓練等,令他們透過這些活動強化在八大學習領域的學習效能。但在實際操作上,全方位學習不只取代了(傳統的)課外活動,而且擠壓了傳統課外活動的存在及發展空間,整個全方位學習的理念是圍繞着八大學習領域,是規範性甚高、學生自主性甚低的學習活動,因為學校已經為學生規劃了整個活動的目標、組織、過程、評鑑、是否容許學生自由參與等。這與傳統學生主導性高、不計算學分、學生自主決定是否參與的課外活動有着根本性的差異。

---

4. 八大學習領域(Key Learning Area, KLA)包括中國語文教育、英國語文教育、數學教育、科學教育、科技教育、個人、社會及人文教育、藝術教育、體育。
5. 香港小童群益會等(2015,段4.1.2)。

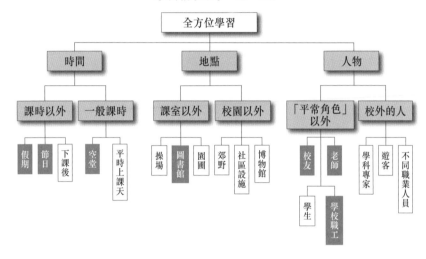

圖6.1　全方位學習有關學習情境的分類[6]

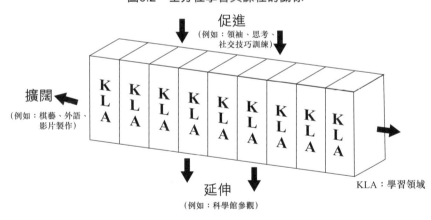

圖6.2　全方位學習與課程的關係[7]

6. 資料來源：鍾耀斌，https://slidesplayer.com/slide/11179353/（2018年9月16日瀏覽）。

7. 全方位學習強調要讓學生在真切情境和實際環境中學習。當中與八大學習領域的聯繫叫參閱教育局有關網頁，www.edb.gov.hk/tc/curriculum-development/major-level-of-edu/life-wide-learning/know-more/curriculum-framework/framework.html（2018年9月1日瀏覽）。

這些想法和之前談到的以兒童為中心、活動教學、跨學科能力等或許有共通之處，而所涉及的層面更為廣泛。香港課程發展議會於 2000 年 11 月發表《學會學習——課程發展路向諮詢文件》，建議學校應給予學生全方位學習的機會，並為學生提供五種重要的學習經歷，包括：(一)智能發展、(二)德育及公民教育方面的生活經驗、(三)社群服務、(四)體育及美育的發展、(五)與職業相關的經驗（只適用於中學生）(頁20)。文件中又提出「全方位學習」、正規及非正規課程的關係：

> 全方位學習是指課堂以外的學習經歷。全方位學習的基本理念是，有效的學習是在真實的環境中進行。……傳統上，學校課程是由上課時間表所界定，亦稱正規課程。課堂以外進行的課外活動，則稱為非正規課程，而往往視為較次要的。既然學生應有五種重要的學習經歷，則表示正規與非正規課程是同等重要。由於兩者的教與學目標不同，因而可發揮相輔相成的作用。又由於有些課堂學習活動要延伸至課室以外進行，正規與非正規課程的界限將愈趨模糊（頁 33）。

雖然《學會學習——課程發展路向》文件提出以「全方位學習」[8]及「聯課活動」[9]連繫正規與非正規課程，但「課外活動」一詞在文件中卻未被提及。隨後，香港課程發展議會在2002年出版《基礎教育課程指引——各盡所能·發揮所長（小一至中三）》，將課外活動情境納入全方位學習。課程發展處亦於2002年於成立全方位學習組。

雖然教育署在《學校課外活動指引》中已指出「課外活動……實質上是學校課程的一部分」[10]，但這還是教育局首次在課程文件中，正式將課外活動及非正規課程學習經歷列入課時，計算入「可供彈性處理的時間」，在第一學習階段

---

8. 頁67。
9. 頁70。
10. 教育署（1997，頁1）。

（小一至小三）及第二學習階段（小四至小六）各佔總課時的19%（三年內約451小時），而在第三學習階段（中一至中三）則佔總課時的8%（三年內約220小時），進一步確立了課外活動在學校課程中的地位和重要性。

筆者認為，課程發展議會刻意在文件詞彙中採用「全方位學習」及「聯課活動」，避免使用「課外活動」一詞，目的是希望向持份者強調學生活動的學習功能，並將學科學習與活動扣連，以打破正規與非正規課程的界限，避免出現過往「課外活動」被視為次要的負面形象。然而從學校實際操作層面及在持份者的認知層面，認為「全方位學習」＝「聯課活動」＝「課外活動」，只不過是「課外活動」包含了傳統課外活動及其他學習活動而已。

中學及大學學制的改變——「3+3+4」新學制

學制改革無疑是教改的核心。關於高中學制討論起碼可追溯到 1980 年代。在課外活動安排方面，傳統上，由於中五是「應考年」，一般的中五學生已不願（甚至學校不鼓勵）參加學校的課外活動。以入讀港大為目標的英文中學而言（佔多數），普遍讓中四學生擔任幹事會成員，到中六（俗稱蜜月年）出任主席、副主席等領導職位，到中七才專注高級程度會考[11]。至於中六生參與高等程度會考或其他海外試以尋求多一個出路的則另作別論。然而到 2009 年「3+3+4」新學制推行後，培養學生領袖梯隊便受到了一定的影響。

教育統籌委員會在2000年建議以「3+3+4」（3年初中、3年高中、4年大學）學制取代原有的「5+2+3」（5年中學、2年預科、3年大學）學制（教育局，2004a, b），並為中六學生新設「香港中學文憑試」替代以往分別於中五及中七學年應考的「香港中學會考」及「香港高級程度會考」。

---

11. 當時中學生在完成五年制中學會考課程後，成績理想的學生可升讀一年制「高等程度會考」預科課程（中六）；或升讀兩年制「高級程度會考」預科課程（中六及中七）。

學制的改動主要在於高中部分，原有學制下的課外活動學生領袖集中於中四及中六級學生。在新學制下，學生領袖便多為高中一及高中二學生甚至是初中學生，因此從學生領袖的人手安排和時間分配上，以至學生領袖組織活動的經驗和能力，都有所改變。

教育局在諮詢文件[12]中，又建議在高中新課程中加入「其他學習經歷」（德育及公民教育、社會服務、體育及藝術活動、與職業有關的經驗），佔用課程時間為15-35%。在新課程中各部分所佔用時間為：

- 核心科目（中文、英文、數學、通識）：佔45-55%
- 選修科目：佔20-30%
- 其他學習經歷：佔15-35%

為評估學生各方面的表現，教育局提出制訂《高中學生學習概覽》：

「學生學習概覽」是用以概括地展示學生在高中階段於全人發展方面所達至的成就和參與的活動。「學生學習概覽」旨在彰顯和確認所有學生的全人發展，並讓他們在經驗過程中反思及建立目標，故學校應鼓勵所有學生建立「學生學習概覽」。（教育局，2008，頁2）

由八所大學組成的大學校長會於2008年10月發表〈教資會資助院校就「其他學習經歷」和「學生學習概覽」的聯合聲明〉，並附錄於教育局通函第163/2008號，表態支持推行「其他學習經歷」，並確認《學生學習概覽》作為院校在招生程序時的參考資料。其後課程發展議會[13]說明《學生學習概覽》除學生校內學科成績外，亦列出學生的其他學習經歷、體驗和成就，以及校外的表現或獎項，並附學生的自述，以作為全人發展的佐證，目的是促進學生全人發展。

---

12. 教育統籌局（2004）。
13. 課程發展議會（2009，第5B冊）。

教育局在完成 2004 年的諮詢後,於 2005 年決定落實建議,由 2009/10 學年開始實施「3+3+4」學制改革(即 2012 年進行第一屆香港中學文憑試),並修訂新高中課程中不同部分的總課時分配,首次有系統地明確指定「其他學習經歷」在學校高中課程中所佔的課時及比重,其中(1)藝術、(2)體育、(3)德育及公民教育、(4)社會服務及(5)與工作有關的經驗各佔 5% 課時或以上(高中 3 年最少 405 小時),但至於為何只選取及涵蓋上述五項經歷,教育局並無詳細諮詢及解釋。

新學制及新課程由 2009 年起推行,經實施及檢討後,課程發展議會發表課程政策文件,強調課程持續更新的新里程:聚焦、深化、持續。小學方面,課程發展議會於 2014 年更新了《基礎教育課程指引(小一至小六)》;中學方面,於 2017 年更新了《中學教育課程指引》、各學習領域課程指引及其補充文件。兩份更新後的指引文件均強調全方位學習、體驗式學習及其他學習經歷的重要性和教育功能,指出「全方位學習一直是其中一種廣泛採用的策略,它讓學生獲得難以在課堂上體會的各種經歷。學校運用全方位學習策略融入各學習領域的學與教、跨課程學習及課外活動之中」[14]。指引又建議將高中其他學習經歷,調整為佔總課時的 10% 至 15%,又在原有課程中加入、調整或深化一些新的元素,包括 STEM[15] 教育、資訊科技教育、職業專才教育、跨課程語文學習、價值觀教育、開拓與創新精神、基本法及國情教育、中國歷史及中國文化教育等,這些新加入的課程內容與課外活動或全方位學習,有一定的扣連。

---

14. 課程發展議會(2017a,分冊07)。

15. STEM 是 Science, Technology, Engineering, Mathematics 的簡稱,即科學、科技、工程、數學。

政府積極支援學生參與課外活動

在這個變革時期，教育局在籌辦多元化學習活動及在資助學生參加各類課外活動方面，都因教改及課改而較以往積極和進取：

1. 香港賽馬會全方位學習基金及教育局全方位學習津貼

由教育局主導、香港賽馬會出資的「香港賽馬會全方位學習基金」（以下簡稱「基金」）成立於2002年，目的是資助在經濟上有需要的中、小學生，使他們能參與學校舉辦或認可的境內及境外全方位學習活動，讓學生發揮潛能，達至全人發展的目標[16]。基金於2018/19學年向學校撥款資助那些正在領取「綜合社會保障援助（綜援）計劃」津貼、「學校書簿津貼計劃」全額津貼及其他在經濟上有需要的貧困學生，由初小180元至高中525元不等[17]。

為替代「基金」，2018年施政報告建議，「由2019/20學年起，每年撥款約九億元，向公營及直資學校發放恆常的『全方位學習津貼』，以支援學校在現有基礎上更大力推展全方位學習，在人文學科、STEM教育、體藝、德育和公民教育等不同課程範疇，組織更多走出課室的體驗學習活動。」[18]津貼金額視乎學校開設班數而定，全校24班的中學及小學每年可分別獲116萬元及75萬元，12班的特殊學校則可獲55萬元。

2. 校本課後學習及支援計劃

為了支援領取綜合社會保障援助及學生資助計劃全額津貼的小一至中六清貧學生參與課後活動，教育局由2005/06學年起推行校本課後學習及支援

---

16. 教育局（2018a）。
17. 教育局（2018c）。
18. 香港特別行政區政府（2018，頁46，第158段）。

計劃，分（1）為學校而設的「校本津貼」及（2）為非政府機構而設的「區本計劃」[19]。在「校本津貼」下，學校可獲每名合資格學生400至600元撥款[20]。

3. 制服團體及香港青年獎勵計劃推行的清貧學生隊員資助計劃

民政事務局由2010年開始此計劃[21]，提供撥款以資助領取綜合社會保障援助或在學生資助計劃下的清貧學生隊員購買制服、參加露營/戶外活動或接受領袖訓練[22]。計劃反映出民政事務局及教育局認同各類青少年制服團體在學生成長方面的角色和功能，進一步推動學校發展青少年制服團體課外活動。

4. 教育局大額資助香港學生到內地進行交流活動

「此計劃配合課程為學生提供全方位學習經歷，讓學生透過親身體驗，鞏固和反思課堂學習，從多角度認識國家不同方面的發展，思考個人和香港在國家發展上可掌握的機遇和面對的挑戰」[23]。其中，「薪火相傳：國民教育活動系列」對象為高小及中學生，分為兩類：「恆常內地交流計劃」及「主題式交流學習計劃」，教育局資助70%至100%不等，前者交流地點遍及13個省市，項目包括「同根同心」計劃、「同行萬里」計劃、領袖生內地交流計劃及京港澳學生交流夏令營。後者交流地點遍及大江南北31個省市，項目繁多，內容各異，有歷史

---

19. 「區本計劃」的目的是要在合資格學生所屬的鄰里社區，為他們提供支援服務。可參閱教育局網頁：www.edb.gov.hk/attachment/tc/student-parents/support-subsidies/after-sch-learning-support-program/community-based-projects/2019-20%20Guideline%20for%20CBP_Chinese.pdf（2021年2月12日瀏覽）。

20. 教育局（2018d）。

21. 受惠團體或組織包括香港少年領袖團、香港航空青年團、香港紅十字會、香港交通安全會、香港海事青年團、香港聖約翰救傷隊少青團、香港童軍總會、香港基督少年軍、香港基督女少軍、香港女童軍總會、香港升旗隊總會、香港青年獎勵計劃。

22. 教育局（2018e）。

23. 教育局（2018f）。

文化及生態、經濟發展和粵港合作、升學就業、粵港澳大灣區、環境保育、海上絲路等探索之旅。

教育局亦推行「高中學生交流活動資助計劃」及『初中及高小學生交流活動資助計劃——「赤子情　中國心」』校本交流活動，加深學生對國家歷史、文化和發展現況的認識，以及開拓他們的視野。

5. 香港與內地姊妹學校交流計劃

教育局於 2015 年推行此試辦計劃，為與中國內地學校締結姊妹學校的公營及直資學校提供財政及專業支援。其後，教育局於 2018 年起將此項計劃恆常化，為有關學校提供經常津貼（2018/19 學年每所學校 15 萬元）及專業支援[24]。

由此可見，2000 年後教育局為推行國情教育，大量資助各類中國內地交流活動，學習不只跑出課室，走到戶外，更遠至境外，教師籌辦及帶領這些境外活動，大都疲於奔命，可幸的是，參與這些境外考察的貧困學生可獲得教育局的大額資助，讓他們也有參與學習的同等機會。

社會各方支援與學生成長相關的課外活動

在課程改革前，學校的課外活動主要由校方自行籌辦或學校與其他組織合辦，由教育局提供的活動寥寥可數，廣為人知及較大型的有香港青年獎勵計劃（AYP）[25]及教育局的公益少年團。在課程改革後，因為改革目標重視學生多元

---

24. 教育局（2018g）。

25. AYP 即 The Hong Kong Award for Young People。香港回歸前稱為愛丁堡公爵獎勵計劃（The Duke of Edinburgh's Award, DEA）。

經歷和全面發展,「社會支援教育,教學跑出課室」[26],課外活動扣連課堂學習,於是教育局籌辦的全方位學習課外活動,在類型和數量上均急劇增加。現舉例說明:

- 在國情教育方面,教育局與外交部駐香港特別行政區特派員公署聯合主辦中小學「香港盃外交知識競賽」,又與中國人民解放軍駐香港部隊每年為中三至中五級別的學生舉辦為期15天的「香港青少年軍事夏令營」;並於2018年首次為中一及中二級別的學生舉辦為期5天的體驗式夏令營。

- 在境外交流與國情教育方面,教育局刻意大額撥款津助中國內地交流活動,以推行滲透式國情教育、基本法教育,並發揚中華歷史文化。中小學各類型的內地考察交流活動及姊妹學校結盟互訪活動頻繁,上文已有論述。國家分別在2013及2015年推行「一帶一路」[27]及「粵港澳大灣區」[28]發展規劃,個別基金更全費贊助中小學師生前往有關國家及地區考察。可見教育作為政治工具,課外活動扮演着一定的角色。至於學生的學習機會方面,由於部分學校的學生來自相對富裕的家庭,學校推行「世界學堂」計劃,考察遠至歐、美、澳、加、日等地。在教育及課程改革下,家庭背景會導致學生在學習經歷上的差異,並造成教育機會的不平等,由此可見一斑。

- 在生涯規劃方面,教育局於2005年起推出「商校合作計劃」,推動學校與社會不同界別(包括工商機構、政府部門和社區組織)合作,帶領學生走出課堂、認識不同行業工種。教育局又於2016/17學年起舉辦「工作體驗運動」,超過200間機構共提供了超過2,000個名額。教育局舉辦為期四天的「職業

---

26. 課程發展議會(2001,頁3)。

27. 2013年,國家主席習近平先後倡議共建「絲綢之路經濟帶」和「21世紀海上絲綢之路」(簡稱「一帶一路」),貫穿亞、歐、非大陸,以「政策溝通、設施聯通、貿易暢通、資金融通、民心相通」為主要內容。

28. 2015年首次在國家文件「一帶一路」中提出「粵港澳大灣區」(大灣區),包括香港、澳門兩個特別行政區,和廣東省廣州、深圳、珠海、佛山、惠州、東莞、中山、江門、肇慶九市。

教育體驗營」（2017/18）內地交流計劃，讓學生體驗內地的職業技術訓練，探索就業及升學發展路向。坊間慈善機構積極撥款，商業機構履行企業社會責任，政府制服團體開放訓練場地，為學生推行各式各樣的學習支援計劃，透過研習與考察、職場參觀、師友計劃、職場體驗等課外活動，以及開放其業務單位，為學生提供生涯規劃教育支援，較具規模的有「學校起動」計劃（Project *WeCan*）及賽馬會「鼓掌 • 創你程」計劃（CLAP@JC）等。

- 在學生訓育及輔導服務方面，教育局聯同各紀律部隊舉辦「多元智能躍進計劃——多元智能挑戰營」，參與的紀律部隊包括警務處、消防處、懲教署、香港海關、入境事務處、民眾安全服務隊及香港少年領袖團。訓練內容包括步操、營房及制服整理、升旗／降旗、體能訓練、遠足、野外定向訓練、運動攀登、障礙賽、漂筏、沿繩下降、急救、模擬消防員訓練、抬床的應用、領導才能、團隊建立、溝通技巧等[29]。此外，社會企業（例如和富社企）亦投入資源，積極為學生推行品德教育活動。

- 在服務學習方面，各社福機構亦為學生提供大量服務學習的機會，長者中心、弱能人士院舍、特殊學校、醫院等積極配合教育及課程改革，透過提供參觀及服務等課外活動學習機會予學生，培育學生的服務精神，提升學生對弱勢社群的認識。

「全方位學習」時段的興起

課外活動傳統上給人「在課時以外進行」的印象，但隨着課程改革，中學師生課後都變得異常繁忙，小學亦多是全日制，加上全人發展是課程改革重點，教學打破了傳統正規與非正規課程的界限，很多中小學在上課時間表內引入「課

---

29. 教育局（2018h）。

外活動／全方位學習活動」課節，又在校曆中加入課外活動／全方位學習周。除增加新的學習活動外，又將部分傳統課外活動放入相關課節或活動周內進行，進一步把活動「課程化」。據香港課外活動主任協會進行的調查，在 2009、2012 及 2017 年分別有 75.5%、64.3% 及 68.6% 中學曾舉辦全方位學習日，而該三年的實施形式類似，按頻次為「由老師決定活動內容及組織當日活動」、「帶學生出外參觀或活動」及「要求學生完成若干作業」[30]。在 2014 年，有 88.0% 小學曾舉辦全方位學習日，而實施形式按頻次為「出外參觀」、「留校活動或講座」、「完成課業」及「出外服務」[31]。其中值得關注的是，調查結果顯示全方位學習日主要是教師主導，導致學生變得被動，學生在傳統課外活動的組織及領導能力方面的培育便相對減弱，學生參與活動的自主空間亦相對減少，有悖於傳統課外活動的方向。隨着全方位學習日的興起，課外活動外判導師或教練的情況亦頗為常見，其中利弊見第九章[32]。

機遇與挑戰

　　總括而言，在教育改革及課程改革的浪潮下，學校課外活動相對受到重視，但課外活動亦需要因時制宜、審時度勢，作出相應變革。

1. 學校及家長對課外活動的認知產生變化

　　中小學正規課程與非正規課程的界限變得模糊，課外活動、聯課活動、全方位學習三者概念混淆不清，學校跨科及跨組別協作頻密，課外活動／活動課程

---

30. 龔萬聲、鄭金洪(2013)；龔萬聲、鄭金洪(2018)。
31. 龔萬聲等(2014)。
32. 曾永康(2002a)。

成為「跨科知識的平台，多元能力的搖籃」[33]，引致學校及家長對課外活動的認知概念產生變化。筆者早已指出「面對課程改革，中、小學的課外活動要重新定位，以反映課外活動的獨特教育功能。隨着課外活動進入課堂，與及活動課程的興起，課外活動在保留其特色之餘，部分活動亦漸趨正規化」[34]。故此，為配合學校實際運作，教育界有必要擴闊課外活動的實際操作定義：

> 現今的課外活動在觀念上已不再局限於上課時間表以外的活動。課外活動乃泛指一切課堂教學以外之學生活動，此類學習活動可由教師安排或由學生自行籌劃，可由校方籌辦或由校外組織主辦、協辦，可在校內或在校外舉行，可以是學科活動或非學科活動，可以在上課時間或在課餘時間內進行，此類全方位學習活動目的是為促進學生的多元化全人發展，為學生提供應有的學習經歷、培養學生的各項共通能力、及培養學生正確的價值觀和態度。(曾永康，2001，頁1)

如上所述，由於正規課程與非正規課程界限模糊，「全方位學習」、「其他學習經歷」、「學習走出課室」、「社會支援教育」等概念混淆不清，無論是校內的老師、家長、社工、學生與校外的普羅大眾，事實上早已習慣統稱課堂教學以外的學生活動為課外活動。

2. 改革大學收生，將課外活動異化

課外活動應重視學生如何透過參與體驗式活動作經驗學習，以促進個人成長，甚或只作為課餘休閒的興趣，對學生而言，理應屬低風險項目。但教育改革中將部分傳統課外活動課程化，重視活動評估，並要求學生填寫「學生學習概覽」及「比賽／活動經驗及成就（OEA）[35]表格」，這些變革，雖然有助推動學

香港學校課外活動發展史

---

33. 曾永康（2009，頁6）。
34. 曾永康（2001，頁1）。
35. OEA即Other Experiences and Achievements in competitions / activities。

生參與課外活動及比賽，惟大學在收錄本科學生時，卻利用上述概覽及表格比較不同學生的課外活動表現，有違課外活動促進個人成長的初衷。

大學收生參考課外活動早在 1999 年提出，當時透過自薦計劃或校長推薦計劃進行，其原意是希望取錄一些傳統學科成績未必出色，但課外活動有優異表現的學生，避免只取錄一些書獃子。但現實執行上卻變成了只看重課外活動的比賽成績，而非參與程度；另一方面，因各大學要在短時間內完成收生程序，只好依賴機械化的評分辦法。結果此舉不但沒有幫助推動課外活動的發展，反而令學生增添壓力，追逐在課外活動的表現。諷刺的是由於這類學額有限，只有國際或大賽獎項才計算在內，一般同學在課外活動的努力，以申請入讀大學而言，幾乎可說是白廢的[36]。

3. 教育局重視量化評估與問責

教育局在「學校表現評量（KPM）」[37]的課外活動相關範疇，沿用量化指標，未能全面地評估學校的課外活動表現，例如「參與全港性校際比賽的學生百分比」仍限制了學生參與的校際比賽圍繞在傳統類型；「參與制服團體或社會服務活動的學生百分比」亦限制了學校因應其校情特色的課外活動發展方向；此外，課外活動範圍廣闊，不能單以上述兩項指標來概括學校在課外活動方面的表現。而同樣地，「香港學校表現指標」(Performance Indicators for Hong Kong Schools)：參與和成就方面，「學生在校內課外活動的參與情況和取得的成就如何？」「學生在校際活動及公開／國際比賽的參與情況和取得的成就如何？」亦未能反映學校課外活動是否全面，以及未能從課外活動功能方面去評估學校舉辦課外活動的成效。

---

36. 見周昭和、黃毅英(2000)。
37. KPM指Key Performance Measures。

4. 六年中學學制對傳統課外活動的影響

　　前已略述新學制對培訓學生課外活動領袖梯隊的影響，而文憑試的出現看似減少了公開試的次數，但實質強化了「一試定終身」（亦把普及教育完成試混入了大學方面的要求，導致課程無可避免地艱深）。考試壓力之大，令學生要花大量時間專注在學業上，故此他們未能積極參與組織課外活動，亦難以參與持續性的活動項目例如制服團體活動。「其他學習經歷」將部分課外活動課程化，佔用師生大量精力和時間，學生無暇參與傳統課外活動，甚至個別學校以關注學生學業為藉口，在課時內舉辦大量全方位跨科學習活動替代學生課餘活動，課後改作補課用途，傳統課外活動空間被擠壓。由此可見，新高中學制對於學校發展傳統課外活動有着一定的影響。

5. 香港21世紀初期的中小學課外活動概況

　　就教育及課程改革後的廣義課外活動而言，項目種類繁多，形式亦多元化，師生及家長對課外活動的態度正面。在中小學，各式各樣的校內及校外比賽、各類與學科或學生成長相關的課外活動、境外考察交流活動等明顯增加；職業及生涯規劃教育活動、生命教育活動、商校協作計劃活動，STEM教育活動等亦見頻繁。教改提倡社會支援教育，商界積極履行機構的社會責任(CSR)[38]，在人力、財政、機會等各方面支援學校教育，為學生提供大量的課外活動資源和機會。學生透過課外活動，從做中學，經歷雖多，但師生均疲於奔命。學校將課外活動編入課時，將學生課外活動表現利用「學生學習概覽」及「比賽／活動的經驗及成就」與學生升學掛鈎，將課外活動從本質上為培養興趣及為消閒娛樂，變成高持份（high-stake）的學習活動。而課外活動中外判導師或教練亦明顯增加，購買校外課外活動服務亦成為常態，但課外活動到底是為訓練學生的專項發展以期獲取

---

38. CSR是Corporate Social Responsibility的簡稱。

獎項為校增光，藉比賽成績提升學校知名度以吸引學生報讀[39]，還是首重培養師生感情、學校歸屬感、人本教育等核心價值，教育工作者應當深入反思。

6. 課外活動主任角色的轉變

在課程改革下，課外活動的內容及形式有所改變，活動數量亦倍增。因此，課外活動主任不能再單獨包攬統籌學校所有課外活動的工作。隨着「學習跑出課室、活動進入課堂」，課外活動主任的角色及職能亦需要有所轉變，在學校課程上應扮演較重要的角色，在課外活動專業上支援師生籌辦各類活動。傳統課外活動具備獨特性，因此課外活動不能完全被正規課程所取代，學生會、領袖訓練、制服團體、活動小組及學生自行籌組的活動就是一些具體的例子，理應繼續由學校課外活動主任統籌。至於由學校其他單位主辦的非傳統課外活動，學校課外活動主任可擔當資源提供者或扮演課程協調者的角色，鼓勵校內跨科組協作，為學生提供各類學習活動，並確保傳統課外活動應具備的教育功能繼續存在於學校活動課程中，讓學生有多元經歷、全人發展的機會。

7. 「重視經歷多於能力」帶來隱憂

長久以來，「p（product：成果）和p（process：過程）」都是課程論的一個討論焦點[40]。傳統課外活動的功能重視知識、態度和技能的培育。課程改革下的全方位學習活動重視學生經歷、反思與紀錄，學生的活動經歷相對較以前豐富，學生亦多能於活動後，在教師引導下藉反思總結經驗。但課程改革後，全方位學習活動相對於傳統課外活動而言，在學生的組織能力及領導才能訓練方面略為遜色。同時，課程化下的全方位學習活動被視為學生的重要學習經歷，重視全

---

39. 過去一些學校因種種因素面臨「縮班」（減少班數）、「殺校」（停止辦學）危機。2004年後出現小學殺校潮，而中學的「縮班殺校潮」亦於2009年至2010年出現。當時部分學校籌辦大量課外活動，以期吸引足夠學生報讀，避免「殺校」；又或期望藉活動吸引更多學生報讀，擇優而教，維持收生質素水平。

40. 黃毅英等 (2009)。

體學生參加，讓他們有平等的參與機會。而傳統課外活動重視學生的個性發展，尊重學生的個別差異，藉活動來發展學生興趣，故此，傳統課外活動在學生成長方面有着重要的角色，學校在透過各種學習活動提供多元經歷給學生時，亦應保留及強化傳統課外活動。筆者曾闡釋課外活動於教育改革下在課程中的定位與角色[41]（見圖6.3）。

圖6.3　課外活動在學校課程中的定位與角色[42]

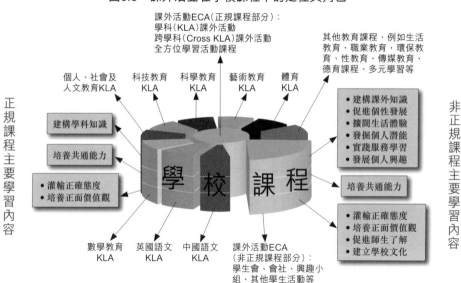

8. 不同類別學校提供的課外活動機會有明顯差異

　　香港的中小學大致分為修讀本地課程的學校和國際學校（亦有少數學校同時開辦本地及國際課程的[43]）。前者包括官立學校、資助學校、直資學校及私

香港學校課外活動發展史

41. 曾永康（2002b）。
42. 曾永康（2002b，頁2）。
43. 如IB（International Baccalaureate）課程。

立學校。據教育局統計資料顯示，在 2017 年 9 月，香港中小學（包括特殊學校）日校合共 1,148 所，而直接資助計劃學校、私立學校（包括國際學校）合共 242 所，約佔香港中小學學校數量的 21.1%[44]。直資學校與資助學校獲得相約的政府經費資助，不過直資學校、私立學校及國際學校可另向家長收取學費。而國際學校除收取非本地學童外，最多可收錄約 30% 本地學生。由於直資學校、私立學校及國際學校的資源一般較官立或資助學校豐富，加上學生家長有一定的財政負擔能力，學生往往因而有較多機會參與課外活動，特別是費用高昂的特色課外活動如歐美遊學團、極地考察團、教練收費高昂的專項培訓等。換句話說，學生家庭經濟背景較佳，家長負擔得起高昂的課外活動費用，子女便有較多的課外學習經歷和發展機會。這是否合乎教育公平原則，值得我們思考。

9. 「不務正業」的課外活動

近十數年，由於大、中、小學均在不同時期出現適齡學生人數下降情況，各校為吸引足夠目標學生報讀，舉辦大量「不務正業」活動，大學為中學、中學為小學、小學為幼稚園舉辦課外活動及比賽，這類課外活動以宣傳學校為主、以市場推廣為隱性目的，活動並非主要為本校學生的學習和成長需要而舉辦，這類「為他人而設」的活動，雖然可以美其名包裝成為服務學習活動，但無可否認這類排山倒海「不務正業」謀「生」（學生生源）活動，佔用師生大量時間，虛耗他們大量精力，使他們的工作百上加斤，同時又減低教師籌辦傳統課外活動的意慾，影響學生參與課外活動的熱誠。

10.活動的消閒娛樂角色日漸消失

課外活動「潤物細無聲」，但若過度強調課外活動的學習功能，將課外活動工具化、規範化、正規課程化，會失卻了原有的人本教育功能。

---

44. 教育局（2018i）。

香港課程發展處於 2000 年引入「全方位學習」(life-wide learning, LWL) 概念,活動變得以學習目標為本,並打破了傳統上不計算學分的局限。全方位學習活動強調傳統課堂教學與課餘經驗學習活動相結合,傳統課外活動被邊緣化。部分學校因應課外活動本質上的改變,將課外活動改稱為聯課活動或學生活動以強調其重要性,希望藉更改名稱增加其認受性。由於部分學生活動與學科課程緊扣,學生在活動中的表現會影響其學業成績,故學生活動備受師生及家長重視,而活動的學習果效成為了活動的成效指標,功利主意開始入侵學生活動,活動的消閒角色卻日漸消失。(曾永康,2014,頁 8)

課外活動是學生「平衡學校生活」、「人生勞逸相結合」的重要部分,正所謂「日出而作、日入而息」,課外活動可給予學生課餘空間,讓學生有舒展身心、消閒耍樂、交朋結友、促進師生關係的機會。正規學科課程當然要「時教必有正業」[45],但非正規的課外活動亦要「退息必有居學」[46],時時刻刻都量度學習成效,則學生苦矣!前輩馮以浤經常強調:「課外活動最緊要好玩!」故此,應讓學生「息焉、遊焉」,課外活動必須保留其消閒及娛樂的傳統功能角色。我們在第九章再詳論。

轉變的年代

為了解剛踏入 21 世紀在教改前香港中學課外活動的概況,以便後來者作課外活動本土研究時有所參照,筆者利用教育局《質素保證視學報告2001－2002》[47]進行分析,檢視了該學年被視察學校的課外活動表現,經整理後刊印於

---

45. 《禮記・學記》:「時教必有正業,退息必有居學」。
46. 同上。
47. 教育統籌局(2003)。

香港課外活動主任協會第25期《課外活動通訊》中[48]。分析所見，當時很多中學在課外活動管理方面已趨成熟，而課外活動仍以興趣小組、學會、班會、社、學生會為主要發展項目，視學報告反映出當時的教育局及學校，就課外活動與學科學習有較明確的劃分。

21世紀初，香港剛回歸祖國，教育局進行了大規模的教育及課程改革，重視學生「多元經歷、全人發展」，正規課程與非正規課程的界限變得非常模糊，學校各科組積極籌辦各類課外活動，促進學生的全面發展。同時教育及課程改革亦改變了教師、家長、學生，甚至社會人士長久以來對課外活動的偏見，修正了他們一直以來認為「勤有功，戲無益」及「課外活動影響學業」的謬誤。這本來是回復了第一章所述的在遊戲中學習、在生活中成長的理想狀態。可惜在表現主義和縮班殺校等種種氛圍下，本來好玩的課外活動也變得高持份，形成相當程度的異化，這一點會在第九章詳細討論。此外，課外活動的多樣性及高成本的課外活動（例如境外學習、外判課外活動）急速增加，為來自有經濟困難家庭的學生造成嚴重財政負擔和壓力，加上課外活動表現成為升學考慮因素，讓課外活動變成高風險，學校如何維持教育公平，讓不同經濟能力的學生有參與各類課外活動的同等機會，是當今教育的重要議題。

在踏入21世紀，香港學校的課外活動可謂百花齊放，繽紛多姿，是數十年來教育界同工及相關持分者持續努力的成果，這是艱苦耕耘的豐收時期。

疫情下創建出學校課外活動新模式

在2020年新型冠狀病毒席捲全球，香港亦受到疫情嚴重的影響，學校停課一段頗長的日子，縱使在疫情緩和期間，學校間歇性復課亦只限於個別班級或

---

48. 曾永康（2003）。

只容許上半日課，加上政府頒佈限聚令以期減少因人群聚集引致疫情感染的風險，課外活動無法以傳統模式進行，學校難以實踐提供足夠機會讓學生全人發展的教育使命，校長及教師亦難達至教師及校長專業發展委員會 (2018)「T-標準⁺」（T-Standard⁺）[49]的要求，以達成「香港教師專業標準參照」(Professional Standards for Teachers of Hong Kong, PST) 及「香港校長專業標準參照」(Professional Standards for Principals of Hong Kong, PSP) 培育學生全人成長的期望和要求。故此，課外活動在疫情下需要審時度勢進行變革，尋找持續發展的可行策略。有見及此，香港課外活動主任協會於 2020 年 8 月舉辦了「在疫情期間學校教育缺失的板塊——全人發展如何落實，課外活動何去何從？」網路研討會，在講座中就「學校應如何制訂課外活動停課應變方案——線上線下的混合活動模式（Blended Mode of Activities）？」提出具體的建議。與會校長及教師熱切期望從研討會中尋找出路，線上出席人數近 600 人。

在上述研討會中，筆者（2020c）提出如何解構「課外活動」/「經驗學習」的本質，再解釋如何建構線上/線下/混合活動模式：

每項「課外活動」/「經驗學習活動」均大致上由 (1) 理論（認知範疇 Cognitive Domain）與 (2) 實踐（行動領域 Action Realm）兩部份組成，藉兩者的有機結合與互動，不斷循環深化並產生協同效應，以促進個體及群體的學習果效。（見圖 6.4）前者認知範疇包括知識、技能與理論等，以靜態為主，可採用線上（網上學習）及/或線下（傳統面授）形式進行；後者行動領域包括行動、應用與實踐，以動態為主，多是群體互動、具體實踐，主要在線下以實體形式進行，但部分亦可改變形式在線上進行（例如線上管弦樂團、合唱團、集誦）。故此，解構「課外活動」/「經驗學習」的本質，對有效規劃課外活動課程及促進學生學習，起着關鍵的作用。

---

49. T-Standard⁺ 的核心理念是以學生的教育需要為中心，學生需具備三個特質：達至全人健康、具備成年階段所需的素養及能夠靈活應對未來的轉變。

學習是學校課程之核心，也是學校課程中課外活動及經驗學習活動的目標。學習之發生是藉着將理論「學以致用（Application）」，並透過實踐進行「從做中學（Learning by Doing）」。前者「學以致用」，有著知行合一、驗證理論、應用技能、綜合實踐的作用，將抽象理論回歸生活應用；後者「從做中學」，透過經驗、行動、反思、實地學習，建構在地知識、深化扎根理論、尋找真正意義，也正就是經驗學習的真諦和價值。

　　故此，學校要有效規劃課外活動（包括全校課外活動課程及個別課外活動項目），老師必須先剖析及辨識有關活動的理論與實踐部分，再審時度勢，採取有效及可行的推行模式（線上/線下/混合模式），進行理論學習及實踐應用，師生並須於實踐後進行活動解說（debriefing），以深化學生學習的果效。（曾永康，2020c，頁 7）

圖6.4 解構「課外活動/經驗學習」的本質

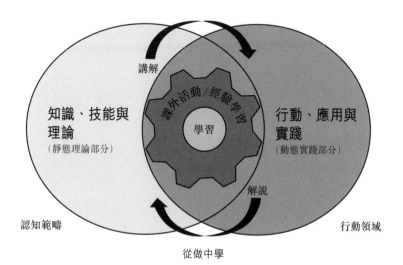

在 2020 / 21 學年，學校開始採用上述模型去設計課外活動，嘗試引入線上 / 線下 / 混合模式去推行各式各樣的課外活動，而這種創建的新推行模式，或會成為日後學校課外活動的新常態。

第七章　香港課外活動專業教研的新台階

曾永康、龔萬聲

　　對於一個專業的發展，建立學習社群(learning community)[1]、進行專業交流和論述(social discourse)、探討學理和知識基礎、培訓專業人才、以至梯隊創新與傳承，至為重要。香港課外活動完全體現這個精神。於 1980 年代以後，香港課外活動專業團體的成立，持續開辦各種專業課程及進行學術研究，形成了推動香港課外活動蓬勃發展的基石。

香港學校的課外活動專業團體

1. 香港課外活動主任協會

　　近代課程發展理論都指出，課程以至教育改革是否成功與教師的專業發展息息相關，甚至是相輔相成。如上所述，要把教師群體發展成學習社群，專業團

---

1. 參見Stoll et. al.(2006)。

體尤其重要。香港課外活動在這方面早就意識到這個重要性，並早在1980年代成立香港課外活動主任協會(以下簡稱「協會」)。至今，協會仍然是香港學校課外活動唯一的專業團體，一直保持活躍。研究協會走過的歷程，可勾畫出香港課外活動專業團體發展的重要脈絡。而且，協會的專業發展活動不限於課外活動主任，還包括前線老師；這些活動也不限於會員學校，亦包括非會員學校。協會在推動中小學課外活動發展、促進專業社群論述，一直扮演着舉足輕重的角色。

香港課外活動主任協會的成立過程可見第四章末段，它成立初期，名為香港課外活動統籌主任協會，其後於1994年正名為香港課外活動主任協會。協會的成立，是香港課外活動發展的重要里程碑。它於1983年以課外活動為主題的中學校長研討會作啟動，教育局於研討會舉辦前宣佈接納帶領課外活動表現為中學教師晉升條件之一，並在政府及資助中學增加一名學位教師協助輔導及統籌課外活動的工作。協會遂在1984年1月18日正式成立，馮以浤為創會顧問，陳德恒被選為協會創會主席，帶領幹事會推動香港課外活動的發展。在協會成立初期，教育署學生活動組曾委派官員支援協會的秘書工作[2]。協會的成立及日後香港課外活動的發展，馮以浤自然功不可沒。

2. 協會對推動教師專業發展的貢獻

當年協會成立的主要目的是促進課外活動主任及教師的專業化，希望組織一群對課外活動有認識的熱心人士，並邀請有名望的人士擔任協會顧問，一起推動香港中學課外活動的發展。現時，協會服務包括中小學會員學校。協會定位清晰，宗旨明確，目的是促進課外活動人員專業化，而非工會或俱樂部性質。協會的主要目的及會務包括：

- 推動及改善香港中小學課外活動的質素；
- 就課外活動相關議題提供專業意見；

---

2. 馮以浤（2015）。

- 促進課外活動主任、教師及教練的專業發展；
- 建立香港中小學課外活動主任的溝通及支援網絡；
- 出版及印製會訊、期刊、書籍及單張以推廣協會宗旨；
- 定期聯絡政府官員以表達對香港中小學課外活動的意見；
- 組織香港及境外考察交流活動，舉辦課程、講座或研討會以提升課外活動主任、教師及教練的技巧和能力，以及增加家長對課外活動的知識和改善家長對課外活動的態度；
- 進行研究及調查，發表香港中小學課外活動的統計資訊；
- 主辦「香港課外活動優秀學生表揚計劃」等。

協會成立的主要目標是提高全港中、小學的課外活動素質，並提升活動主任及導師的專業水平。協會重視前線課外活動主任及老師的專業發展。自1980年代創會以來，協會籌辦了大量不同類型的專業發展講座、新教師研習課程、研討會及工作坊、境內及境外考察交流活動、調查研究、出版刊物等，以協助會員及前線老師解決在組織、推動及帶領課外活動時遇到的行政管理困難，提高課外活動主任及老師的專業水平，以期達致均衡優質教育的目標。此外，協會亦協辦了由文憑至碩士的各類專業課程（詳情見下一節）。由2000年起，協會亦為澳門教育暨青年局及澳門大學，與及鄰近地區的教育工作者提供課外活動相關培訓課程或教師專業發展工作。有關協會的組織架構及歷任主席、歷年協會所舉辦的交流考察、研討會及出版刊物等，已羅列於附錄一。

3. 協會的前景

協會成立至今已達37載，見證了香港中、小學課外活動的成長，協會在推動學校課外活動發展方面，作出了很大的貢獻。協會亦在近年的教育及課程改革中，扮演着重要的角色，致力推動全方位多元學習經歷。當然，協會亦少不免面對一些困難和挑戰。

香港課外活動主任協會主辦研討會

香港課外活動主任協會十周年會慶嘉賓與幹事合照

首先，課外活動的定義在教育改革下日趨模糊，協會需要審時度勢，適時回應改變。在教改初期，教育局為鼓勵學校、社會及家長重視課堂內外各類學習活動的功能和價值，課程文件採用「聯課活動」、「全方位學習」、「其他學習經歷」等名稱替代「課外活動」，個別學校亦改稱課外活動主任為聯課活動主任、活動主任、全方位學習主任或其他學習經歷統籌主任。但實際上，課外活動一詞已深入民心，學校、家長及社會人士一般會歸納所有由學校提供的各類課堂以外學習活動為課外活動，特別是由學校為學生安排的校外學習活動。協會時任主席曾永康有感於教統局的政策立場會將協會逐漸邊緣化，遂於2003年12月致函教統局時任局長李國章，指出教統局在「學校表現評量」中，對「課外活動」及「聯課活動」之概念混淆不清，於從屬關係上出現問題，協會憂慮影響課外活動主任的功能及他們擔任的角色，最終對學校教育及學生全面發展造成不良之影響；同時，協會對「學校表現評量」就學校課外活動只作量化評估，發表專業意見。教統局其後函覆協會，重申「聯課活動」是「課外活動」的一個例子[3]。

由於課外活動涉及大量人力、物力、財政及社會資源，近年社會氛圍要求學校向持份者問責，持份者追求課外活動有即時及可見的學習成效，學校重視跨課程、跨科及跨組的有機結合和協作，課外活動因而要講求有效學習，再難純粹以消閒或培養興趣、調劑生活為目標。因此，協會不能再故步自封，只關注傳統課外活動，否則協會將被邊緣化，欠缺發展空間。協會需要因應社會改變，審時度勢，擴闊課外活動的操作定義，與其他教育團體合作，配合社會資源，產生協同效應，服務會員學校，以避免與社會現實脫節，無法達成協會的使命。

其次，由2004年開始，香港積極推行教育及課程改革，開設新學制及新課程；近年教育局亦持續更新課程，推出不少創新項目。不過教改的工作量造成「瓶頸效應」，教師苦不堪言[4]。學校老師為應付新的課程教學與考評要求，已

3. 香港課外活動主任協會（2004a，頁1）。
4. 鄭燕祥（2017）。

疲於奔命，陷入困境。由於教改提倡全方位學習，重視學生多元經歷及全人發展，學校基於課外活動主任在活動方面的專業知識，於是將各類課堂以外學習活動的統籌協調工作都交付予課外活動主任，課外活動主任於是首當其衝，要兼顧傳統課外活動及新增的大量學習活動，除了工作量大增外，他們亦需要持續進修以應付新課程教學及考評要求。教育局及坊間舉辦了大量相關講座及研討會，教師疲於奔命；加上老師在教改下經常要在課後、周末及周日帶領學習活動，更遑論參與協會舉辦的活動。故此，協會需要靈活變革，多了解會員需要，並與其他團體協作，籌辦更具吸引力的創新項目，鼓勵會員抽空參加。

不過，從正面看，經過多年來的經營，學校多已建立完善的課外活動體制，經驗豐富教師多已透過協會課程掌握帶領課外活動的技巧，而在課外活動中成長的新教師已基本了解課外活動的運作，而課外活動主任亦大多擁有統籌課外活動的能力。

協會現時只招收中學及小學為會員學校，尚未有幼稚園及幼兒園會員學校類別，實際上幼稚園及幼兒園已有不少課外活動如親子旅行、親親大自然、超級市場考察，甚至境外遊學活動。在15年免費教育的前提下，幼稚園及幼兒園老師在課外活動方面的相關培訓刻不容緩，協會可考慮為學前教育工作者舉辦工作坊或講座，讓他們掌握籌辦課外活動的技巧。

專業團體／學會會否因近年的教育趨勢而走下坡呢？在運作上，協會也許需要某種轉型（例如用互聯網及社交媒體）。其實，教育事業就是需要「有心人」逆流而上的。協會認為只要抱持樂觀態度，對理想鍥而不捨，教育工作者總會邁向專業化的道路，認同教育專業團體／學會的重要價值。

協會三十多年來在歷屆幹事會的努力耕耘下，獲得豐盛的成果，香港學校已建立了優良的課外活動文化與組織，致力為學生提供多元經歷及全人發展的機會。但隨着時代的變遷，協會需要作出改變，適時改進現有服務的質素，並因應課程改革擴闊課外活動的操作定義範圍，並繼續維持協會在課外活動方面的專業

領導角色，持續深化教師專業發展工作，強化課外活動主任的支援網絡，創設跨校及跨界別協作平台，引進創新課外活動項目，與其他教育團體及專業團體合作以發揮協同效應，進一步推展協會的會務及學校課外活動的發展。

上文分析了現今教育專業團體正面對重重困難和種種挑戰，因此協會的自身發展、自我完善、逆境自強更為重要。協會的核心使命是推動香港學校課外活動的發展，培育學校課外活動的領導人才，讓學生能「藉活動與經歷，促進品學發展」。為此，協會必須繼續堅持「理論與實踐並重」，在致力推動課外活動實務之外，還需要在帶動課外活動學術研究方面，付出更多的心力，以鼓勵關心學生「多元經歷、全人發展」的教育工作者，實踐各式各樣的「在地研究」(field study)，總結出成功經驗，發展成「扎根理論」(grounded theory)，並透過出版及學習社群，進行分享交流。

「課外活動人」相信「只要精神不滑坡，辦法總比困難多」。專業團體其實不（只）是一個實體組織，而是業界走在專業化道路上共同渴望的凝聚。協會透過這種凝聚，避免單打獨鬥，由共享資源、理念，到開拓前行路向。所以只要業界一日存在這種渴望，必能找到應走的路向，不一定需要前行者為協會將來操心籌劃。

課外活動的「教」——
前線教育工作者的師資培訓

1. 專業證書及文憑課程

如上所述，對於一個專業的發展，人才培訓至關重要。第四章談到的1984年校長研討會後，課外活動主任職務成為了中學首個非學科主任的升職條件，開

創以行政功能專責職位(functional post)晉升的先河。既然學校課外活動領導已提升到專業層面，自然要培養相關人才，讓擔任課外活動領導的學校行政人員具備相關的專業知識和技巧。前已提及，馮以浤於1970年代中率先在港大教育證書課程開辦課外活動選修科，其後又在中大教育文憑課程中開辦課外活動「核心選修科」(core elective)。在差不多同一時期，蔡香生亦於羅富國教育學院在其任教的教育心理學、教育哲學、教育科技等科目中推動課外活動。而隨着小學教師學位化，中大於1980年代末期開拓教育學士課程，除已有的中學課外活動管理選修科外，又拓展了小學相關選修科。香港課外活動主任協會成立後，在課外活動師資培訓中扮演了重要角色。首先，馮以浤於1989年為協會在大學開拓了一年制兼讀「課外活動管理證書課程」，課程曾以不同名稱出現，最先由中大校外進修部開辦，至1997年課程轉至該大學教育學院的香港教育研究所繼續開辦，2004年起改為專業文憑課程。協會又曾於1997年在中大校外進修學院設立「小學課外活動管理證書課程」，至2003年轉到該大學教育學院的香港教育研究所繼續開辦。中小學兩個課程最後由2010年起整合為「中小學學生活動管理專業文憑課程」。課程於不同時期在中大香港教育研究所的名稱分別如下：

- 課外活動管理證書課程（1997/98）
- 中學課外活動管理證書課程（1998/99至2003/04）
- 小學課外活動管理證書課程（2003/04）
- 中學課外活動管理專業文憑課程（2004/05至2009/10）
- 小學課外活動管理專業文憑課程（2004/05至2009/10）
- 中小學學生活動管理專業文憑課程（2010/11至2020/21）

此專業證書或文憑課程已開辦超過30年，培養了大量課外活動管理人才，課程至今仍大受歡迎，每年報讀者眾，畢業生多在學校擔當課外活動領導的角色。順便一提，協會曾於1990年代與香港大學專業進修學院合辦短期課程，讓前線教師認識課外活動的管理技巧。

2. 碩士學位課程

　　2005年，在協會時任主席曾永康的領導及時任中大教育學院院長盧乃桂的支持下，中大教育學院、香港教育研究所及香港課外活動主任協會合辦了全港首個「學生活動教育文學碩士課程」，吸引了不少業界精英及有志者修讀。課程由黃毅英擔任課程總監，曾永康擔任課程主任，全港課外活動專家及資深教育學者任教。該兩年制兼讀制課程採用了班級經營策略，還編訂了課程歌、課程外套、課程標誌、課程襟章等，以加強師生的凝聚力，充分展現課外活動的特色。課程結合理論與實踐，內容豐富而全面，必修單元包括學生活動基礎知識、學生活動的領導、學生活動體驗學習、照顧學生的心理需要、探索學校教育新範式；選修單元包括學生活動的實踐、閒暇教育與康樂活動研究、環保意識教育活動、社會及國家為本的服務學習、個人領導學、組織領導學、青少年次文化、「學生學習概覽的發展、解讀與運用」、境外專業交流暨研討會；研究單元則有學生活動比較、「行動研究、研究方法與專題探討」、學生活動專題研習。該課程直至2015年因大學改變政策方才結束，頗為可惜。然而，中小學學生活動管理專業文憑課程仍然繼續開辦。各課程於這麼多年間，孕育出不同層次的課外活動人材。鑑於近年課外活動同工對修讀相關碩士課程需求甚殷，香港教育大學於2021年開辦了「體驗式學習活動領導文學碩士」課程，以滿足有志推動課外活動及體驗式學習的教育工作者專業發展需要。

3. 各層次課外活動師資培訓課程的定位

　　由於大學提供的教育學士課程(Bachelor of Education, BEd)、教育文憑課程(Post-graduate Diploma of Education, PGDE)、專業文憑課程(Professional Diploma)、碩士課程(MSA或MSAE)均有不同程度及在不同層次涉獵課外活動課題內容，所以必須釐清各類課外活動相關培訓課程的角色和定位，以便教育工作者持續進修。黃毅英、曾永康從課外活動的推行、管理及發展這三個維度，以及從了解、分析、反思課外活動這二個層次，分析了各類課外活動相關師資培訓課程間之關係與學習路徑定位，展示如圖7.1。

中大學生活動教育文學碩士課程歌，歌詞強調多元經歷及全人發展的教育理想。

中大學生活動教育文學碩士課程主任曾永康與第一屆畢業生合照。

圖7.1　各層次課外活動師資培訓課程的定位

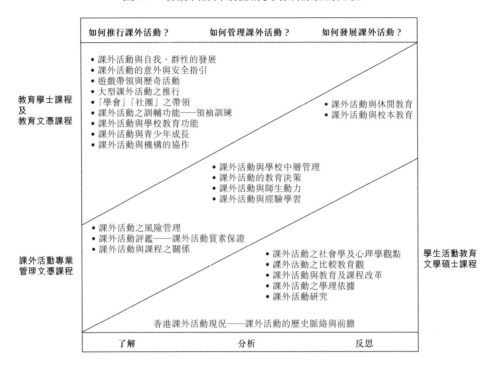

如何推行課外活動？　　如何管理課外活動？　　如何發展課外活動？

教育學士課程
及
教育文憑課程

- 課外活動與自我、群性的發展
- 課外活動的意外與安全指引
- 遊戲帶領與歷奇活動
- 大型課外活動之推行
- 「學會」「社團」之帶領
- 課外活動之訓輔功能——領袖訓練
- 課外活動與學校教育功能
- 課外活動與青少年成長
- 課外活動與機構的協作

- 課外活動與休閒教育
- 課外活動與校本教育

- 課外活動與學校中層管理
- 課外活動的教育決策
- 課外活動與師生動力
- 課外活動與經驗學習

課外活動專業
管理文憑課程

- 課外活動之風險管理
- 課外活動評鑑——課外活動質素保證
- 課外活動與課程之關係

- 課外活動之社會學及心理學觀點
- 課外活動之比較教育觀
- 課外活動與教育及課程改革
- 課外活動之學理依據
- 課外活動研究

學生活動教育
文學碩士課程

香港課外活動現況——課外活動的歷史脈絡與前瞻

了解　　　　　　分析　　　　　　反思

除了中大這個培訓基地，香港課外活動主任協會曾於1998年至2006年期間在香港大學專業進修學院為前線教師開辦短期「課外活動專業管理課程」，以及多年來協助教育局香港教師中心主講新教師研習課程，培養前線教師帶領課外活動技巧。協會近年亦協助澳門教育暨青年局及澳門大學，為當地學校籌辦學生會及學校餘暇教育活動人員提供培訓工作。

為進一步統籌及協調各類師資培訓課程，協會幹事會由2002年起增設「課程與學術委員會」，由曾永康任召集人至今，成員為各課程的總監及主任，委員會定期檢討課程內容和質素，適時修訂課程內容及教學策略，以配合學校課外活動發展的變革。

課外活動的「研」——邁向專業之路

　　知識學問是怎樣累積和傳承的呢？每一門學科（例如數學、化學、醫學等）又是怎樣逐漸形成一門專業，然後凝聚知識，並隨着時代的步伐不斷進步的呢？

　　以「教育學」為例，它從來都是綜合性的學科，當中可能包含課程學、教育心理學、教育哲學、教育管理學、教育行政學等不同範疇，教育學的知識建立有時候需要借用其他學科的理論，例如學習理論的建立可能源自心理學的學說、教育管理學的知識構建可能建基於商業的管理學等。而教育學在職業上訓練出來的是教師。教師這項職業從來都被視為不夠醫生、律師、工程師般「專業」，又或者各種職業的專業本質有所不同，其中一個原因是當教師只需要接受短期的訓練，在早期甚至不須受訓，故此惹來「數學教育＝教育學＋數學例子」（以數學為例）的慨嘆[5]，而且教師不受具管束力的專業團體制約。在學理基礎方面，亦往往只是依賴一些借來的理論，能夠作出專業自主性的決定權非常有限。所以教師被認為只是「半專業」[6]。教育學尚且被視為不夠專業，那麼課外活動作為教育的一部分更加令人覺得與「玩樂」掛勾，有談不上是專業的印象。曾榮光提出了一些邁向專業的條件，例如接受長時間訓練和入職輔導；確立專業守則並組織對成員具制約力的專業團體，且具備一套專業的知識基礎[7]。那麼課外活動可以有自己的知識基礎（或稱為「圍內知識」）嗎？

　　要凝聚知識，學術研究必不可少。課外活動早在20世紀中期已在西方開始了各式各樣的研究（見附錄二），其中包括課外活動的效能、課外活動與學業成績及性格發展等的關係。到了1970年代，課外活動研究出現於世界不同地區。而在香港，馮以浤在1984年與教育署合作的調查[8]可以說是本地課外活動

---

5. 張奠宙、鄭正亞（1995）。
6. Etzioni（1969）；又見曾榮光（1984）。
7. 曾榮光（2000）。
8. 馮以浤（1988）。

調查的肇始，前已提及。隨着課外活動專業發展課程由文憑開始到碩士階段，孕育了不少對課外活動探究產生興趣的人士，其寫成的報告與論文亦因而增多，豐富了課外活動的知識基礎。雖然部分探究不算是嚴謹的研究論文，但研究結果具啟發性。這些習作探討內容的涉獵範圍十分廣泛，涉及不同的思路及研究方向，包括探討學生參加／不參加活動的現況或原因、家長對參加課外活動的看法、家庭因素及社經地位的影響、新來港定居家庭學生的活動概況、閒暇活動的成效、課外活動與學業成績的關係、個別學校課外活動的發展、殘障學童參加休閒活動的影響、外聘導師對學生選擇收費體藝活動的影響、境外遊學的地點選擇、博物館學習、「社會服務」的態度指標探究、個別學生活動的成效探究、參與體育活動／閒暇運動的原因和動機、對體育課的觀感調查。歷奇／訓練營／體驗學習也是較多學員研究的題目。有些則探討老師對歷奇輔導的看法、負責老師的風險意識、學生參與歷奇活動的因素。另有些是研究活動的效能，包括研究影響學生的自我效能感、抗逆力、自我觀等。制服隊伍、學生會、領袖訓練等也是很多學員關心的題目。其他還有服務智障人士後對他們態度的改變的探究、玩樂活動提升創意動機的研究、活動評鑑等（詳見附錄二）。其中亦有畢業學員進而修讀博士課程[9]。

當然碩博階段的論義還是有賴大學的培育，據我們所知，在碩士方面，馮以浤的那一篇是香港首份關於課外活動的論文，之後還有郭偉祥和曾永康的論文。博士方面，曾永康及周昭和應該是戰後首兩位香港人完成研究香港課外活動的博士論文，曾永康在英國萊斯特大學（University of Leicester）修讀教育博士學位，而周昭和則在香港中文大學修讀哲學博士學位。隨後龔萬聲及梁幗慧分別於2012年及2014年在香港中文大學完成的博士論文亦是研究香港課外活動及其他學習經歷的。由此可見，自2000年始，香港課外活動研究踏上了新的學術台階。

---

9. 例如筆者龔萬聲。

筆者撰寫本書時發現，早在 1940 年，劉桂焯曾於美國哥倫比亞大學（Columbia University）以課外活動為題取得博士學位，其論文題目亦與香港有關，是「制訂改善香港嶺南中學課外活動及輔導學生參與課外活動的建議方案」，當時嶺南中學因中日戰爭而由廣東避居香港。上述各論文的撮要已放入本書附錄二。綜合而言，它們的論題由宏觀的課外活動管理到課程決定和實施、從課外活動規劃到學生聲音，雖不至包羅萬有，但已算是探討了相當廣闊的課外活動學理基礎，為學術界或前線老師提供了有用的知識基礎和反思空間（詳見附錄二）。除此之外，還有其他香港課外活動的相關學術研究，包括家長觀感研究、性別差異及其他各類調查。近年在香港學前教育，幼稚園及幼兒課外活動亦日漸受到關注，已出現相關的研究。

在本章開端已提到人才培訓與學理知識兩大要素，從上文中我們可以看到本地課外活動的研究傳統經已漸漸形成。最重要是這些累積的知識及學理都是「在地式」、「在脈絡中」，回饋本地的教育界，甚至為整個學術領域補上精彩且不可或缺的部分。本章所梳理的本地課外活動研究幾乎全部都是前線老師、校長、教練、社工、學者在本地的「田野」（field），例如學校、營地、球場、博物館等親身經歷、觀察、推展，有些更會反思，繼而改進課程。這類行動研究的過程，除了有助活動改進及讓學生得益外，對前線教育工作者作為教育研究者及行動者而言，更是難得的專業培訓機會。

本地的課外活動研究已經歷了超過半個世紀，也走向多樣化及變得更加細緻。無論是問卷調查、統計分析、文獻綜述、訪談、行動研究、自述、個案研習、實地觀察，質性及量化研究均有，百花齊放，多采多姿，且都是前線教育工作者按他們自身的研究問題，演化甚至創造出來的工具及研究方法。這樣豐富的研究工具可讓後來者沿着這學問探索之長河中繼續前進，而且綜觀曾永康的借助管理學、周昭和對「觀」（conception）的探究、馮嘉和利用社會學的觀點、龔萬聲對學生聲音的研究、梁幗慧對課程決策探討等，這些本地的課外活動研究都能夠做到「既有輸入、亦有輸出」，即是把這些研究框架及理論「輸入」本地課

外活動的獨有脈絡中，其研究結果（輸出）也會對於這些理論在歸納及總結上有重要的裨益。因為這些理論的確曾經套用在本地的課外活動上，然後得到應用、評量、分析和記錄，令這些理論添上更豐富的實證性研究例證，回饋這些理論。循以上的方向，繼續積累實證性研究的結果，很有可能形成及梳理出課外活動獨有的學理基礎（「圍內知識」），成為一門專業。所以不要輕看學理基礎的建立，要在專業的範疇站得住腳，並且要隨時代不斷進步，業界必定要繼續凝聚知識，尤其是「圍內知識」。因為有足夠數量的知識基礎才可以梳理出相關的學理，扎根成為一門專業。

第八章　教育改革下的課外活動

龔萬聲、黃毅英

從阡睎的故事出發

　　阡睎就讀的高科技「智慧學校（Smart School）」，不但安裝了「零死角」的監察設備，還配合先進的人臉識別及配對系統，把學生的行動鉅細無遺地記錄下來。學生進入校園便會自動點名、學生有否遲進課室、什麼時候去洗手間、去了多久，也會詳細地記錄並上載至學生的個人檔案。學校無需老師當值巡邏，因為所有學生犯規都會逃不過「天眼」，視像片段會直接連線至訓導老師的電腦，所有的是非對錯無所遁形。獎罰前會直接把相關片段傳送至家長並存檔。一進入校門，感應器便可以為學生量體溫、身高、體重等所有指數。如果身體質量指數（BMI）[1]超標，當天的午餐飯盒便會馬上調節，系統並會開出「運動處方」，例如要跑多少步，並要求放學前完成。其他如課外活動參與，細緻如揮動了多少次乒乓球拍或羽毛球拍、射入射失了多少球籃球，都一目了然。學生也可以把活動反思立即輸入「學生學習概覽」。夕陽西下，阡睎放學回家，未進門口，父母早就洞識阡睎在學校的一舉一動，阡睎還未坐下，父母已經開始訓勉他。

---

1. BMI 是 Body Mass Index 的簡稱。

以上雖然是虛構情節，但在技術上是完全可行的。早於1999年，在香港課外活動主任協會舉辦的研討會上[2]，由於當時就推行學校質素保證訂立「才華指標」的想法甚囂塵上，有校長很自豪地分享在其學校發展的「學生成就進度管理系統」，以記錄學生課堂內外的各項表現，包括學生所有的跑跳成績、課外活動表現等，而且還設計了「個人專用資訊處理中心」電腦系統，供導師及老師隨時（如小息）、隨地（如走廊）輸入資料，以便評核學生操行分時作依據。中國內地的一些城市經已透過人臉識別系統處分違反交通規例的人士（如行人過馬路衝紅燈），包括扣減「個人信用評分」等[3]。而有些地區的學校更標榜自己是「智慧學校」，除了發展物聯網[4]，甚至以萬物連繫（internet of everythings）為目標，例如在學校設置感應器，當師生離開課室後，感應器會監測到課室空置而自動關上電燈及空調設備；或是讓山區學校有效地運用有限的能源[5]。孩子是未來的主人翁，我們所關心的焦點及措施理應受到家長以至公眾歡迎。

這些趨勢並非事出無因，若要了解這股由嚴密監控教育延伸至緊密監察孩子浪潮的興起，我們有必要先回顧世界各地在迎接千禧年代時的變化。

世界各地在迎接21世紀進行的教育改革

在這一章，我們轉轉筆鋒，從一個假設性人物「阡睎」出發。許多教育改革潮流之推行，例如教育監察的實施和教育當局各種舉措的推展，都事出有因

---

2. 「二十一世紀優質教育──課外活動」研討會。www.edb.org.hk/hktc/download/bull/bull32 /p16. htm（2018年9月1日瀏覽）又見《星島日報》，1999年6月15日，A09版及《明報》，1999 年6月15日，A15版。

3. Ma（2018）。

4. Peter T. Lewis首先於1985年提出物聯網（Internet of things, IoT）概念，其後比爾‧蓋茨於1995年在《未來之路》一書中提及物互聯。

5. Dey et al.（2017）。

的。我們既不能從一開始便推翻這些改革的本來需要，但在實踐推行改革時卻實實在在地帶來許多困擾。我們透過一個既虛卻實的人物，希望能為讀者帶來更多想像和反思的空間。

面對千禧年代來臨，不少國家都不約而同地進行教育改革，雖然大家的背景各異，但改革的方向卻大致相同。

美國自1983年發表《國家正處危機》[6]，發放了美國正走向庸才教育的危機感，製造聯邦政府插手教育的空隙（這在西方不常見）。1994年美國政府重新授權《基礎及中學教育法案》(*Elementary and Secondary Education Act*)，規範各州政府、地方學區、學校的教育要達到標準水平[7]，在不同科目開始設立「課程標準」[8]。至2001年，美國政府更大力推動《不放棄任何孩子法案》(*No Child Left Behind Act*)。時任總統布殊更在該年國情諮文中提出學生需要每年測試基礎閱讀及數學能力。家長更加有權放棄選擇一些「未達水平」的學校。

英國保守黨隨着戴卓爾年代（1975–1990）的出現，所謂「新左翼」思潮抬頭。1988年史無前例地透過《教育改革法案》(*Education Reform Act*)推出《國家課程》[9]（如上所說，在西方，設立中央課程並不常見），經過不斷的修訂後，於2000年由「教育就業署和資歷及課程局」頒佈「千禧版」的《國家課程》[10]。期間又設立了國家標準測試（National Achievement Tests）。此外，由於龐大的「尼特族」[11]開始出現，又陸續於1995年發表了「終身學習（lifelong learning）」綠皮書、於1999年發表「學會成功（learning to succeed）」及「具備

---

6. National Commission on Excellence in Education (1983).

7. 這便是所謂課程評準化（standardization）的浪潮。

8. Sacks (1999).

9. Department of Education and Sciences and the Welsh Office (1991).

10. Department for Education and Employment and Qualifications and Curriculum Authority (2000).

11. 尼特族（Not in Employment, Education or Training, NEET）是指不升學、不就業、不進修或不參加就業輔導的青年族群。

成功資格（qualifying for success）」兩本政策白皮書，目的是針對16歲以上年青人的教育、職業訓練及就業。

中國內地於1978年恢復高考，但當時教育仍處於精英狀態。至1993年國務院頒佈《中國教育改革和發展綱要》（中國國務院，1993），提出全國基本實現九年義務教育，並實施全國一綱多本[12]政策。在1998年，教育部更推出《面向21世紀教育振興行動計劃》[13]，除了貫徹1993年的綱要，更關注職業教育、持續教育、專業人材的培訓。各學科亦推出了義務教育課程標準，進行課改甚至考改[14]。在台灣則有諾貝爾獎得主李遠哲高姿態返台推動課改。

其他地區如加拿大、澳洲等亦進行教改。縱使各地教改內容不盡相同，步伐各異，但綜觀相關文件，不難發現一些「共通語言」：評準或達成指標、把學科學習連結生活經驗、共通能力、高階思維、態度及價值觀、資訊及傳意科技教育等，主調是「標準化中央課程」、「標準測試」、「問責」、「質素保證」、「人材培訓」、「終身學習」等。

筆者等曾分析箇中的來龍去脈[15]，在本書第五章已略有提及，於此再稍作闡述。由於教育從精英轉向普及，學習差異成為了教育系統中最突顯的問題，不能再以一套課程適合所有人，但於設立「分殊課程（differentiated curriculum）」[16]之同時，亦須釐清人人必須學習的基礎核心部分。這「核心」又是什麼？是學習內容還是能力？由於社會急劇變化，子承父業「由幾代人打一份工」轉為「一個人一輩子打幾份工」。正如《人人算數》所述，「工作性質的變化將使持續教育成

---

12. 一個綱要，按地域有多種課本。亦曾出現「多綱多本」，例如上海便有不同於全國的數學大綱。見黃毅英、黃家鳴（1997）及 Wong, Han, & Lee (2004)。

13. 《面向21世紀教育振興行動計劃》是中國內地教育部在1998年12月24日制定的，然後中華人民共和國國務院於1999年1月13日批轉的綱領性文件。

14. 課程教材研究所（2001）。

15. Wong, Han, & Lee (2004).

16. 即分班、分流、選修等。

為成年人的終身現實。為此，學校將必須為所有的學生提供終身學習所需的扎實基礎」[17]。故此，能力培養，包括「學會學習」變得比獲取知識來得重要。但這些「能力」又是什麼呢？

老師及師資培訓亦要作出「範式轉移」，由「知識傳遞者」變成「學習促進者」。由於校長及老師的資歷也要「評準化」，於是衍生了校長及教師專業標準參照[18]、基準測試等。與此同時，普及教育面對全民，花費大量公帑，教育系統承受向「納稅人」即家長或公眾問責的壓力。例如：學生經過九年[19]義務教育後是否能達社會期望的標準？要回答這個問題，一方面必須先制訂「標準」，這就衍生評核指標。這些指標包括最起碼達到的「基本能力」標準、「高層次」能力指標甚至情意指標等。另一方面，我們亦要保證公帑用得其所、監察投放在教育的龐大資源能夠有效地運用；學校的營運也要有細緻化的規劃才可以有質素保證。問責、透過「學券」的「家長選擇」、學校汰弱留強等觀念開始登場。考試文化和「唯有讀書高」的傳統觀念，再加上相對不夠多元的職場出路，往往把上述問題「高持份化」，例如「分殊課程」引致標籤效應、終身學習由「終身有持續學習的機會」變成「終身學歷競逐」，而「能力培育」變成個人的「能力評核」等。

各國教育在「全球化」下無法獨善其身。從 2018 年國際數學奧林匹克競賽[20]可見端倪。美國隊在多年沉寂後再登巔峰奪冠，但在六人隊伍中，有四名為華裔隊員。這現象在其他體育運動隊伍中並不罕見，標示了「全球化」人才輸入輸出的特徵。「華人學習者現象」的探究早已風靡一時[21]。於是，在地球一邊出現的教改，正如近年的STEM教育，地球的另一邊就馬上爭相模仿，並出現互

---

17. National Research Council (1989, p. 11).

18. "Professional Standards for Principals of Hong Kong" and "Professional Standards for Teachers of Hong Kong". www.cotap.hk/index.php/en/t-excel-hk/t-standard-introduction（2020年2月4日瀏覽）。

19. 或12年，甚或更長。

20. 比賽在羅馬尼亞舉辦，是該項比賽的第59屆。

21. Watkins & Biggs (1996, 2001).

相抄襲借用（所謂shopping around）的現象[22]，其中到芬蘭[23]「取經」便是另一例子，削弱了照顧本地學生需要的針對性。Wong（2009）借用「他山之石，可以攻玉」指出個別地區的教育優點可以借鏡（來攻玉），而不應一成不變地移植（把石頭搬過來）。這種論點不同學者均有提及，但怎樣才不被其他地區的教改牽着鼻子走，可謂知易行難。

回歸後推行教育改革及課程改革的動機和理念

順應全球化潮流，香港只得參照世界各地進行教育改革[24]。不過香港有兩個額外的獨有因素：(1)主權回歸令香港人產生當家作主的憧憬，相信香港可以消除殖民時期教育的所謂「不良部分」；及(2)回歸前由於觀望主權過渡安排，導致教育發展有一段時期停滯不前，積壓的教育問題促使香港推行一次過大規模改革的期望[25]。從表8.1可見回歸後一浪接一浪的教改進程。

22. 見Wong, Ham, & Lee (2004).
23. 教育方面一向並不觸目的芬蘭於2015年在「國際學生能力評量計劃（PISA）」名列前茅，導致各地爭相前往考察，相關著述亦有不少。
24. Cheng (2005); Law (2004).
25. 黃毅英、顏明仁、霍秉坤、鄧國俊、黃家樂（2009）。

表8.1　香港回歸後所頒佈的重要教育文件

頒佈年份	重要教育文件
1997年9月	教統會《第七號報告書》。
1998年	教育署《學校教育質素保證表現指標》。
1998年11月	教統會《與時並進　善用資訊科技學習：五年策略1998/99至2002/03》。
1999年1月	教統會《廿一世紀教育藍圖——教育制度檢討：教育目標》諮詢文件(教改正式啟動)。
1999年2–9月	教統會發表《建議的教育目標》(2月9日報章刊登一群家長的宣言，為教改造勢；3月一群自稱「姨媽姑爹」的群組作出回應)，9月發表《教育制度檢討：教育改革建議　終身學習　自強不息》。
2000年2月	教育署《日新求進　問責承擔：為學校創建專業新文化》。
2000年9月	教統會《終身學習　全人發展——香港教育制度改革建議》，提到「全方位學習」。
2000年11月	課程發展議會《學會學習：課程發展路向（諮詢文件）》提出課改，包括共通能力及把不同學科歸類為學習範疇。
2001年9月	課程發展議會《學會學習：課程發展路向（定稿）》列出四個課程發展關鍵項目：德育及公民教育、從閱讀中學習、專題研習、資訊科技推動互動學習。當中提到「全方位學習」與學習領域的關係。
2004年10月	教統局《改革高中及高等教育新學制——對未來的投資》，諮詢三年初中、三年高中和四年大學學制（簡稱「3+3+4」學制）。
2005年5月	教統局《高中及高等教育新學制——投資香港未來的行動方案》正式宣佈在2009年9月實施新學制，並建議學科選擇設立中、英、數、通識核心必修科，同時讓學生修讀二至四個選修科目；更規定高中學生三年內的其他學習經歷，並把這些經歷及反思記錄在學生學習概覽，作為升學參考。

　　教育與時並進、適時改革，沒有人會質疑其重要性，然而回歸後的這場由上而下推展的教改，政策既多且急，更號召「全社會動員」，令教育界、學校、老師，甚至連家長、學生也吃不消。教改的另外一個特色是巨細無遺，除了規劃學習方向，還由如何「學會學習」、「全方位學習」，推展到高中的「其他學習經歷」都規範「怎樣學習」。除了改革正規學科課程，也觸動了學生原本相對自主性較大、不計算學分的課外活動。

　　另一個影響至深的因素是教改推行期間適逢適齡學童人口下降。這雖是世界性的共通問題，但香港並沒有抓緊緩解師生比例緊張的機遇，而把它變成一種

權力關係。教統局於 2003/04 學年「統整成本高及使用率低的小學」政策[26]，當學校每班人數不足 23 人，教署便停止分派學生，俗稱「殺校」。質素保證、問責等驟然變成學校的存亡問題：增值指標及學業成績數據影響着學校是否有足夠學生選讀。因為學生少了、學校少了，如果師生比例不變，教師需求亦相應銳減，各大學的教育學院亦受牽連。此外，大學改以合約制聘用新教授，「不發表便發霉」（publish or perish）的風氣日益盛行，教育學院的教授們亦要面對種種求存的壓力，未必再有餘力參與教育政策的討論。這些改變雖不至於直接導致學校及大學唯命是從，但校園工作氛圍改變，教學人員感受到如不跟隨大潮流，職業生存空間便會受到威脅；加上校方亦要維持其整體表現，漸漸地，大眾少不免對提出反對意見有所卻步。

香港學校課外活動的特色及其轉變

眾所周知，「本土」只是「國際」光譜中的不同灰度[27]而已。香港的學校課程與課外活動並不是孤立地存在的，它們既有着中國的文化根源，也受着西方思潮的影響。如果要形容香港課外活動的特色，它既有着自己的獨特風格，亦有不少跟其他地區類同之處。有些人會用「學科導向－兒童為中心」、「規範－自由」，甚至「強－弱」框架（framing）[28]等導向為課程（包括課外活動）作「跨文化」比較。大體上，過往香港一般都位於兩端之中間，尤其是課外活動。課外活動既有一定的規範，亦有相當的自由度（起碼相對於正規課程而言）；它既有老師的引導，亦有學生自主甚至主導的成分。但隨着教育全球化的趨勢，加上國際

---

26. www.legco.gov.hk/yr02-03/chinese/panels/ed/papers/ed0428cb2-1826-1e.pdf（2018 年 9 月 1 日瀏覽）。

27. Wong, Han & Lee (2004).

28. Bernstein (1971).

間比較（如院校排名榜、TIMSS[29]、PISA[30]）越受到追捧，世界各地紛紛參照和引入其他地區的做法。如上所述，各地區的課程開始失卻其原有特色，課外活動作為課程的一部分，恐怕亦難以倖免被同化，部分原本屬非正規課程的課外活動被正規課程化。與此同時，管理主義抬頭，課程文件由學習目標及內容延展至包括教學法、評核方式，甚至教師教學質素，條目巨細無遺，無所不包，高度監控，課外活動亦相對變得較高持份。

教育改革對香港學校課外活動的影響

翻天覆地、浪接浪的教育改革導致整體教育生態改變。改革鋪天蓋地，無可避免地影響了學校課外活動。

1. 全方位學習

雖然教育當局沒有強制規定，但學校為了更有組織地籌辦「全方位學習」，大部分的中、小學在忙碌的上課日安排「全方位學習日」。筆者（龔）和鄭金洪在2009年（新高中學制開展前）、2012年（新高中學制全面實施之初）及2017年舉行了三次全港性的中學課外活動調查[31]；筆者（龔）等又於2014年進行了全港性的小學課外活動調查，發現全港中、小學跑出課室的各類活動也不少。接受2017年及2014年調查的中學及小學分別有102所及100所[32]，從調查結果可推算出全港約有七成中學及接近九成小學有舉辦全方位學習日（見表8.2）：

---

29. 國際數學與科學教育成就趨勢調查。
30. 國際學生能力評量計劃（Programme for International Student Assessment）。
31. 龔萬聲、鄭金洪（2013，2018）。
32. 分別佔全港中學與小學的21.5%及19.0%。

協會近年進行了三次全港性的中學課外活動調查

表8.2　香港學校舉辦大型活動的情況[33]

	學校旅行	全方位學習日	陸運會	水運會	境外遊學	軍訓營/歷奇訓練	宿營	綜藝匯演
2017年中學舉辦活動的百分比	88.2%	68.6%	95.1%	35.3%	97.1%	81.4%	沒有調查	沒有調查
2014年小學舉辦活動的百分比	98.0%	88.0%	88.0%	23.0%	91.0%	76.0%	96.0%	88.0%

　　學校投放大量人力、物力、財力及時間，目的是帶領學生跑出課室，利用真實的環境給學生提供學習經歷。不過，每所學校推行活動的動機及學生的自主程度都會有所不同。例如研究報告中指出：

　　　　有些學校認為學校旅行可以用一些出外參觀、活動學習日取代。而有些學校則為了要令學習成果更「可觀」，硬要設計一些工作紙要求學生依時完成。[34]

　　　　研究亦發現其中有一所受訪中學每星期都有一次全方位學習日。追查下發現這所學校把不同的活動課程編入正式課堂，在正規課時中利用每周固定一天的整個下午，讓全校學生一起參與不同種類的活動課程，例如是各種手工藝班、美術班、中西樂團、雜耍班、射擊班等。不過這所學校便將大部分在放學後舉行的學會活動取消，把相關的資源調動到上述的活動課程中。[35]

　　以上片段可能只是反映部分中、小學的情況。但試想想，學校在有限的課時、財政及人力資源，學生及老師在有限的時間和精力下，如果學校要有課程化的活動，又要有活動化的課程，學校唯有考慮壓縮傳統中較具彈性、學生為主導的課外活動（例如學會活動），又或者把課程結構較為鬆散的活動（例如旅行）

---

33. 綜合自：龔萬聲、鄭金洪（2018，頁27）；龔萬聲等（2014，頁7）。

34. 龔萬聲等（2014，頁9）。

35. 龔萬聲、鄭金洪（2013，頁37）。

境外遊學團幾乎成為中、小學常規活動

「課程化」，以展示其學習成果。然而，這卻扼殺了學生的自主性、選擇權、學生作為課外活動組織者的機會！

2. 其他學習經歷

高中「全方位學習」其後又轉化為「其他學習經歷」。教統局於2005年5月發表《高中及高等教育新學制——投資香港未來的行動方案》中提出新高中學制外，更規定高中學生三年內最少有 405 小時（15%－35% 高中課時）的其他學習經歷，包括德育及公民教育、社會服務、與工作有關的經驗、藝術發展和體育發展五部分；及至 2015 年才縮減為 250－375 小時（10%－15% 的高中課時）。學生在完成有關經歷及活動反思後，需記錄在學生學習概覽上，作為升學參考[36]。最重要的是，這些學習經歷一旦與升學掛鈎，就會變得高持份，那就不可以採用傳統課外活動的模式運作，要有較規範的課程設計，讓學生能夠將學習和反思有系統地記錄在學生學習概覽上。

筆者(龔)與鄭金洪的研究亦發現，全港接近七成的中學在正規課時內有安排「其他學習經歷」活動。而學校負責統籌的老師表示，籌辦相關活動難度首三位依次是社會服務（27.5%）、藝術發展（22.5%）、與工作有關的經驗（18.6%）。跟「全方位學習」的情況類似，這很可能出現上述把課外活動「課程化」的傾向，以符合相關要求。例如社會服務組過往在聖誕節組織學生到安老院與長者慶祝聖誕，整個師生團隊只為着單一目標：怎樣令長者在慶祝活動中愉快度過。老師和社工在編排活動時會請同學協助購買禮物、準備表演節目及司儀稿等。但在新高中的其他學習經歷——「社會服務」或是教育局推廣的「服務學習」，同樣的活動、同樣的情境，活動的目標除了令長者在活動中愉快度過外，學生更要透過這樣的活動總結學習經驗，於是老師和社工在活動前可能要教導學

---

36. 詳情可參閱：www.edb.gov.hk/attachment/tc/curriculum-development/kla/arts-edu/references/ad006/edbcm08163c.pdf 及 www.edb.gov.hk/nas/review（2018年9月1日瀏覽）。

生與長者的相處技巧，或是組織活動的技巧。完成活動後還要指導學生填寫表格，即時記錄活動所學、反思如何與長者相處、記錄印象深刻的片段之類。這樣才可顯示學生在服務過程有何學習成果，也方便學生撰寫學生學習概覽時能夠輕易沉澱出經驗。雖然規範地籌劃活動有助提升活動的質素和效能，但過度強調紀錄及系統學習，除了增加不必要的文書工作，亦會限制了課外活動的靈活性、扼殺了學生的自主空間、失卻了課外活動應有的教育功能。這樣無助於實踐全人教育的理想。[37]

3. 老師的應對及面對之困境

1999年開始進行的教育改革及課程改革，引入大量新措施，前文已論及。站在改革最前線的老師，面對既急且多的改革項目，很易產生無力感，並感到無所適從，因此香港的老師怨聲載道[38]。由於推行校本管理行政放權（究竟是權力下放還是工作下放，在第五章已提及），老師要撰寫行動計劃及評估報告等大量文書工作，還有財務預算、財務報告、報價、招標等「非教學工作」；此外又要出席大大小小的會議，恰恰應驗了「教改墮進了改革瓶頸」[39]。老師疲於奔命，或多或少影響老師放學後協助學生組織傳統課外活動的空間與熱誠。

調查亦發現，境外遊學幾乎成為近年所有中、小學的常規活動（見表8.2）。學習目標可以是英語學習、文化考察、學術交流、STEM、運動訓練等，在2016/17學年，每所中學平均舉辦3.8次遊學團，最多達9次之多！這個數量是多是寡可以商榷，但這些活動往往動輒為期數天甚或數周，活動前後老師的工作繁多，且往往要兼任領隊，當中的困難可以想像[40]。無論如何，這些都是教改帶來的新挑戰和額外工作量。

---

37. 龔萬聲、鄭金洪(2018)。
38. 蔡寶璈、黃家鳴(2002)。
39. 鄭燕祥(2017)。
40. 龔萬聲、鄭金洪(2018)。

總括而言，香港的教育及課程改革改變了學校的生態，老師的教學、非教學及行政的工作擔子也越來越重。在課外活動而言，活動的類別及形式越來越多，且老師所有的工作都要有詳盡計劃、清晰目標、過程、評鑑，還要有清楚紀錄和問責，這與傳統課外活動由學生主導、老師協辦的初衷迥異。換來的是擠壓了師生真正互動關懷和聆聽的時間，課外活動也在教改中遭異化了：這些「活動」只不過是在校外場地進行的「又一堂正規課」而已！

　　回到本章開首的故事，其實阡眸的父母也是教師，他們經常要帶學生到境外考察，自己卻沒有時間和阡眸到外地旅行。不過阡眸的父母明白：不要緊，孩子的老師會帶阡眸到境外遊學。因此，當老師埋怨其學生剝奪了自己的親子時間時，其孩子又正在剝奪其他老師的親子時間。老師為了「教改下的課外活動」，「拋妻（夫）棄子(女)」，離鄉別井，一切為了學生學習，其壓力可想而知，其偉大值得鼓掌。

4. 學生的角度

　　世界上不同的地方進行教育改革和課程改革，目的都是裝備學生，讓他們在面對新世界時，有足夠的能力和適當的態度創建未來。學生怎樣面對改革帶來的改變？

　　首先是學生的自由空間被擠壓，筆者及周昭和曾指出當活動課程所涉及的範圍擴大，而且變得高持份，每個環節甚至將其他餘暇活動都納入考核，學生安排自己活動的時間就會被擠壓[41]。

　　當學生面對由學校規劃、有評核並計算學分，甚至影響升讀大學機會的高持份活動（如籃球訓練班計算在「其他學習經歷」的「體育發展部分」），和其他放學後以消閒放鬆為主的活動（如與同學在學校打籃球)時，學生如何取捨呢？

---

41. 黃毅英、周昭和 (2002)。

太多這些「課程化」的活動，擠壓了學生自由自主的空間。其實阡晞也愛動漫、網上遊戲，有空時會上網、滑手機，或者與朋友逛街、閒聊，甚至發白日夢——但都變得沒有時間了。阡晞和不少青少年一樣，有時會發發愁、甚至心灰懈怠，但阡晞意識到這不符合教育改革為青少年人擬定的「人格套餐」（personality package）[42]。

香港小童群益會等（2015）的香港學童餘暇生活調查也提出「人格套餐」的問題，並指出學童餘暇生活「一天24小時，起居飲食、睡眠的時間已備受擠壓，課餘活動時間也出現『量』的擠壓現象，及活動功利化的變異」（段4.2.1）。

教統會2000年的《終身學習 全人發展——香港教育制度改革建議》甚至把這種學習模式發展至「終身學習」。當我們只有統一的學科正規課程和標準的全方位學習及其他學習經歷，學生哪有空間學會發揮創意、學會選擇、學會為自己的選擇負責、學會面對失敗、學會自己籌組活動？學生哪有課餘時間培養出自己真正的興趣，為那興趣全情投入，甚至終身學習？

新學制亦對傳統課外活動中的學生領導培養產生微妙的變化。香港一向重視公開試，在教改前，領袖生、社長等會由中六生擔任（因中七要應付高考）；幹事多由中四生（中五要應付會考）擔任，成為第二梯隊。但學制改變後，因「一試定終身」，中六生要應付沉重的文憑試，領袖生、社長等便多由中五生擔任了，打亂了學生領導才能培養的節奏。本書第六章已有論及，在此不贅。

---

42. Brown（1997）。又見蔡寶瓊、黃家鳴（2002）。

教改落實推行後對學校課外活動的影響

　　香港特區的教育及課程改革自教統會發表《廿一世紀教育藍圖——教育制度檢討：教育目標》開展至今已經20年，究竟政策落實後效果如何？中、小學生的學校經歷有沒有如最初設計般可以「全方位學習」？學生的餘暇時間又是否被擠壓，只是充斥着高持份的其他學習經歷？筆者(龔)及鄭金洪舉行過三次全港性的中學課外活動調查，另外筆者(龔)等亦進行過全港性小學課外活動調查，現在加以分析[43]。

　　首先，「全方位學習」這個名稱確被學校經常應用（濫用？），什麼都與全方位學習有連繫，例如全方位學習興趣班、全方位學習台灣之旅、全方位學習遊戲日等。甚至乎把原先「時時學、處處學」的全方位學習日，轉變為「課時化」的全方位學習日。上文提及的課外活動調查結果便顯示，全港大約七成的中學及接近九成的小學會舉辦全方位學習日（見表8.3及8.4）。但這是否真正全方位學習的精髓？我們可以參考另一組研究數據。

表8.3　中學全方位學習日的實施形式[44]

	2009年 中學數目	2012年 中學數目	2017年 中學數目
由老師決定活動內容及組織當日活動	65（84.4%）	62（83.8%）	59（84.3%）
帶學生出外參觀或活動	56（72.7%）	52（70.3%）	59（84.3%）
要求學生完成若干課業	30（39.0%）	27（36.5%）	32（45.7%）
計算成績，並正式（例如在成績表上）公佈	5（6.5%）	5（6.8%）	2（2.9%）
舉辦全方位學習日的學校數目	77	74	70

註：可填多於一項；括號內百分比以所有舉辦全方位學習日的學校為基數。

---

43. 龔萬聲、鄭金洪（2013，2018）；龔萬聲等（2014）。
44. 資料來源：龔萬聲、鄭金洪（2018，頁31）。

有學校在全方位學習日安排學生到海洋公園近距離認識海豚特性。

學生在全方位學習日到東平洲研習岩石。

表8.4　小學全方位學習日的實施形式[45]

全方位學習日活動	2014 年小學數目
帶學生出外服務	29（33.0%）
學生出外參觀	80（90.9%）
留在學校參與活動或講座	48（54.5%）
要求學生完成若干課業	36（40.9%）
計算成績，並正式（例如在成績表上）公佈	7（8.0%）
其他	• 主題學習周（1.1%） • 帶學生出外參與不同運動體驗（1.1%）

註：可填多於一項；括號內的百份比以所有舉辦全方位學習日的學校為基數。

　　從這兩項資料可見，學校組織全方位學習日，大部分由老師組織及帶領學生走出課室，外出參觀、服務、參與活動或講座，甚至境外遊學。但只有少於一半學校的負責籌組活動老師會「要求學生完成若干課業」；更只有少於一成的學校「計算成績，並正式公佈」。學校這樣推展全方位學習，怎樣有效反映學生的學習情況？怎樣「促進」並回饋八大學習領域？由此推論，現時所謂的全方位學習只是比傳統課外活動較有組織地走出課室而已！這究竟能帶出怎樣的經歷和體驗呢？

　　至於其他學習經歷，調查報告指出自2009年正式實施以來，超過四成的學校認為其他學習經歷的重視程度跟以往相若；有三成多學校認為重視程度增強了；但也有兩成多學校認為重視程度減弱了，當中負責籌辦其他學習經歷的老師認為主要原因是「其他學習經歷對升學的實際作用不大；學習概覽不被大學重視；大學收生只重成績」（龔萬聲、鄭金洪，2018，頁54）。該報告更指出：

45. 資料來源：龔萬聲等（2014，頁23）。

根據研究者與不同負責升學的老師傾談得知，大學在收到學生文憑試成績後，必須要很快決定收取學生與否。而且利用量化的成績標準可以較公平、客觀地收取目標學生，所以一般大學的學科只會直接計算學生在中學文憑試的成績取錄學生。只有某些學系(可能要求學生有特定性格、特長)才會進行面試及審閱質化的、較難直接比較的「學生學習概覽」。（頁55）

其實，縱使個別大學考慮學生課外活動的表現，也不是考慮學生在中學時的全方位學習或其他學習經歷，而是只考慮那些在國際或全港比賽項目中脫穎而出、「活動優秀」的傑出學生，以期他們入學後為校爭光，第六章已有談及。個別中小學擇優而錄，中小學如此，大學如是。至於一般區際或校際活動項目縱使有傑出表現者，大學收生時會作特別考慮嗎？鮮矣！所以，對於大部分學生而言，藉着課外活動表現進入大學可能只是一種無法達成的願望，但這卻衍生了課外活動的高持份化。

雖然本港大學有轉回單一考慮學業成績為收生準則的趨勢，不管這樣是好是壞，但上述各種規範化的全方位學習於中小學大量開展之後，並沒有因而消減，因為這些活動可成為中小學提升校譽的工具和手段，甚至有助吸引學生入讀。

教育局在2015年完成檢討新高中學制，建議把「其他學習經歷」的課時由15%–35%減至10%–15%，再容許五大範疇組合由特定的課時百分比，放鬆至校本整合總課時10%–15%。這是讓步？還是來自正規學科的壓力？不過我們仍可戳破數字再往深層看。「其他學習經歷」的佔時少了，因為靠它升讀大學不切實際，故此「持份」相對減低了，但形形色色帶有明顯學習目標、已「課程化」的活動(加上家長間的排序比較心態及學校間為了生源的競爭)能放又能收嗎？至於其他由學生主導、不計算學分的傳統課外活動又如何呢？上述調查發現，現時每所中、小學的學生活動，無論體育類、學術類、興趣類、藝術類、服務及宗教類活動，以及各類全校性活動如旅行、水陸運會、宿營、境外遊學、歷奇活動等仍然存在(見表8.2)。雖然這些項目依舊開辦，但師生的時間及精力有限，此消彼

長，多了其他學習經歷或是全方位學習活動，傳統課外活動所佔比重自然相應減少。且課外活動又被「課程化」，有否「由學生帶動」這個課外活動重要元素也成疑。可幸的是，有超過九成中學設有社或級社、學生會，且學生會的組織大部分由學生一人一票民主選舉產生，並自行籌組活動，作為學校與學生的橋樑。

我們並非否定其他學習經歷或是全方位學習的效能，而是強調在整個學生活動、非正規課程的光譜下，傳統由學生主導、不計算學分的課外活動絕對不應缺減，更應重視這種載體在培育學生成長的功能價值與貢獻。當我們投訴現時的學生不夠主動、溝通及解難能力不足、讀書上學只為考試時，我們倒應反問：我們的學校教育提供了什麼平台讓學生體驗和經歷？只有正規、完全規劃了的學科課程或活動課程可以幫助我們的學生面對將來多變的社會、未知的世界嗎？學校規範化及齊一性的課程設計，全體劃一參與的全方位學習或其他學習經歷活動，未能有效地照顧學生的學習多樣性和學習差異，窒礙學生的個性化發展，無視學生的不同興趣和需要。難道教育要走回工業革命時代齊一化的回頭路，卻辯稱變革是為了裝備學生應付未來社會的需要？喜見傳統課外活動仍能在夾縫中幸存。

對課外活動價值和人本關懷的堅持

返回阡睎的故事。學習要全方位，「時時學、處處學」。當然要時時、處處關心學生的學習狀況和成效。基於關懷，阡睎在學校裏的活動受到十分細緻的監察，無微不至，但他感到的是，現在踏入校門就像有無數對眼睛看着自己，每一步都像被人監察，不可以行差踏錯，更不可以犯校規。他覺得自己像裸着身體被掃描，像囚犯般沒有尊嚴。我們培育的學生竟在「盯着(gaze)[46]」中長大。

---

46. https://en.wikipedia.org/wiki/Gaze（2021年1月11日瀏覽）。

話說回頭，正如本章初所述，社會產生巨變，教育任務在面向全人之餘，又要培養學生的內在能力，以應付知識爆炸世代和轉型的工作環境，教育改革是天經地義的，這正是世界各地不約而同地進行教改的原因。20年過去了，我們要問問香港教改是否已達至預期的果效，想知道教改的方向是否出了問題，也是理所當然的。從學校制度包括課程的層面，基於大家相信教改是一項工程，所以出現了「模式崇拜」[47]，以致教育規範與培育教師專業發展背道而馳：

> 由於教育的規範性是一個長期的傳統，因此教育的各個層面都可以看到「一層卡一層」的消極局面：大綱（課程標準）「卡」教材——教材的編寫必須「以綱為本」；教材「卡」教師——教師的教學必須「緊扣教材」；教師「卡」學生——學生必須牢固掌握教師所授予的各項知識和技能。這樣，包括教師和學生的創造性才能都受到了嚴重限制。[48]

監察教育成效，包括課外活動成效，是理所當然的。但我們還要看如何監察。孕育學生的成效往往涉及學生的成長，潛移默化的果效未必可以有即時可觀察的轉變，這是老生常談的「秤豬不等於養豬」[49]問題；而監控課外活動的成效亦少不免會變為監控學生，這便可能出現前述學生被盯着的問題。

有指出，教改成敗的一個重要指標是有否提升教師的專業性及擁有感，排山倒海的工作似乎沒有提高教師的積極性，反而減少了老師透過課外活動輔導學生成長及促進師生關係的應有空間。這些改革的底蘊當然包含公眾及當權者對教師及學校系統的不信任（是否值得信任又是另一個複雜議題），而這種不信任進一步將教師「去技能化」[50]，沒有達到孔子的心願：「老者安之，朋友信之，少

---

47 鄭毓信（2002）。.

48. 鄭毓信（2002，頁49）。

49. 見星島日報（2001）。

50. 即deskilled，一般譯「去技能化」，其實遠超於技能層面，可能包含去專業化。見Chakraborty（2013）, Nuñez（2015）。

者懷之」[51]的理想。我們可以想想這樣的教育改革，又是否能夠兼容資深老師的教法（安之）、讓改革者與實施者互相信任（信之）和容許一些有新想法的老師有嘗試的空間（懷之）呢？[52]

不過在阡睎父母眼中可能是另一回事，他們把子女辛辛苦苦送到學校，雖然學費微不足道，但其他周邊付出（包括辛苦經營部署阡睎考進心儀學校及上興趣班等學費）不計其數，看看老師做得如何，學校辦得如何，是理所當然的。如果説老師忙，但教師薪高糧準。阡睎父母心想，哪夠他們忙？況且在今天，做一點文書、聯繫工作，實不應為小事抱怨。

我們不宜討論老師的薪酬是否已包含種種課堂教學以外的工作。問題是，作為家長，我們寧願老師多花時間「填表」，還是與孩子們傾談，聆聽他們的心聲？而且「有什麼的學校，便有怎樣的（未來）社會」（反過來也如是），我們是否讓學生成長時連玩耍也被監察[53]？全方位學習是否變成全方位評核[54]？我們是否要灌輸學生一種所謂「正確」的價值觀、一種標準化、合模化、迎合社會（甚至擁有權力者，如未來僱主）期望的性格，而不是透過他們反思內省後建立自己的價值取向、最終讓他們擁有拓造屬於他們下一代社會的能力？我們希望下一代生存於一個更具競爭力的社會還是一個更公義、更有愛心、甚至更有靈魂的社會？這「義」與「利」、「謀食」與「謀道」[55]可能是歷久彌新的討論，不過從本書各章關於課外活動的論述，包括它的「初心」，不難得出答案。

51. 語出《論語•公冶長第五》。
52. 黃毅英（2001a）。
53. 見「姨媽姑爹」第一份聲明：「不要全面監視孩子，不要『美麗新世界』」及「玩吓都要受監察？！」（蔡寶瓊、黃家鳴，2002，頁26–31）。
54. 周昭和、黃毅英（2000）；黃毅英（2001）。
55. 《論語•衞靈公》：「子曰：『君子謀道不謀食。耕也，餒在其中矣；學也，祿在其中矣。君子憂道不憂貧。』」

消費主義（consumerism）、管理主義（manageralism）與表現主義（performativity）正在侵蝕教育的靈魂[56]，人與人的關懷在權力失衡（如殺校）中也許只能存在某個標準的框架中間。教改的重重監控限制了課外活動的靈活自主空間。其實，課外活動並不單是教育中的「一個板塊」，它的出發點就是透過活生生的情境以生命影響生命。故此，人本教育的理想如何實踐，還看師生對課外活動價值的堅持。

---

56 見陸鴻基（2010）；Ball（1998）。

第九章　非由學校老師帶領的「課外活動」

龔萬聲

　　傳統上，「課外活動是指由學生團體或教育機構為培養學生的興趣和能力，以及向他們提供娛樂和進行教育而舉辦的各種不算學分的活動」[1]。可是，學生在上學和參加學校課外活動之餘，還有不少空閒的時間。他們會利用這些閒暇時段，自行籌組或參加坊間組織提供的活動，這類活動包括完全由校外組織主辦的活動、經由學校協助宣傳的其他機構活動等，例如：

- 跟家人一起參觀香港的名勝古蹟、到世界各地旅遊；
- 跟同學或親友一起去看電影、聽音樂；
- 在家獨自上網、打機或跟朋友下棋、打橋牌；
- 在家或其他地方接受導師有關學科、運動、音樂等的個別培訓；
- 參加社團或商辦的學術班、游泳班、舞蹈班、樂器班；
- 參加文娛、康樂、體育社團舉辦的活動；
- 加入制服團體或比賽隊伍，或跟同學組隊參加各界舉辦的文康體比賽；
- 參加宗教團體主辦的各種活動等。

---

1. 馮以浤（1988，頁1）。

以上的例子可算是課外活動嗎？根據上述傳統定義，這些課餘活動全部都不受學校規範，與教育機構沾上邊的也不多，也未必由學校老師帶領，因此很難算是課外活動。但這些活動又的確是學生課後、餘暇常見的活動。因此，我們加上引號，稱這類活動為非學校老師帶領的、廣義的「課外活動」。粗略而言，這類活動包括以下幾個範疇（以下大致從遠離學校規範到較接近學校場景排列）：

1. 學生自己的餘暇活動；
2. 與家長共同進行的親子活動；
3. 校外團體舉辦的、與學校課程關係不大的活動；
4. 校外團體舉辦，為了加強輔助學校課程的活動；
5. 與學校掛鈎／合作，但由校外團體安排的活動；及
6. 校內由外聘導師帶領的活動。

　　雖然上述最後一個範疇可算是學校的「課外活動」，但它的狀況相當獨特，並已形成一種潮流及常態，故也值得於此一併討論。

　　在學生成長的過程中，學校必須提供多元化的活動，讓學生全面成長和發展，包括正規課程、課外活動、全方位學習、其他學習經歷等。不過，就栽培學生成長而言，學校並非唯一的機構。因此，學校還要與很多個人和團體合作，包括家長、特聘導師、教育局、教育機構、教會，以及社福機構、康樂及文化事務署、制服團體、商業機構等，為學生提供學習或成長活動。現今的學校不應是封閉的，而是開放的。為了學生的成長，老師應帶領他們跑出校園，也要為他們引進外界的資源，也就是教改鼓吹的「社會支援教育」。我們要讓課外活動作多元化的發展，而不必由學校包辦或主導一切。在學生活動中，學校可以擔任主導的角色，也可以只是負起提供行政協助的任務，甚至完全不參與、不干預。本章要討論的，就是在這個連續光譜下，一些值得關注的現象。

中、小學外聘導師的情況

香港學校的課外活動有一些是完全由學校主導、由學校老師帶領的，例如學生會、社、全校旅行、陸運會、水運會、興趣學會等；而有一些活動因需要有受過專業訓練的人帶領而必須引入校外導師，或與校外機構的導師合作，甚至需要完全依賴校外導師的，例如歷奇活動、專項運動、樂器項目等。也有一些活動是要借助外間的機構，以擴闊師生的接觸面，使活動辦得更成功，例如境外遊學、服務學習、生涯規劃活動等，因而學校出現了外聘導師或者外判活動。

外聘課外活動導師的情況在戰前的香港已有出現，但為數甚少，主要是話劇導演或國術指導，他們有不少是義務工作的。當年很少家長讓子女於課餘接受音樂或舞蹈等訓練，所以社會上也沒有專業的樂器或舞蹈教師。但自從香港一些學校的音樂活動在1950年代發展起來後，學校便開始外聘樂器導師於課餘到校教授學生各種樂器，而專業導師上門或在家裏教授各種樂器的情況也逐漸多起來了。

經過這段時期的發展，現在香港約八成中學已有外聘課外活動導師了[2]。同一項研究指出，調查所得數據可能比實際情況更低。該調查還發現，運動類及藝術類的課外活動引入外聘導師已是常態。有學校表示，在2017/18年度，單是田徑項目便聘請了14位專項教練；有學校聘請了12位導師教授西方樂器；另外又有四所中學各聘用了10位中樂和西樂的樂器導師。

小學的情況也差不多。在2014年筆者等在全港小學課外活動調查中[3]，發現小學聘請校外導師來協助推行課外活動相當普遍，其中以體育類、藝術類和學術類的外聘導師人數較多。有學校聘請了6位田徑教練，也有學校聘用了6位籃球教練；有一所小學為管弦樂團聘請了10位導師，另一所小學的管弦樂團更

---

2. 龔萬聲、鄭金洪（2013，2018）。
3. 龔萬聲等（2014）

有 15 位校外導師。一所小學的話劇團聘用了 7 位校外導師，而中樂團也旗鼓相當，有 7 位校外導師！一所學校安排了一個 8 人校外導師團訓練學生英文朗誦，另一所學校則聘用了一個 10 人校外導師團訓練學生中文朗誦，還有一所學校有一個共有 15 人的外聘普通話導師團！

學校為什麼要外聘導師？答案很明顯：學校要開辦某些課外活動，卻缺乏這方面的老師人材，只好向外尋求協助。學校亦不希望在老師工作量日漸增加的情況下，給予老師更多工作，學校希望藉外聘導師減輕老師的工作壓力。個別學校甚至希望外聘導師可以為學生提供更專業的訓練，帶領學生在校外比賽獲獎，揚威學界，提升校譽。學校在決定是否開辦某些課外活動時，一般都會從下列角度考慮：(一)對學生的成長是否有幫助？(二)能否藉此發展出學校的特色？(三)能否藉着學生的成就宣傳學校？身為教師，如果獲校方編配擔任自己專長和感興趣課外活動的負責導師，那當然是一件賞心樂事；但如果自己對該項活動一無所知而又不感興趣的話，那又如何是好呢？如果教師真的力有不逮，他就算多努力，也無法達到學校訂下來的目標。更何況，學校有一種常見的現象：教師在課後不是忙着加時補課，便是參與會議，或是當值巡邏、輔導及處罰學生、批改習作等，總有數不盡、做不完的工作。

外聘課外活動導師是香港學校一個難以逆轉的普遍現象。學校要考慮的是：導師與校內的教師應該如何互相配合，為學生提供最佳的服務、為學校帶來最大的好處。但最令人擔心的是：學校的「負責老師」只是負起一般的行政工作，例如招收學生和通知家長等；在活動進行時，他們只躲在教員室批改作業，讓外聘導師全權處理臨場出現的各種問題。筆者與鄭金洪曾經指出：

> 外聘導師不能取代老師的角色。所以我們經常提醒老師，不可以把學生交給訓練營導師，然後自己找個角落下午茶、玩手機、看報紙……我們應該在學生身邊，為他們打打氣、拍拍照、同喜同憂，也可以當學生和導師發生衝突時及早介入。[4]

---

4. 見龔萬聲、鄭金洪(2018，頁44)。

香港曾於2017年3月發生過令人震驚的「訓練營風波」。當時的報道指出，在歷奇訓練營期間有外聘導師以帶有侮辱性的責備、用非常嚴厲的處罰，甚至亮刀的方式來「激勵」學生。如果負責的教師不在現場、學校對外聘導師沒有足夠的監管，便可能再次出現上述的情況。一些功利心較重的外聘導師，更會只看重成績而置學生的身心發展於不顧。就運動比賽而言，便會形成錦標至上的心態而忽略了對學生品德的培育。「贏了獎盃，但輸了學校名聲，值得嗎？」[5]

曾永康詳細分析學校聘用校外活動導師的利弊：

學校聘用校外活動導師可 (1)增加學校課外活動數量與類別，加入創新性活動，有助培養學生的多元能力和興趣；(2)引入校外籌辦活動經驗及人才，促進學校課外活動的發展；(3)善用及協調校內及校外資源以解決人手、場地、經費等問題，以提高教與學的效能；(4)擴闊師生視野，豐富師生的經歷和體驗；(5)藉校外專業導師提升師生課外活動水平；(6)在校外導師的支援下，改變學校教師在課外活動的角色和職能，使教師從獨自擔當課外活動導師的角色，轉為與校外導師攜手帶領課外活動的夥伴角色，協助管理及確保校外導師教學成效。

實際上，學校聘請校外活動導師或將課外活動外判會帶來不少隱憂：(1)學校如對校外導師的工作缺乏適當監察，學生學習成效難有保證；(2)如學生活動完全依賴校外導師，在活動過程中缺乏老師照應，學生在活動中的安全令人憂慮；(3)由於部分外判活動之導師並非學校直接僱員，在管理上會出現困難，例如承辦機構委派之導師未清楚了解學校當初與承辦機構之協議要求、導師與學校有不同的期望等；(4)外聘導師未必了解學校的行政運作程序，例如家長同意書的處理、意外事件的匯報程序等；(5)外聘導師的意外保險問題有待解決；(6)校內教師未必了解自己的職責，錯誤地以為校外導師會承擔全部責任，事實上，學校及老師不會因外聘活動導

5. 昃龔萬聲、鄭金洪（2018）。

師或簽約外包而免除責任，學校及老師仍需要負責管理規劃及照顧學生的安全，同時學校教師仍需出席活動，擔當關顧及輔導學生成長的基本角色；(7)學校可能將聘請校外導師的經費轉嫁到學生身上，增加學生家長的負擔，間接減少家庭經濟困難學生參加有關活動的機會，有違教育公平原則；(8)校外導師在帶領課外活動之餘可能另有個人目的，如傳道、招攬學生參加其他自費活動等。[6]

各類興趣班

全方位學習和其他學習經歷令學校活動數量增加了，形式亦多樣化了，同時還要講究這些活動的成效。由於教師已應接不暇，加上要有專門的技巧，所以外聘導師便是唯一的出路。除了學校聘用導師到校任教外，家長亦會考慮把子女送到校外參加活動，這本來不是一件壞事，但當中有一個微妙的關係，校外活動當然會輔助學校的教育，但是如果找不到平衡點，有可能出現失衡的現象。

本書的前幾章已指出香港在戰前已出現外聘課外活動導師。一些專責青少年事務的非牟利機構相繼成立，例如華人青年會、基督教女青年會、兒童遊樂場協會（後改稱香港遊樂場協會）、香港小童群益會、香港青年協會等（見第三章），提供各類康樂活動、課餘活動、興趣班等；香港更在1966年開始舉辦全港性暑期活動。香港在1966年發生暴動後，市政局和教育署於1968年開始大力推展青少年活動和暑期活動，例如舉辦旅行、舞會、宿營、游泳等康體文娛活動，當年的參加總人數更多達三十多萬人次。到了1980年代，香港的經濟已經起飛了，加上全部適齡學童就學，各類由學校、政府及非牟利機構舉辦的興趣班供不應求，商業機構舉辦的各類興趣班便應運而生，以滿足家長及學生的需要。

---

6. 曾永康（2002a，頁7）。

表9.1 2014年學童參加和喜歡的課餘活動調查

活動	校內參加	校外參加	最喜歡的活動
興趣活動（例如：手工藝、攝影學會等）	41.8%	26.2%	28.1%
體育活動（例如：田徑）	39.5%	18.2%	26.3%
戶外活動（例如：旅行等）	37.2%	32.5%	21.0%
各科學會（例如：中文學會等）	30.2%	5.6%	2.8%
社交活動及成長活動	24.8%	17.0%	2.1%
功課輔導、補習班	21.6%	38.0%	2.8%
制服團體（例如：童軍等）	20.9%	9.5%	4.5%
義工服務	20.6%	16.9%	3.1%
大型活動	17.5%	21.2%	4.0%
宗教活動	14.3%	16.8%	1.9%

之前提到香港小童群益會等涉及興趣班和相關活動的四次「香港學童餘暇生活調查」，從2014年的報告（表9.1）可以看.到，學生參加課餘活動並不限於「校內」，「校外」參加活動的機會也不少，這些活動多由制服團體、宗教團體、社區中心、志願機構、康文署、商業機構等不同團體提供。當中除了有38.0%學童會參加校外「功課輔導、補習班」，有不少學童會利用餘暇時間參加不同團體舉辦的戶外活動（32.5%）、興趣活動如手工藝、攝影班（26.2%）、大型活動（21.2%）或體育活動（18.2%）。由此可見，學童除了在學校參加課外活動外，他們仍然有很多機會參加由校外機構舉辦的各式各樣活動。

上述報告亦比較了2002年及2014年調查中，學童每周參加校內/外課餘活動的時間（表9.2）。

表9.2　學童在2002年及2014[7]年每周參加校內/外課餘活動時間的比較

年級	2002年校外	2002年校內	2014年校外	2014年校內
小四至小六	3.17小時	2.36小時	3.35小時	4.04小時
中一至中三	3.50小時	2.61小時	3.90小時	4.29小時
中四至中五	/	/	3.35小時	3.42小時
整體	3.32小時	2.47小時	3.62小時	3.98小時

　　筆者發現由2002年到2014年，學童參加校外舉辦的課餘活動，由每周平均3.32小時增加至3.62小時，參加時數升幅約一成。而學童參加學校舉辦的校內課餘活動，由每周平均2.47小時增加至3.98小時，時數更有超過六成的增幅！筆者必須指出，上述2014年時數已受到學校在教改後於課程中滲入「全方位學習」，以及在新高中學制的「其他學習經歷」等元素對學生參與課餘活動的影響。同時，課後的補課時間，令學生課餘的空閒時間進一步被擠壓。

　　2002年的報告也作過一些追蹤比較。簡單而言，從1979到1989年，學童較遲睡晚起，看電視較多，並且參加活動的類型有由戶外轉向室內的趨勢。到了2002年的調查，上網及電玩漸漸成為主要的課外活動之一，而活動的選取則朝向學習為主，輕鬆及休息為次。

　　2015年報告書的「討論及建議」部分提到了總體趨勢，「課餘活動」和「學校課外活動」有同一命運，有不斷出現「課程化」的傾向，教改令課餘活動被擠壓與異化，因此報告書特別提到對學童精神健康的關注。

　　上述有關調查一向關注課外閱讀，而2015年的最新一份則轉而關注電子裝置，有人甚至認為學童花費大量時間於電子裝置上，會減少其人際發展及接觸大自然的機會：

---

7. 調查在2014年進行，報告於2015年出版。

學童使用電子裝置作娛樂無論在上學或放假的日子已佔據他們主要的餘暇時間，遑論學習、起居與娛樂活動可同步在電子裝置虛擬世界中進行。做功課時間增加與課餘活動的擠壓和異化，均令學童需要尋找紓緩出路。電子裝置正是學生忙裏偷閒和虛擬補償的工具和方法。但若學童將餘暇時間過多放於電子裝置上，則其精神健康狀況也值得關注。[8]

　　正如學校和補習社的關係一樣，如果學校未能完全滿足家長或學生的需要和期望，有能力的家長或學生便會參加「影子教育」[9]機構提供的課外活動，但這類「影子教育」的質素保證及規管明顯不及正規學校。對於這類外聘導師兼不受學校規管的「課外活動」，學校或老師不會亦不能保證這些活動的質素。因此學童（或家長）只能夠靠市場主導、坊間口碑、學童自己親身體驗後的評價，來選取活動項目。從學童的回應中反映，他們最喜歡的活動是興趣活動（例如手工藝、攝影學會等）、體育活動（例如田徑）及戶外活動（例如旅行等），三者數據合共佔75.4%，明顯地比其他活動高，約有四成學童會在學校主動參與上述三類活動。至於學童參與最多的校外活動則是功課輔導或補習班（佔38%），可是只有2.8%學童是因喜歡而參加功課輔導或補習班。至於學童參加校外大型活動（佔21.8%）、社交活動及成長活動（佔17.0%）、義工服務（佔16.9%）、宗教活動（佔16.8%），都並非是他們最喜歡的活動，各項均只有少於4%學童表示是最喜歡的項目。雖然研究的設計可能令學童因為這些活動並非「最」喜歡而無法呈現於數據上，但這也可能反映學童在選擇這類校外的「課外活動」時有着其他考量，例如是家長因素。以下會嘗試分析有關因素。

8. 香港小童群益會等（2015，4.3.1）。
9. 影子教育（shadow education）可參考Bray（2007）。

家長的態度和處理方法所產生的影響

本章開始時列舉了一些例子，指出有些課外活動並不是完全由學校籌劃、組織及推展，當中有很多無形的外力影響着學生在課外活動的表現。其中家長及家庭的支援肯定是其中一道強大力量。

在 1950 及 1960 年代，一般勞動階層為口奔馳，每星期工作七天，每天除了工作便是休息，哪有時間照顧子女的學業，更難為子女選擇課餘活動。我們可以從一些文章中了解當時生活的情況：

> 政府興建徙置大廈於各地區，每一區域都擁有極多居民，其中大部分屬於勞動階級，他們終日必須離家，找尋生活，有的早出晚歸，對於家中兒女，無法給予適當看管和教育，因而流浪於街邊，沾染不良習慣，而成為社會之敗類，給予地方以負擔，居民之騷擾，無以復加。[10]

時移勢易，香港的經濟在上世紀 70 年代起飛，家長的餘暇時間有所增加，因此能夠投入更多時間及資源到子女身上。黃毅英、林智中曾經對家長作出調查，指出家長選擇課外活動及投入的金錢，與家庭背景、家長對活動目的及效用的認同有關[11]。而從表 9.4 發現學生在小學階段，父母的意見對於學生參與什麼課餘活動有着頗大的影響。筆者等在全港小學課外活動調查報告也曾經記錄了以下的故事：

> 研究者近年參加過一間小學的音樂匯演：近百人的管弦樂團，全都西裝長裙，演奏出經典莫扎特、蕭邦、巴哈的作品⋯⋯活像香港專業的管弦樂團！與他們的老師傾談，發現樂團當中差不多有二十多位同學已考獲英國皇家音樂學院（ABRSM[12]）樂器演奏的八級資歷，其餘的最少也有五六

---

10. 池興周（1960，頁46）。
11 黃毅英、林智中（1996）。
12. ABRSM 是 Associated Board of the Royal Schools of Music 的簡稱。

級。什麼？小學生已完成了八級的資歷？負責該次活動的老師補充學校當然有提供樂團訓練，但絕大部分學生的家庭在他們四五歲已提供個別的樂器訓練。研究者只是驚訝這群最多只是十一二歲的小伙子，每天要花多少閒暇時間進行樂器練習？他們在艱苦訓練時與父母爭執了多少遍？他們當中又有多少人真正熱愛音樂，甚至對音樂狂熱？他們的父母這麼多年來花了多少金錢聘請音樂導師個人教導自己的子女？研究者不知道！不過最少我們可以推算，學生家庭的支持，尤其經濟上的付出，絕對影響着學生這方面的發展，也影響着學校舉辦這類綜藝匯演的質素。」[13]

「小學生已考獲了八級演奏樂器」、「絕大部分學生的家庭在他們四五歲已提供個別的樂器訓練」、「他們的父母這麼多年來花了多少金錢聘請音樂導師個人教導自己的子女？」那所小學屬於家長眼中的傳統名校，每年三數千份小一入學申請是正常吧！在當中「精挑細選」百多位小朋友入讀小一，他們除了學業成績優異，亦都會有一（多）技傍身：樂器、運動、表演、藝術……而他們只有四五歲的年紀，故可推算家長早在小朋友還在幼兒時期（可能是一二歲）已經為他們鋪路，開始各種的技能訓練。這是現時香港的普遍現象嗎？我們沒有實際的數據，但這種情況的確經常在我們身邊出現。

在同一天空下，香港政府發表2016年香港貧窮情況報告，政府在推出扶貧政策前，香港的貧窮人口為19.9%；就算在恆常現金政策介入後，仍有14.7%的人口生活在貧窮線[14]下。資料更顯示，2016年全港約有100萬名18歲以下兒童，當中有22.6%是生活在貧窮線下。即大約每四名兒童，便有一名活在貧窮線下[15]。這些兒童是否享有均等的機會參加各類課外活動？尤其是那些需要支付高

---

13. 龔萬聲等（2014，頁13）。

14. 「貧窮線」的制定是由政府按「相對貧窮」的概念訂立的。方法是按不同住戶人數的住戶收入中位數的50%訂立貧窮線。以2016年為例，一人家庭的貧窮線為$4,000；二人家庭為$9,000；三人家庭為$15,000；四人家庭為$18,500；五人家庭為$19,000；六人或以上家庭為$20,000。

15. 香港特別行政區政府（2017）。

昂學費的。他們的家長在每月支付住所租金、生活雜費、日常食用、交通開支等之後，仍有資源供給這些兒童學習他們有興趣的音樂、體育、美術培訓嗎？還是他們寧願花錢給子女補習功課？香港社區組織協會及兒童權利關注會在 2018 年發表的《貧窮兒童參加功課輔導及課外活動情況的問卷調查》[16] 指出，受訪學童中超過八成需要補習及功課輔導，但只有約六成參加補習及功課輔導班，當中近八成都是學校或志願團體的免費功課輔導班。調查報告也指出「貧童都很想參加課外活動，最多人有興趣學習樂器、音樂，並希望發揮興趣潛能及訓練一技之長。」但真正參加課外活動的情況，卻是有接近六成貧窮學童沒有參加興趣班；另外只有 17% 的受訪兒童有機會參加免費興趣班；餘下約 25% 則要自費參加興趣班，但這支出已佔家庭每月平均收入達 6.8%。

我們也可以從另外一些例子說明家長的因素影響着學校課外活動的推行。根據筆者與鄭金洪進行的全港中學課外活動調查報告及筆者等的全港小學課外活動調查報告[17]，全港超過九成中、小學會舉辦境外遊學團，而且每年不只舉辦一次，在 2016 / 17 學年，全港中學平均舉辦境外遊學團達 3.8 次，最多的一所中學更高達 9 次。由此可見，境外遊學已成為香港中、小學的常規活動。香港學生的足跡亦遍及全球：近至台灣、新加坡、韓國、日本、中國內地；遠至美國、加拿大、澳洲、歐洲、俄羅斯⋯⋯。筆者等在全港小學課外活動調查報告指出：

> 這是一項相對昂貴的學校活動，遊學團團費動輒數仟（元），如果遊學地點較遠（例如歐、美、澳洲），二、三萬元可能也只是基本團費。接受綜援的家庭捉襟見肘，當然會感到壓力；假如一個家庭有兩名子女，一起參加十天遊學團到英國學英文，五、六萬（元）是少不了吧！一般中產家庭可能也會感到壓力！[18]

---

16. 香港社區組織協會及兒童權利關注會(2018)。https://soco.org.hk/pr20180624-2/。

17. 龔萬聲、鄭金洪(2013，2018)；龔萬聲等(2014)。

18. 龔萬聲等(2014，頁20)。

因此家長的支持及家庭的社經背景絕對影響着課外活動（包括餘暇活動）的推展，而這些因素在小學的影響比在中學的還要大。那麼課外活動是否會更突顯出社經背景及資源不公平等問題：有錢就有多些學習經歷和機會？教育不是要給予學生公平的學習機會嗎？

對！如果學校只着重籌辦費用高昂、完全依賴外聘教練和導師及為校爭光的課外活動、興趣班、校隊、樂團；或是安排一些只為向外界炫耀學校而舉辦的遊學旅程；又或因學校逃避繁瑣程序而沒有調撥人手及財政資源，以協助有需要經濟支援的同學，那些貧窮家庭的兒童可能會因此失卻了一些多元學習的經歷和機會。故此，政府可按學校的實際情況，以學生的家庭經濟狀況來考量資助學校課外活動的金額。學校也可主動為貧窮學生多爭取資源、多舉辦一些合適的、有較多資助的活動。試想那些原本因家庭經濟困乏而苦無機會學習樂器的同學；那些沒有機會跟父母到外地（可能只是短程）遊歷的同學；喜歡繪畫但因為輪候、抽籤仍未能在社區中心或志願組織參加繪畫班的同學⋯⋯都可以因為學校及政府多走一步，而讓貧窮學生在學校的課餘時間有所學習、有了興趣的寄託，讓教育更彰顯其公平性，避免學生因為家境清貧，失去全面而多元化的學習機會。

非學校舉辦的「課外活動」之蓬勃，也可能涉及「高持份」的問題，例如增加入讀心儀中學的機會、大學升學計分考慮因素等，這也會促使學生及家長盲目追求特定的體育或藝術訓練，例如音樂、運動等。甚至讓生活在貧窮線的家庭寧願節衣縮食，也要讓子女學習樂器，以為子女日後可以藉此有一技之長，有助升學及考進著名學校。當成年人完全規劃兒童的經歷，甚至花光力氣迫使學童跟着成年人鋪設的路走，結果是兒童的自由空間被收窄。由學生自行組織的活動註定失敗？學生自由玩耍一定無益？只顧發白日夢及發呆就會被標籤為懶惰、「廢青」[19]？當我們投訴現時的年輕人沒有創意，沒有自己的見解，我們曾否反問自己有沒有製造機會和空間讓年輕人發揮創意？我們是否只跟從着社會上的「標

19.「廢青」即「頹廢青年」，對社會無貢獻、無用之青年，像廢物一樣。

準」，認為子女一定要參加遊學團、學樂器、上游泳班等，然後盲目地追逐這些目標？我們應該思考，假若學童的課外活動被成年人嚴控規劃的話，他們的童年有多快樂？如果學童缺乏生趣，他們還能愉快學習嗎？

學生的餘暇生活

在本章之初，我們已指出學校不應及不能包攬學生成長的所有經歷。因此除了學校精心設計及規劃的課程及活動外，我們也在此討論課外活動光譜的另一端，也就是「學童的餘暇活動」。此類活動應該是完全不受學校規範，甚至並不算是課外活動。因為這類活動發生在放學後的餘暇時間，包括在家中怎樣度過平日的晚上及星期六、日不用上課的時間。這類活動很大程度上由學生自主決定，主導權並不在學校、老師或志願機構。我們可以透過探討學童的餘暇活動，反映出學童的自由空間，有否被高持份的課外活動壓迫，有否充斥着正規學科課程的功課、補課及補習等。

回想 20 世紀 1950、1960 年代，香港人生活困苦，因為房屋供應短缺，居住環境惡劣，很多學童被迫在街頭遊蕩。當時教育並不普及，學童輟學做童工的情況十分普遍，很多學童在上課半天後需要兼職來幫補家計，更有不少青少年在街上度過餘暇的時間。我們可以透過一些作品例如《亂世童真》[20] 勾畫出當時一些小朋友在騎樓底運用豐富的創造力，自製遊戲及玩具：橡筋繩、跳飛機、擲銀仔、打波子、拾汽水蓋、執拾未燃燒的爆竹到空地燃放……當時的兒童及青少年「有的是時間」、「有的是創造力」，進行的絕大部分都是自主性極高的消閒活動，根本談不上是什麼有組織的課外活動及課餘補習，但他們仍可以從自由活動及消閒中學習。

---

20. 吳昊（2000）。

表9.3　學童在餘暇時間做得最經常做的活動[21]

學童最經常做的餘暇活動	百分比
玩電腦遊戲、上網、手機遊戲	29.4%
運動	17.3%
使用電子社交平台	11.2%
看電視	10.0%
聽音樂	7.6%
課外閱讀	6.4%
藝術/音樂/繪畫/書法	5.6%

　　在 1970 及 1980 年代，隨着香港的經濟發展、房屋供應有較完善的規劃、普及教育的推展，香港學童的課餘活動已逐漸由學校、宗教團體、社區中心、志願機構開展籌辦，學童不需要（也不可以）在街頭遊蕩，街童消失。關於學童餘暇生活，可參考第七章已提及的香港小童群益會等（2014）的四次調查。根據 1989 年的調查，當時小四至中三的學童在星期一至五平日晚上六時至十時半，花最多時間是留在家中「看電視」，中學生收看電視的時間比做功課所花時間甚至高出一倍多。聚焦最新一份 2014 年的報告，其中列出學生在餘暇時間最經常參與的活動，或許可以讓我們了解這個時代的兒童及青少年怎樣度過餘暇時間(見表9.3)。

　　根據研究結果的數據，不難發現約有四成學童（小四至中五）在餘暇花最多時間對着電子屏幕，包括「玩電腦遊戲、上網、手機遊戲」（29.4%）及「使用電子社交平台」（11.2%）。而使用這些電子裝置的時間每天平均為3.17小時（上學日子）及6.65小時（放假日子），這項數據比起學童平均每天花在做功課的時間(2.26小時）還要多。報告沒有交代是學校安排的功課量減少，還是學生欠交功課/抄功課的情況嚴重了，我們只想指出香港學童其實每天仍有一點點空間，進行並非由學校安排的學習活動。

---

21. 香港小童群益會等（2015）。

一九七九年國際兒童年
香港學童餘暇生活現況研究
報告書

香港小童羣益會
香港教育專業人員協會
教育學院畢業同學會

1979年，香港小童群益會、香港教育專業人員及
教育學院畢業同學會進了學童餘暇生活現況研究
（圖片由香港小童群益會提供）

表9.4　誰提出學童參與課餘活動？

	由父母提出	學童自己提出	學校/老師提出
小四至小六	40.5%	47.6%	13.9%
中一至中三	23.3%	61.2%	14.3%
中四、中五	14.6%	64.1%	18.7%
整體	25.9%	58.0%	15.5%

表9.5　學童對參與課餘活動自由度的滿意度

	不滿意	普通	滿意
小四至小六	9.4%	26.3%	64.3%
中一至中三	7.5%	35.1%	57.5%
中四、中五	8.6%	32.2%	59.2%
整體	8.4%	31.7%	60.0%

　　至於學童有多大的自由度決定參加什麼課餘活動？他們對滿意參與活動的自由度嗎？《香港學童餘暇生活調查報告2014》作出研究及分析（見表9.4及9.5）[22]。

　　從表9.4的數據可見，約六成學童自己提出參與什麼課餘活動。有少於一半高小學童能夠自己決定參與什麼課餘活動，而這個決定權則主要落在高小學童父母的手上。隨着年紀越大，學童則有參與課餘活動的更大決定權。而整體只有15.5%的學童由學校或老師提出他們應該參加什麼課餘活動，由此可見學童在課餘參加的活動受學校規範較少。由於學童自己提出參與什麼課餘活動，學童的自由度會較大，研究雖然沒有特別指出，但會否是整體有六成學童對參與課餘活動的自由度感到滿意的主要原因？試想想，當學童有較高的自由度選擇課餘活動，如果玩得不高興、不滿意，學童還會繼續參加嗎？

22. 表中數字經四捨五入，故總數未必是100%。

根據上述研究報告，我們大致可以勾畫出在學生成長中除了經歷學校正規課程及非正規的活動外，他們還會怎樣安排自由度較高的餘暇時間。雖然他們仍要為學業努力，上補習班、做功課等，但他們依然可以找到空間，做一些他們感到有興趣的事情，無論是上網、玩手機或電腦遊戲、參加興趣班、進行體育活動或戶外活動等。我們還可列舉一些例子，指出某部分香港中、小學生何等忙碌，尤其在周末、周日參加多少個興趣班、補習班，但普遍的學童總可找到一點「留白」的空間。到了中學階段，如果家長了解子女已經長大，懂得放手，慢慢淡出介入學生餘暇時間的角色，那麼，學生便有更高的自主權決定參與哪些活動。

在 1990 年代，蓮華每隔兩年[23]對 500 至 1,000 個中學生進行調查，了解該年中學生最流行的課餘消遣、流行玩意及流行話題，並對「流行文化」作出反思。[24]

找回閒暇

管弦樂團能夠演奏出優美的樂章，因為樂團裏能包容樂器的多樣性，每種樂器都有獨特的聲音、具有個別的韻味，在不同的樂章中表達不同的情感、演奏不同的速度和扮演不同的角色，樂曲才可以和諧及多元性。學生的成長亦然，他們當然應該在學校經歷及學習正規的學科課程，也會經歷老師為他們安排的非正規活動課程，例如其他學習經歷、全方位學習活動。我們更應關注學生自主性較大的課外活動，甚至是那些不受學校規範的餘暇活動。作為老師及家長，當然知悉如何「規範」，利用各種方法和手段去迫使學生及子女跟着自己為他們預先鋪設的道路前行，讓他們「安全地」到達目的地。但我們有時卻不善於「引導」，

---

23. 在1990、1992、1994、1996、1998、2000年。
24. 詳見蓮華（1994，1996）。

不是完全放手，沒有監察（例如完全依賴外聘導師、放假時讓孩子整天沉迷於網上遊戲），就是過度介入（例如家長在星期六、日為孩子安排過量的興趣班或補習班，希望孩子贏在起跑線）。箇中如何拿捏的確是一門藝術。也可能有家長、老師們皺起眉頭道：「怎可以讓子女、學生上網、打手機或電腦遊戲？」「怎可以讓空閒時間白白溜走？要多溫習、練樂器、看圖書才有用嘛！」筆者更希望家長及老師明白，這個世界實在變化得太快，我們不能夠每分每秒都「規管」孩童的生活；我們只能「陪伴」孩童一起成長。因此我們先要放下自己的偏見，「聆聽」學生及孩子的聲音和需要，讓他們擁有快樂並具意義的童年，「陪伴」他們度過迷茫的孩童及少年時期，引導他們面對未知的將來。

第十章　香港學校課外活動的前瞻

黃毅英、曾永康

課外活動的迷思

　　「學生能力國際評估計劃（PISA）」指出學校課外活動越多，該校學生的閱讀、數學、科學三種基礎能力越高[1]。縱使該研究未能定立因果關係，對一些擁護課外活動者無疑是值得鼓舞的消息。相當大部分的課外活動研究（見附錄二）不是一直都希望奠定課外活動參與對學業或相關領域有良好表現及正相關的嗎？可是，我們找到另一些研究或評析，指出課外活動對學生有害。例如有評論認為香港學生課外活動太多，或窒礙培養創科人才[2]，甚至有研究顯示，過度參加課外活動是造成學生壓力的來源，甚至是學童自殺的成因，駭人聽聞！

---

1. 學生能力國際評估計劃——香港中心（2012）。

2. 香港01。〈港大數學研究所所長：香港學生課外活動太多　或窒礙培養創科人才〉，2018年1月8日。www.hk01.com/社會新聞/147629/港大數學研究所所長-香港學生課外活動太多-或窒礙培養創科人才（2019年2月9日瀏覽）。

香港15至19歲青少年的自殺行為

本報告根據715名15至19歲受訪者的研究所得。

結果顯示：

- 28.1%受訪者在過往一生中有想過自殺，6.2%過去一年內想過自殺，3.1%曾計劃自殺，2.8%曾自殺，0.3%因自殺而需接受治療；

- 女性在各種自殺意念和行為中的比率較高，中二或以下教育程度者佔多數；

- 家庭收入越高，各項自殺比率遞減，而接受綜緩家庭的自殺率也較高；

- 根據多變項回歸分析，與青少年人自殺行為有關的因素包括：過去12個月內曾與家人有嚴重衝突（OR=3.679；p<0.01），因課外活動而出現壓力（OR=3.236；p<0.05），慢性疾病或長期痛楚（OR=3.009；p<0.05）和較差解決問題能力（OR=2.042；p<0.001）。

引自HKU Centre for Suicide Research and Prevention（2005）。

此外，香港浸會大學調查顯示：近五成家長因互相比較子女課外活動而感壓力[3]。又教育界人士認為本港大學學額有限，致使家長提早於子女約一歲起便「鋪路」升學，有小學生每周的課外活動多達十項。專家指課外活動是導致學童精神健康不佳的原因之一[4]。

當然我們可以自圓其說地解釋，任何事過度都是不好的。但若我們再進一步考究，這些研究中的課外活動，多指課後補課、興趣班之類[5]。我們也許認為這些高持份活動不是我們心目中的課外活動。如果這樣，我們心目中的課外活動又是什麼呢？

---

3. 香港浸會大學國際學院。〈浸大調查：近5成家長因互相比較子女課外活動感壓力〉，www.cie.hkbu.edu.hk/main/tc/college_news/press_release/63（2019年2月9日擷取瀏覽）。

4. 〈怪獸家長成學童自殺元凶〉，《蘋果日報》，2018年11月20日，https://hk.news.appledaily.com/local/daily/article/20111120/15817584 [9/2/2019擷取]。

5. 但其中也包括「打機」（電腦遊戲）這些學生自主、不帶學分的活動。

故此，課外活動的定義並不只屬於象牙塔內的討論，而是關係業界如何塑造這個專業社群。從第一至九章我們清楚看到，一個世紀以來大家如何邊走邊探索課外活動的學理知識基礎，如何為學生的多元經歷、全人發展，迎難而上。「人要經歷多少路途才堪稱為人？」[6]

用心走每一步

學理探索之路不局限於課外活動，其實每個領域要邁向專業，必得這樣用心的走出每一步該走的道路。慶幸香港學校課外活動不只留下了逾百年的足印，當中之社群論述更讓課外活動形成了一個具專業識見的社群。

百年修遠路漫漫[7]，我們在第一章嘗試展示出課外活動的「辯證矛盾」特質。一方面，我們強調課外活動有別於課內學習，但我們又嘗試用廣義的學習成果印證課外活動的功能。另一方面，我們常見的「學校學不到的東西」，例如什麼「在哈佛學不到的管理策略」[8]，又或數學科的幻方、扭計骰、數獨等，好像批評或哂笑正規課程有所不足，但一旦這些課外活動納入了正規課程，便會令這些活動課程化，如果所有「學校學不到的」都進入了學校，假設仍有「放學」的話，課餘還繼續全方位學習，那麼還有什麼好玩呢？「藏脩」之餘，我們是否還需要留白，為學生創造「息遊」空間呢？

在歷史上不同時期，有時課外活動被邊緣化，而當正規課程變得龐然大物時，大家又想起課外活動的「虛」。有時正規學習倚仗課外活動攜手而行，有時課外活動又被正規課程吸納了而變得太「實」。

---

6. "How many roads must a man walk down, before you call him a man?" Blowing in the Wind, by Bob Dylan, 1963.

7. 屈原《離騷》：「路漫漫其修遠兮，吾將上下而求索」。

8. Mccormack. *What they don't teach you at Harvard Business School.*

當然，香港現代的課外活動理念多來自西方教會來華（及香港）辦學所傳播，然而清末民初的強國意識（姑勿論其立論是「中國的」還是源於「西潮」思想）亦為香港課外活動帶來動力。辛亥革命的新氣象，香港大學的成立，以至廣州受日軍轟擊導致一些學校遷港，也為香港課外活動注入新的理念。當時港英政府鑑於不同人士在港辦學的質素參差，於是頒佈了首項教育法例及發表《賓尼報告書》，這顯示港英政府改變了只視香港為進入中國內地經商的踏腳石這個觀點，令教育以至課外活動都得到初步的規範。

發生於 1966 年與 1967 年的社會騷動，可以說是香港課外活動的一個轉捩點。雖然這兩宗事件在本質上有所分別，但無論如何，在兩次暴動後，港英政府在某程度上丟棄了暫借心態，明白處理青少年問題不善會埋下危害社會穩定性及其本身政權的伏線。港英政府亦同時開始營造香港人的身份認同及歸屬感，試圖加強社會穩定及向心力。在某意義上，為政者看中了青少年活動的社會功能，以此因緣際會，課外活動首次乘上了時代的「順風車」。

此後，英國政府進一步凝聚香港人對這片土地之熱愛，開展了所謂「麥理浩時期」。除了港英政府以十年建屋計劃及以工業造就經濟起飛，讓香港人安居樂業外，教育亦逐步普及，以期讓市民有「上流」的希望，於是鼓勵青少年活動自然地轉變為推動學校課外活動，因為所有適齡的青少年都在學。這種教育之普及亦靜悄悄地經由大學生貸款及資助計劃延伸到大學，打破了大學貴族化的局面。不少草根階層都能藉着努力爭取優異成績入讀大學，與此同時把不同的理念、生活取態，以及先前對社會的不滿（及對公義的渴求）帶進大學這個大熔爐。同時，中國內地以至世界各地的社會運動及思潮，做就了火紅年代，而在這個年代成長的大學生進入社會後，他們不少仍帶着改造社會的理想進入了教育界或社工界，進一步推動課外活動的發展。香港課外活動的先驅高瞻遠矚，乘着這個潮流把課外活動推向專業化，其中包括確定了課外活動主任（及課外活動老師）在學校行政上的地位，成立專業學會（香港課外活動主任協會）和舉辦各式各樣的專業師資培訓課程。

在2000年前夕，除了上述普及教育這推動力外，民主化的意念亦與回歸前夕的氣候微妙地交織着，進一步影響香港學校課外活動的運作。這或多或少和世界潮流及火紅年代大學生進入學校任職教師有關係。當然影響實際操作的因素有很多，不應簡化地下結論。隨着教育系統在普及教育下日益澎漲，加上公帑投放越來越龐大，「學習」的理念擴展（由知識到能力及情意價值等領域），對「教」的多樣化要求及對學校的問責呼聲（這非香港獨有，而是世界趨勢），「全方位學習」、大學收生「才華指標」等應運而生。

毋庸置疑，香港課外活動主任協會的成立奠定了香港課外活動發展的里程碑。它的成立不只是「又一個專業學會」的產生，而是建立了專業交流平台，進一步確立課外活動人員的專業地位，與發展相關教、研之路並行。教與研對於專業發展至關重要。「教」在於培訓專業人才，並使專業團隊得以薪火相傳，一代代延續；「研」能鞏固學理基礎，提供推動課外活動向前走的動力。協會成立三十多年，各大學舉辦的相關課程橫跨學士學位、教育文憑，以至碩士、博士學位，而協會主理的則包括專業證書及碩士課程等，為同類學會中罕有。同時，協會亦協助其他地區（如澳門）的課外活動教師培訓工作。研究方面也有豐碩的成果，由實務研究到理論探索，多采多姿，亦能做到和其他學理（如教育心理學、課程學、管理理論等）雙向「輸入—輸出」，並由早期放洋留學，引入西方理論，發展到由本土導師指導研究撰寫論文。

協會由成立到現在這三十多年來的發展，像其他專業團體一樣有起有落，有挑戰亦有突破。大教育環境的不變讓學校系統陷入「忙、茫、盲」[9]中，前線人員包括教師及管理層，每天面對各種的挑戰已不容易，因此難覓合適接班人能騰出空間為業界服務，這恐怕是不少專業團體今天面對的最大挑戰。當然，要釜底抽薪從根本上解決問題，應該是改善大氣候，讓教師回歸教學（包括課外活動），教好每堂課，（透過活動）關懷每個學生，使學校真的變成專業成長的「學習社群」、讓老師教學相長；但在大環境改變之前，也許協會需要某種轉型。

---

9. 引自周祝瑛（2003）。

關於教改，我們嘗試從較高的角度回顧它的前因後果。普及教育實施了一段時間，學生多了、教師多了、學校也多了，世界各地教育體系的擴張導致良莠不齊，社會人士感到投放在教育上的公帑有增無減，卻看不到預期的成效，問責的呼聲日增，再加上工作間性質的轉變（包括全球化經濟）和知識轉型（包括資訊科技），令人感到教育不可不改。當中有其必要性，亦同時產生異化，其中功過得失有不少專論。

而其中較突出的是課外活動過分規範化和「持份化」，導致課外活動數量倍增，從而造就了不少由外判導師承包的活動、坊間舉辦的課外活動培訓班及境外考察團等。

登高望遠

回顧過去超過一個世紀香港課外活動走過的路，下一步又該朝哪個方向走呢？香港學校課外活動從戰前的發展初階（雖然已有一定規模），到西方教會辦學團體的引進，以至大戰前夕廣州學校南來的進一步影響，形成日後綻放的契機。課外活動於大戰過後蓄勢待發，而 1960 年代的社會騷動則讓人發掘出課外活動的社會功能，再加上 1970 年代的普及教育，確定了課外活動在全人發展的使命。香港課外活動主任協會在這時期的成立，更讓課外活動有長足的發展。及至 20 世紀末教育及課外活動再轉型，問責制的大氣候又變為評準化。這些轉變可以說是承着時代洪流而運轉，在作出前瞻之前，讓我們再深入探究課外活動的本質，這就涉及課外活動的定義。課外活動的定義絕非只是學術上舞文弄墨的探討，而是影響着課外活動的定位甚至日常運作。

追溯課外活動最原始的定義，無論是劉桂焯[10] 的「並非政府規定但允許 (legitimate)」的活動，或 Good[11] 的定義，我們可以提取出幾個要點，首先是低持份（所謂「不算學分」）。不過持份（即是否帶來「風險」或實質利益）其實要視乎心態和擁有權力者的後加賦予。同一項活動，如奧數、跳舞，可以是樂趣，也可以變得高持份。

此外，不少討論是關於課外活動應否和學習有關。這可能是一個「偽命題」，因為這視乎大家如何界定學習[12]。如果學習不規限於「行為改變」或「概念改變」，還包含着情性部分(如快樂些、有自信些)、學生成長、價值形成等[13]，只要不收窄到即時可觀測[14]的學習成果，差不多所有課外活動均和廣義的學習有關。

我們在本書開首已舉出一些問題，思考校外興趣班、校外打球等算不算課外活動，我們可繼續「腦力激盪」，且看大家認為以下項目是否屬於課外活動？

* 生物科放學後解剖/一班同學自行組織在家裏作解剖練習/由於宗教理由在校外租場地進行解剖練習/解剖一些公開試範圍以外的動物；
* 數學補課/數論（number theory，一個課程以外的課題）探索/奧數訓練/自願或非自願參加的數學「小強班」[15]；
* 被選拔/委派（非自願）的校隊/風紀/交通安全隊/朗誦隊等；
* 升旗手/領禱/早會帶領「三問訊」[16]等；

---

10. Lau(1940).

11. Good(1945).

12. 「學習」還可以包含學發呆、學會接受失敗、學飲(品)酒，甚至可括狄更斯Charles Dickens 《苦海孤雛》Oliver Twist中學習扒竊技巧。

13. Wong(2017).

14. 可觀（observable）及可測（measurable）。

15. 小學加強班。

16. 一種佛教儀式。

- 學生自發組織（有/沒知會校方）午間（基督宗教/伊斯蘭教[17]/其他宗教）祈禱（學校為非宗教學校/佛教學校）/進行非主流宗教儀式如「拜日」；
- 地理野外考察/觀星/魔術學會/電玩/角色扮演學會（cos-play，costume play）；
- 管理「學校秘聞」（school secrets）網站；
- 學生自行買賣舊教科書（有金錢交易）/與鄰校交換試題（沒金錢交易）/交換色情刊物/交換（如百貨公司）減價等優惠資訊（沒實物）；
- 學生自發在小息/午膳/放學後在校內/校外打籃球；
- 籃球校隊因認為練習不足，自行租借康文署場地練習；
- 介紹同學參加區議會/教會/非認許宗教/補習社等舉辦的活動。

近代「現象圖式學」（phenomenography）提出「觀」（conception）這個理念。以「數學觀」為例，每個人對「什麼是數學？」都可以有和必定會有不同的「觀」，不必由一個權威一錘定音地定義「什麼是數學」。而透過「社化」及專業人士的意見，我們有可能形成「相對」共通的「集體觀」（collective Anschauung）[18]，課外活動的情況亦類似。

難怪 Tsoi 引用 Faunce 説「下（課外活動）定義之難度在於課程與學生活動的目標其實一樣」[19]。課外活動會因應時代的發展而轉變，尤其是本書涉及橫跨一百年的歷史，正如 Fung（2008）的論文題目所顯示：「課外活動的發展與擴充（development and expansion）」。課外活動定義既因不同學者而異，亦很可能因時地而有所演變。

有人曾以「數學是什麼？」請教當時台灣大學理學院院長兼數學系主任施拱星。他回應説：「這個問題就像人生是什麼一樣難回答，總要一步一步去認

---

17. 伊斯蘭教有每天祈禱五次的規定。
18. 黃毅英、韓繼偉、王倩婷（2005）；Wong（2017）.
19. Tsoi（1970, p. 12）引用 Faunce（1960, p. 507）."The root of the difficulty of definition lies in the fact that the purposes of the curriculum and the student activities are the same".

香港學校課外活動發展史

識、去接觸才能明白它的精神和內涵所在」[20]。「數學」這門歷史悠久的學科尚且如此，課外活動的情況也不會是「鐵板一塊」。課外活動定義在一定程度上的含混性可能正正是其生命力所在！

那麼我們不如更實際地審視課外活動的內涵。回顧課外活動一個世紀的發展路，雖然曲折離奇，但路上卻充滿風光。由最初最真實的情景出發，師生互動，學習就在生活當中，因此課外課內根本沒有一條界線。漸漸地，所謂現代學校和主流學習開始成形，慢慢出現課外課內的無形隔閡。但正正由於當時主流學習逐漸鞏固，教育家開始看到主流學習以外養分的重要性，不過當時還主要集中於「勞、工、音、體」，直至這些都變成了在教學時間表（和成績表）上出現的學科，才出現了「勞、工、音、體」以外的考慮。傳統課外活動便是要平衡這些被規劃的學習。正如第一章已提到，主流學習和課外活動均在不斷轉型，而且往往出現一種微妙的互動關係，有時候主流學習太強，大家就會想到在主流學習以外要留有空間。但當這個分界線越來越明顯，就有可能把課外活動邊緣化。再加上主流學習在高持份考試的形勢下變得越來越有票面價值，以致課外活動在不同時段都受到擠壓。例如「勞、工、音、體」這些學科在早期被稱為「閒科」，而借堂、補課、準備考試，甚至乎模擬考試等，都蠶食了「勞、工、音、體」及課外活動的時間。在某個時期為應付學科數量急劇增加，學校的時間表由星期制變成循環日制，由五天擴展到六天甚至七天循環日，時間表由八節延長到十節，當中「勞、工、音、體」的節數沒有增加，這變相削減了「勞、工、音、體」，甚至課外活動的時間比例。此外，近年興起的「翻轉課堂」[21]要求學生放學後先在家中利用電子設備備課，亦嚴重侵佔學生課餘活動的空間。再者，當主流學習擴展到包含各種技能、素養、態度、價值等時，課外活動以至學生的自由空間、自主活動等便會被這些具票面價值的主流學習進一步邊緣化。

---

20. 譯者序。陳讚煌(1968)。
21. 又譯作翻轉教室、顛倒教室（flipped classroom）。

我們不應該問課外活動是否仍然存在，又或者「全方位學習」等算不算課外活動，我們曾多次提出，無論課外活動稱作「聯課活動」、「全方位學習」、「其他學習經歷」……不叫它課外活動，稱它為「X」又如何[22]？又無論它的項目在千禧年後如何倍增，我們更關心的是今天的課外活動是否仍存在全人發展、學生成長、個性培育、師生關係的建立，甚至學生自發自主的活動，以至純粹消閒放空的留白活動，這些活動的比例又是否被擠壓了？這些基本的課外活動價值是否被忽視及消失了（見表10.1）？

　　就表10.1的「清單」，我們先撇除一些社會不認同的「課外活動」（例如在學校裏交換漫畫，不論是否涉及色情或暴力——雖然不少人都以這些活動為學生時期的重要美好回憶），又或一些特定學校不認同的活動（例如在某一宗教學校派發另一宗教的活動宣傳單張）。學生在學校裏大部分時間的活動都是被規劃了和受到悉心安排的，那就是課堂教學。由此衍生了課後的「學會」組織。但它又有時變身為非自願的補課、補底班、拔尖班，甚至留堂班（留校完成功課）。音樂、朗誦、話劇比賽等亦有可能出現類似情況。雖然有學生樂意參加比賽以一較高下，但其中亦有非自願或半自願參加者，甚或有學生自嘲為「終身制」，他們一經加入，年年無法脫身，喪失了參加其他課外活動的機會和權利。於是事情變得高持份及非由學生主導，學生便可能因而覺得參加活動枯燥乏味，大大減低他們對課外活動的參與意慾和投入感。其他「全方位學習」活動、野外考察、「其他學習經歷」、專題研習、活動教學，以至境外遊學等，很多時都帶有強烈的學習元素，並要達成指標。如何讓學生重拾課外活動的樂趣，體會課外活動的真正意義？自主、好玩、空間是重要課題。

　　正如香港課外活動的先驅者韓敦在〈課外活動與學生成長〉[23]中提到，在學校裏，太多事情是規定了的。課外活動就是要平衡上述學校生態。有些人常常擔

---

22. 黃毅英（2008）。

23. Hinton (1964).

表10.1　形形色色的「課外活動」（舉隅）

	場地	教師主導	教師引導	學生主導
規定	校內	• 學科課堂學習* • 勞工音體課# • 補課* • 課後實驗*	• 活動教學/專題研習* • 全方位學習活動/ 　其他學習經歷* • 社/班際比賽	• 課堂內自我發現* • 課堂上自修*
	校外	• 旅行、運動會、 　周會、講座等 • 全方位學習活動/其他 　學習經歷（例如野外考 　察*、境外遊學#）	• 全方位學習活動/ 　其他學習經歷* • 野外考察*	
允許但非規定	校內	自願/非自願校隊#	• 學會/社/班會 • 領袖生 • 制服隊伍 • 學校主流宗教活動	• 學生自發組織如學 　生會 • 學生自主性高的學會 • 學生自主性高的活動 　如午膳/放學後在校內 　打籃球
	校外	校隊參賽#	• 學會校外活動 • 服務學習等# • 鼓勵參加補習社 • 奧數	• 學生自主性高的校外 　活動如聯校活動 • 校外活動（包括興趣 　班、行山、球場踢 　波、主流宗教活動） • 閒暇活動、睡覺、 　打機等 • 補習*
不認同	校內	宣揚與學校不同的宗教/ 政治理念		各種非法活動
	校外		鼓勵學生參加與學校 不同的宗教/政治理念 的組織	• 各種非法活動 • 管理「學校秘聞」 　網站 • 非主流宗教活動

* 高持份
\# 持份日增

筆者關心這類活動
有否受到擠壓

心不把課外活動及各種課外活動指標化，就無法評估其成敗得失，向公眾問責。我們雖然沒有即時反對問責及檢示成效之必要性，但有時我們要學會「舉重若輕」，就像只要車匙一轉，便可令車輛啟動飛馳，而不必花費很多體力把車輛扛走[24]。這便是課外活動的功能。

有人曾提出華人地區（包括香港）可能屬於「缺遊戲文化」[25]，亦有人舉出常為人引用的「萬般皆下品，惟有讀書高」[26]、「勤有功、戲無益」[27]、「書中自有黃金屋」[28]等詩句去解釋及開脫華人之不重視課外活動。這些都是一些文化因素，不過值得留意的是，這些為人津津樂道的詩句往往來自統治者或建制，未必能代表中國文化，更和儒家思想沾不上邊[29]。反而由帝皇製造「天下英才盡入吾彀中矣」[30]的科舉考試文化是扭曲真正求學的重大主因[31]。

不同學者及課外活動的推動者都曾詳述課外活動的教育效益及功能[32]。我們也十分關心學生的全人發展，但無可諱言，姑勿論課外活動設計者是否認同，課外活動具有其他社會功能，而不同時期家長及公眾對這些功能的認識都影響了他們是否支持課外活動。例如第三章曾提到消耗青少年剩餘精力有助社會穩定；其他如學會一技之長、促進學習、豐富履歷增加升學就業機會，甚至在課餘（包括假期）減輕家長照顧孩子的壓力等。社會各界對課外活動的態度也會因這些社會意識而異。

24. 黃毅英、馮以浤(1993)。

25. 鄭肇楨(1985)。

26. 宋‧汪洙《神童詩》：「天子重英豪，文章教爾曹；萬般皆下品，惟有讀書高。少小須勤學，文章可立身；滿朝朱紫貴，盡是讀書人。」

27. 《三字經》傳說為宋朝王應麟(1223–1296)所作。

28. 宋真宗(968–1022)《勸學篇》：「富家不用買良田，書中自有千鍾粟。安居不用架高堂，書中自有黃金屋。出門莫恨無人隨，書中車馬多如簇。娶妻莫恨無良媒，書中自有顏如玉。男兒欲遂平生志，五經勤向窗前讀。」

29. 見黃毅英、黃慧英（2000）。

30. 唐‧貞觀年間，太宗身邊彙集眾多經天緯地的治世人才，貞觀六年科試，據說太宗見新科進士由太極宮端門列隊而入，開心說道：「天下英才盡入吾彀中矣！」。

31. Wong, Wong, & Wong（2012）。

32. 李相勖、徐君梅、徐君藩(1936)；楊寶乾(1959)。

香港學校課外活動發展史

再擴闊一點，Dienes[33]刻意將「遊戲」與「自由玩耍」（free play）區分。前者是有目的的，例如要砌出某指定模型或要在對奕中取勝；後者可以是漫無目的的摸索，如玩沙、把弄積木等。除此以外，近年有人提倡「閒暇」（leisure）這個觀念[34]，包括接受失敗（不必事事作成就取向）、慢活[35]、「學」發呆（甚至正念、禪修等）。正如〈貼近自然之心〉中指出「親近大自然，最重要的就是『不帶目的的吸收』，以及『不加考核的學習』」[36]。我們不也是常把「『教』是一種潛移默化，春風化雨、潤物無聲」掛在嘴邊嗎？

給學生自主空間、相信他們的潛能、不要老是要他們遵從大人的指揮、引導他們成長、讓他們具有締造屬於自己世界的能力……這些都和課外活動息息相關。

無論如何，正如上面一直強調，因為有主流學者作出這種界定（或分界），才有課外活動的概念，甚至出現把課外活動邊緣化（如桌球、電競）。漸漸地，部分主流學習以外的內容被納入主流學習……我們應直接關注學生的全人發展、因勢利導，無論課外、課內都可以成為學生成長的土壤。

我們也許認為，香港學校課外活動現正面臨轉折點，又認為外在環境變差了，學校領導層只顧「交數」，教師對課外活動的承擔變弱了。不過，若從正面來說，無論教師、學校行政人員，甚至家長、社工或政府的官員，他們都是由這個教育系統培育出來的，我們不需要等這些環節改善了才進行全人教育。只有在每個環節都多走一步，才可扭轉不理想的循環。改造社會是教育的一個重要使命，不是嗎？

「我們（包括社會）今天演出的劇本由我們過往的一舉一動所寫成」是一句經常聽到的哲理名言。雖然我們沒有水晶球，但要前瞻香港課外活動的將來，不難從以上九章對過往及現況的描述看出它發展的軌跡。香港課外活動從兒童發展

---

33. Dienes (1961).
34. Blackshaw (2003).
35. Parkins & Geoffrey (2006).
36. 席慕蓉（2001，頁114）。

及社會需要出發，希望讓他們擁有自己自主的空間，逐步發揮其性向並建立人生目標。在宏觀方面，讓他們具備具備應對未來萬變社會的能力。然而隨着教育系統日益膨脹、持份者與日俱增，教育生態已走向不可逆轉的問責軌道。教育系統包括前線老師承受前所未有的壓力，單靠高薪亦不足以成比例地增加其效率，於是學校紛紛以「購買服務」的方式把教學（包括課外活動）的任務外判，偏離了教育工作陪伴學生成長的初心。由於課外活動表現的票面價值（高持份），師生及學校、甚至家長只把注意力放於各式各樣的要求（交數），大家都忙着「達標」的時候，師生的時間和精力被擠壓，已無餘暇孕育學生自主、自理、自我發揮的空間。由一生「分數的奴隸」進展到一世「分數及各項（包括課外活動）指標」的奴隸。

這種外判思維也可以在帶孩子的模式中見到，由家務助理接送孩子上學、上興趣班或到公園玩耍，以騰出時間讓家長在工作間拼搏。漸漸地，家務助理同時肩負了親子，甚至管教的角色，然而他/她們又沒有管教之實權（甚或天職）。不少香港學生就在這種環境下成長。這些好像和課外活動沒有直接關係，但這些氛圍與上述外判、追求指標、急功近利的學校環境相表裏。

學校裏的一切事情變得利益攸關，動輒打着「輸在起跑線」、影響學生前途的威嚇旗號，家長及社會也只會向學校及教育系統問責。同時，社會灌輸了個人權力和狹義自由的思想，忽略了這些理念中權力與義務關係和「一個人的自由，以不侵犯他人的自由為範圍，才是真自由」[37]的原意，疏忽了教育中之人文育化精神。

雖然不少國家、組織和學者都對未來長遠的教育藍圖作出前瞻[38]，但筆者把規劃性藍圖暫放在一邊，返回阡睎這位假設性人物上，並把時間放遠到若干年後

香港學校課外活動發展史

---

37. 出自 Mill 的 *On Liberty*.

38. 例如 OECD （2019）提出 2030 學習框架（learning compass），指出 21 世紀是一個 VUCA（Volatility 易變性、Uncertainly 不確定性、Complexity 複雜性、Ambiguity 模糊性）的世界，教育應着重培養學生的 VASK（Values 價值觀、Attitude 態度、Skills 能力、知識 Knowledge）等轉化型素養和能力，以達到社會福祉（Societal well-being）。

的2030年[39]。假設阡眜做了老師，還當了課外活動主任，加入了協會，究竟那時的學校是否還有我們熟知的「傳統」課外活動？是否有不少活動已經外判？是否大部分活動經已經被納入評分標準？學生的餘暇生活又如何？活動是否已輕易透過網絡世界跨越校園以至香港境域？甚至「虛擬實境」已取代了「實體」課外活動[40]？我們還是否珍惜和重視「親近大自然」呢？課外活動導師及主任充當些什麼角色？協會的運作是否已轉型而無需擔心找不到不忙碌的老師去接班？——例如協會是否已變成了一個虛擬社交平台？而這些（無論學校活動或協會運作）虛擬化會否讓老師騰出了時間，可以和學生有多點接觸？還是他們馬上被其他工作侵蝕了？每個人因應其經驗和心態，樂觀或悲觀，可以有許多想像空間。

　　我們今天的生活是按照過往自己早已忘記了、由自己所撰寫的劇本「演出」——我們已不可能改寫劇本，但積極一點看，我們可以為將來寫一個更愜意的劇本。要扭轉這個局面，社會上每個崗位的人都要有所覺醒。外國開始有慢活、反璞歸真（綠色生活）、工作與生活平衡等思潮，過去則有嬉皮士、優皮族、頹廢主義，雖然背境理念不一，但都希望在建制牢籠中尋找呼吸空間。這正正和課外活動的一些基本思想有共通點，課外活動恰好能提供這類思考和土壤。此外，人們常常認定中國人墨守成規、鄙視玩樂，甚至認為只懂得死幹是中國人的民族性、宿命，甚至有人認為迂腐是儒家思想的一部分，我們不應讓這些毫無實據的傳聞變成自我實證預言。中國人不是自古以來就提倡強調「藏脩息遊」嗎？前線老師、學校管理層、教育當局以至家長等教育持份者若能了解到並守護課外活動在全人發展的價值，我們必能為未來寫出一個能培養孩子健康成長的真正教育「劇本」，讓孩子懂得應變和適應未來社會、具備毅力和機智、懂得關愛及尊重他人、有責任感和承擔精神、具備誠信並關心社會……

39. 其實確切年份並不重要。

40. 見http://ev-cuhk.net/

教育就是「教學」與「育人」，必須深耕細作，而課外活動潤物細無聲，在學校人本教育及學生成長上扮演着非常重要的角色。要活便要動，課外要活動。「課外活動」擇善固執，蜿蜒而進；世紀同行，道無止境。讓我們攜手繼續寫下去、演下去、走下去、活動下去，正如「學生活動教育文學碩士課程」MSA課程歌[41]的歌詞：「多元經歷、全人發展，是教育的理想（是我們的理想）；讓我們努力，為學生未來，在一起發熱發光。」

41. 見第七章MSA課程歌。

附錄一：香港課外活動主任協會的組織制度與發展

「香港課外活動主任統籌協會」（HKEACA）[1]屬非牟利專業教育團體，成立初期以中學會員學校為單位，由校方委派課外活動主任代表學校參與協會一切活動。協會於1994年改名為「香港課外活動主任協會」（HKEAMA）[2]，並同年增設小學支部，招收小學會員學校，及後協會於2001年正式通過修改會章，合併中學部及小學支部。協會於2003年正式在香港註冊成為有限公司及慈善社團。協會年度原本採用曆年制，即由每年1月1日至12月31日為一屆別；後來為配合學校實際運作，於2012年修改會章，將協會年度由2013/14學年開始，改為學年制，每年由9月1日至翌年8月31日，與學校學年一致。近年，協會除招收學校會員外，更增設附屬個人會員，引進熱心人士，攜手推動課外活動的發展。由於歷任幹事會成員努力耕耘，會務發展良好，在2001至2004年中小學會員學校已達七百餘所。

協會的組織以會員學校為單位，以確保協會的延續性，協會幹事會設主席、副主席、義務秘書、義務司庫、編輯、委員等職位，由前線課外活動主任或教師組成，以便因應不同時代的教育及課程改革需要，適時回應會員學校及前線教育同工的訴求，提供適當的專業發展支援。主席任期最多四年，以保證新舊交替。幹事會成員為前線中小學教師，他們了解教育現場，確保會務決策能配合中小學實況，不會脫離現實。近年，協會增設「課程及學術委員會」，統籌協會各類課程的工作。協會歷任幹事會正副主席名單見表A1.1。

---

1. HKEACA的全名為The Hong Kong Extra-curricular Activities Co-ordinators' Association.
2. HKEAMA的全名為The Hong Kong Extra-curricular Activities Masters' Association.

年份	屆別	主席	副主席
1984–1986	1–3	陳德恒	郭偉祥
1987–1990	4–7	郭偉祥	胡沃洲
1991–1992	8–9	黃光啟	劉錦民
1993	10	劉錦民	刁綺蓮
1994@*	11	劉錦民/梁兆棠[1]	刁綺蓮/梁兆彬+
1995	12	劉錦民/梁兆棠+	刁綺蓮/陳芬釗+
1996	13	盧萬方/梁兆棠+	劉錦民/陳長洲+
1997	14	田志強/陳長洲+	林志立/朱福華+
1998	15	田志強/陳長洲+	胡健雄/吳明祥/朱福華+
1999	16	田志強/陳長洲+	曾永康/陳志偉/朱福華+
2000	17	田志強/陳長洲+	曾永康/洪楚英/朱福華+
2001#	18	曾永康	洪楚英/朱福華
2002–2004 (2003)^	19–21	曾永康	洪楚英(中學)/朱惠玲(小學)
2005–2006	22–23	洪楚英	許建業(中學)/朱惠玲(小學)
2007	24	許建業	鄺文慧(中學)/朱惠玲(小學)
2008	25	鄺文慧	文達聰(中學)/朱惠玲(小學)
2009	26	林偉才	文達聰(中學)/朱惠玲(小學)
2010	27	林偉才	文達聰(中學)/朱惠玲(小學)
2011	28	林偉才	文達聰(中學)/朱惠玲(小學)
2012%	29	林偉才	文達聰(中學)/朱惠玲(小學)
2013/14–2016/17	30–33	文達聰	陳國柱(中學)/朱惠玲(小學)
2017/18–2019/20	34–36	陳國柱	文達聰(中學)/朱惠玲(小學)
2020/21	37	陳國柱	文達聰(中學)/陳潤華(小學)

註：@ 正名為「香港課外活動主任協會」
　　* 成立小學支部
　　# 中、小學兩部合併
　　^ 註冊成為有限公司及慈善社團
　　% 協會屆別由曆年制改為學年制（會員屆別由9月1日至翌年8月31日）
　　+ 小學支部

課程及講座

　　協會積極推動課外活動專業發展，歷年曾舉辦的項目舉例如下：

- 為香港教育學院準教師提供帶領課外活動技巧課程及講座
- 與香港教師中心合辦新教師研習課程
- 協助教育局教師及校長培訓組為新教師提供籌辦課外活動技巧延續課程
- 為學校提供與課外活動相關的教師專業發展及家長教育講座
- 為課外活動相關機構（如博物館）及師資培訓機構提供專業意見
- 與政府部門、學術院校及其他團體合辦課外活動／全方位學習講座
- 與香港旅遊專業培訓中心及旅行社合辦「外遊團領團技巧培訓」老師課程
- 與澳門教育暨青年局合辦「學生會導師研習課」，協助澳門學校成立學生會
- 參與澳門教育暨青年局及澳門大學合辦之「澳門學校餘暇活動人員培訓課程」的教學工作
- 為澳門教青局邀請舉辦「品德與公民體驗教學活動實務課程——生態及環境保育」課程

考察交流活動

　　協會曾舉辦的校長及教師考察交流活動包括：

- 1985 年：廣州課外活動考察
- 1988 年：星馬課外活動考察
- 1990 年：澳門課外活動考察
- 1993 年：台灣教育及課外活動考察
- 1997 年：港深教師交流活動
- 1998 年：港穗教師交流活動
- 1999 年：北京、天津教育及課外活動考察
- 2000 年：佛山教育及課外活動考察

- 2000 年：港澳課外活動交流活動
- 2001 年：上海、青島教育及課外活動考察交流
- 2001 年：深圳小學全方位學習活動體驗日
- 2004 年：江蘇、南京教育及課外活動考察交流
- 2005、2006 及 2007 年：省、港、澳凝聚一心新一代生活體驗交流營
- 2006 年：走進珠三角考察
- 2011 年：全國野生動物保護科普教育基地之「香港校長長隆訪問交流團」
- 2011 年：韓國教育交流之旅
- 2014 年：澳門體驗學習交流團
- 2015 年：澳門地質生態考察團
- 2016 年：迪士尼青少年奇妙學習系列教師工作坊
- 2017 年：日本沖繩教育專業考察
- 2019 年：星夢遊輪「世界夢號」海上學府專業考察交流體驗活動
- 2019 年：韓國首爾教育專業考察團
- 2020 年：沖繩教師考察團

研討會

協會歷年主辦的研討會包括：

- 實踐活動課外活動與學生輔導
- 小學課外活動
- 香港營舍服務
- 課外活動主任的角色和職權
- 學生會的成立和組織
- 課外活動的評鑑制度
- 課外活動與升學就業
- 課外活動行政電腦化
- 課外活動和學校行政
- 課外活動可用的社會資源
- 課外活動的理念架構
- 課外活動和道德教育
- 課外活動的法律保險和責任問題
- 志願機構青少年服務與課外活動
- 學會的興廢
- 學校管理新措施對課外活動之影響

- 學校教育目標與課外活動
- 八仙嶺山火事件研討會
- 如何應用資訊科技推展課外活動
- 21世紀優質教育——課外活動
- 教育改革——課外活動所扮演的角色
- 課外活動風險管理與學校綜合保險
- 迎接課程改革——中、小學課外活動主任的新角色
- 全方位學習之理論與實踐經驗分享
- 志願機構青少年服務與課外活動
- 學校管理新措施對課外活動之影響
- 兩岸四地課外活動專業發展：大陸、香港、澳門、台灣四地推行策略、經驗與特色
- WebSAMS（網上校管系統）課外活動模組（ECA module）在中、小學的應用暨課外活動管理軟件
- 小學生課外活動與中一收生
- 視學及發展概況與學生素質指標
- 活動變得好、變得妙、變得有創見——特色學校分享
- 課外活動社區協作與青少年成長及中小學課外活動一條龍
- 課外活動領導：邁向更專業
- 小學常識、中學通識，課外活動，如何調適？

- 課外活動：風險管理
- 境外遊學多面睇：老師責任、保險常識、實地體驗
- 學習經歷：「服務學習」的理論與實踐」
- 「無風無險，活動要點？！」
- 「課外活動多資金，學生體驗倍繽紛！」
- 尋幽探勝：培育自然文化智能與鄉土情懷
- 「服務學習新路向：燃亮生命、豐盛人生」
- 「前輩匯聚談活動：今昔與未來」
- 「eECA：在課外活動中應用移動學習」
- 「美荷樓香港精神學習計劃」教學研討會
- 「零碳天地」真體驗教師工作坊
- 賽馬會摩星嶺青年旅舍教師工作坊
- 「伴影隨聲我啟航」專業交流工作坊
- 迪士尼青少年奇妙學習系列教師工作坊
- 「創科科技，展翅未來」專業交流工作坊
- 環境及生態保育研討會
- 學校籃球隊與體育價值之融合

出版刊物及網站

　　協會透過出版及印製會訊、期刊、書籍、單張，以及近年的網頁，作為課外活動主任及會員學校的交流平台，推廣協會宗旨。協會出版資料冊及刊物，目的是促進課外活動主任及教師的專業發展，並提升學校課外活動的質素水平，以達成協會的目的使命。而定期出版的協會會訊，除可適時讓會員及讀者了解課外活動的最新發展外，亦曾定期結集成書。陳德恒於1994年編撰之《課外活動──香港課外活動主任協會十週年文集》及曾永康、洪楚英、朱惠玲於2006年合編之《課外活動：探究與管理──香港課外活動主任協會20週年文集》，提供了相關理論與實務資料，讓有興趣研究課外活動及香港教育發展的人士作參考。協會刊物除了經常出版的《會員通訊》外，還有：

- 1994年：《課外活動──香港課外活動主任協會十週年文集》
- 2013年：《香港中學課外活動（2009－2012）調查報告》
- 1995年：《香港中學課外活動資料冊》
- 1999年：《北京、天津教育及課外活動考察報告書》
- 2001年：《上海、青島教育及課外活動考察報告書》
- 2003年：《香港中、小學課外活動資料冊2003》（連光盤）
- 2006年：《課外活動：探究與管理──香港課外活動主任協會20週年文集》
- 2008年：《學生活動風險評估與管理》[3]
- 2014年：《香港小學課外活動（2014）調查報告》
- 2018年：《香港中學課外活動（2017）調查報告》

---

3. 曾永康（2008）。曾永康於2007年在協會專業發展研討會發表之《戶外活動風險評估表》，後載於協會出版之《學生活動風險評估與管理》，被香港教育局正式採納為全港學校的戶外活動風險評估管理工具。

慈善綜藝匯演

協會成立於1984年，乃本港唯一以推廣中、小學課外活動專業發展的慈善團體，協會於2004年10月8日（星期五）晚上，在香港灣仔伊利沙伯體育館舉行了「二十週年中、小學課外活動慈善綜藝匯演」。當晚邀請了十數間在課外活動方面具代表性的中、小學及活動總會參與表演，學生們表演精彩卓越，展示了香港課外活動發展的新面貌，為學界締造了交流觀摩的機會[4]。

專題聯誼活動

協會為維繫會員，不時舉辦專題聯誼活動，讓會員學校老師或學生參加。此類活動聚會提供平台，讓協會顧問、幹事及會員作專業交流，並提供會員學校互相協作的機會。專題聯誼及交流活動包括：

- 協會十周年會慶晚宴聚餐[5]（席設尖沙咀金域假日酒店）
- 協會二十周年會慶晚宴聚餐（席於香港童軍中心金陶軒）
- 元朗屏山文物考察團
- 海下灣珊瑚生態之旅
- 新娘潭河溪地貌及地質研習
- 迪士尼工作坊
- 蝴蝶生態遊/大澳漁村生趣之旅
- 專業發展工作坊──馬灣挪亞方舟

---

4. 香港課外活動主任協會（2004b，頁10–11）。

5. 晚宴席上對聯，馮以浤給出上聯「十年樹本　百年樹人　進德修業以外　猶須才藝俱兼　力行不易」，黃毅英巧對下聯「一日復禮　無日復悖　數理化生之內　若不輔以活動　舉步維艱」，成為佳話。

- 香港地質公園教師工作坊
- 與香港教育大學及香港教育博物館合辦「課堂外的學生歲月」專題展覽及課外活動短片創作比賽工作坊
- 三十五周年專業發展研討會及會員大會暨2019香港課外活動優秀學生表揚計劃頒獎禮

附錄二：課外活動的研究工作

20世紀中期課外活動研究的成果

　　隨着課外活動重新得到教育學家所重視，相關的活動研究在西方亦得到開展。Fung 和 Tsoi 對該時期西方的課外活動研究做了一個相當完整的文獻綜述[1]。此外，我們亦透過網絡搜尋器找到更多相關研究，以下作綜合介紹。

　　早期的文獻集中闡述如何在學校推展一般性的課外活動、統計及分析課外活動的種類[2]，也有一些文獻討論課外活動的組織、監察及管理[3]。此外，還有一些研究探討課外活動學生領袖的特質[4]，1950 年代以後陸續有研究檢視課外活動的功能[5]。還有一些文獻討論以課外活動培育學生的公民教育[6]。

　　有不少研究是學者實務性地分享或分析如何推行特定的課外活動，藉此可以了解英、美等地早期課外活動的推展情況，例如科學學會、化學學會、物理學會、數學科的課外活動、語言學習活動、義工服務、音樂、辯論及校際比賽等[7]。

1. Fung (1966) & Tsoi (1973).
2. Harwood (1918), Meyer (1926), Jordan (1928), Goldberg (1946), McKown (1952).
3. Wilds (1917), Briggs (1922), Hobson (1923), Jones (1925), Millard (1930), Terry (1930).
4. Bellingrath (1930), Garrison (1933), Partridge (1934).
5. Faunce (1954), Cowell (1960), Eash (1960).
6. Wiley (1925), Ziblatt (1965), Fozzard (1967).
7. Pruitt (1927), Hayes (1930), Bedichek (1931), Belfour (1937), Hieble (1938), Schulte (1940), Joseph (1942), Lawler (1952).

課外活動與學業成績的關係也是當時學者經常研究的項目[8]，其中有正相關的[9]，亦有相反結果的[10]，於是Jacobsen[11]進而分析17項相關研究，大致得出課外活動參與對學業成績有正相關。Keating 及 Eidsome[12]亦相繼探討該17項研究，然而課外活動與學業成績間之關係仍是正反參差[13]。值得一提的是，Monroe再進一步，同時考慮智能而不只集中於成績[14]。

　　輟學與青少年罪犯是另一個研究課題。Pennington[15]發現低「教育能力」（概指學習能力）與課外活動的被動參與有關；McCaslin[16]探討了缺課、課外活動參與及成績間的關係。有發現輟學者較少參與課外活動，青少年罪犯亦如是[17]。

　　另一批研究開始跳出成績框架之外，更益細緻，例如探討態度、社群適應、群性及心理發展、家庭背景、社經地位等[18]。還有一些研究探索課外活動參與和經歷與未來事業間的關係等[19]。

　　當然這些都只涉及統計相關，不能確立因果關係，但亦能揭示因素間脈絡的蛛絲馬跡。在中國方面，課外活動當時還未蓬勃發展，找到課外活動研究的痕跡不多，劉桂焯的博士論文（見下文）可能屬於絕無謹有。

---

8. Breeze (1924), Mehus (1932), Cocoran (1937), Rarick (1943), Hartnett (1965).

9. Chapin (1929), Constance (1929), Knox & Davis (1929), Monroe (1929), Bryns (1930), Hayes (1930).

10. Savage et al. (1929).

11. Jacobsen (1931).

12. Keating (1961) & Eidsome (1963).

13. Hartnett (1965), Schafer & Armer (1968).

14. Monroe (1929).

15. Pennington (1950).

16. McCaslin (1958); Twining (1957) 亦曾有類似研究。

17. Thomas (1954), Livingston (1958), Bell (1964), Schafer & Polk (1967).

18. Smith (1947), Pogue (1949), Gianferante (1951), Brinegar (1955), Goldman (195), Beker (1960), Scott (1960), Bach (1961), Start (1961), Kievit (1965).

19. Chapin (1929), Shannon (1929), Brown (1933), Clem & Dodge (1935), Hare (1955), Fingers (1966).

雖然從今天的角度來看，以上的研究尚屬初階，我們亦要小心考慮不同研究的取樣（中、小學生或大專生），以慎防一概而論；但這些研究已為日後研究作出了一個佈局：包括探視課外活動和正規學業成績、參與（如缺課）、心理社群狀態、社經背景以至性格等關係。個別研究的結果並不重要，反正任何教育研究（科學研究亦可能類似）均要許多案例才能勾畫較全面的圖畫[20]。不過有幾點是我們留意到的：首先不少研究所涉及的課外活動，其實是包括今天可能存在於課程中的活動，如所謂勞、工、音、體（課外活動的定義因時而變），甚至包含任何所謂「課節以外的活動」（nonclass activity）。此外，整個研究導向都似乎旨在證明課外活動如何「有用」，尤其是對主流學習有用，讓人不要輕視課外活動，使它得到認許的地位，沒有多少研究着墨於課外活動過程中之「自給滿足」（self-gratification）。猶如《學校課外活動指引》所説「推行課外活動重要的一環是讓參加者自得其樂」[21]。

20世紀世界各地教育家的研究

在20世紀初，世界各地的正規現代化學校陸續建成，正規教育的普及和膨脹，令更多兒童能夠接受教育。教育研究也好像雨後春筍，面向教育的不同議題。正規學科、課程學、教育行政、學校管理，各種教育議題正式踏上學術研究的舞台。由於當時英、美等地的學校已在課後推展課外活動，所以最早出現有關課外活動的文獻都是那些地區的研究報告，本書第一章已有所論述。雖然以下分析主要是以英文為主的學術文章，但仍可以嘗試分析及梳理縱向近百年，世界各地有關課外活動研究議題的一些趨勢。

1970年代，英文學術文獻中開始出現了世界各地有關課外活動的論述，例如印度、以色列、泰國、新加坡、東歐、北美洲等。研究的脈絡延了早期的研

---

20. Seah & Wong (2019), 黃毅英等（2000）。
21. 教育署（1997，頁15）。

究，不過有時會用「課外體育活動」（extra-curricular physical activities）的名稱出現。而最明顯的分別是20世紀中後期，陸續出現了一些有關課外活動的功能及其教育角色的研究，例如課外活動的教育角色[22]、課外活動與學生退學率的關係[23]、課外活動與學生自我觀的研究[24]、課外活動作為反社會學生的調和者（moderator）[25]、課外活動與選擇朋友的關係[26]、課外活動與公民教育的關係[27]等。然而，課外活動與學業成績關係仍然是近百年來不同時期學者有興趣的研究課題。

假如在網上用學術搜尋器輸入"extra-curricular activities"或「課外活動」等類似的關鍵字，會列出數以萬計的相關學術文章或書本。由此可見研究課外活動或相關議題並不孤獨，沒有地域界限且是多元議題的。但問題是可否在本土，以香港的脈絡扎根，發展出獨有的學理基礎？從以下可見，香港的不少課外活動研究，尤其是幾篇博士論文已開始出現「輸入—輸出」的雙向發展，研究雖然借助課外活動以外的宏觀理論框架（如課程論、管理學等），而其研究結果能反過來豐富原有的宏觀理論。

香港課外活動研究的發軔時期及後續調查研究

「若我們以由外國學者帶領本地研究生；本地學者施行本土研究並以此取得外國院校博士學位；本地學者在本港以本地研究取得博士學位；本地學者帶領學生從事博士研究」[28]作為本土學術形成的里程碑，那麼香港課外活動研究現已開始形成規模。以下會就香港歷來的課外活動研究作一概括綜述，其中包括各學術人員所從事的相關研究、碩士及博士論文、專題研習等。

---

22. 如 Haensly, Lupkowski, & Edlind (1985).

23. 如 Davalos, Chavez, & Guardiola (1999); Moller & Asher (1968); Vaughan (1968).

24. 如 Yarworth & Gauthier (1978).

25. 如 Mahoney (2000).

26. 如 Karweit (1983).

27. 如 Tse (1997).

28. 黃毅英等 （2009，頁4）。

第一份有系統的本港課外活動研究論述，要算是馮以浤（1988）的《課外活動研究》，內容豐富，包括：

- 課外活動與一些社會和個人因素的關係；
- 香港中學課外活動的態度（與冼德華及莫靜雯合作）；
- 香港中學課外活動概況；
- 香港中學生對課外活動統籌工作研究；
- 香港中學校內團體比賽的兩個基本單位：班會和社的比較；
- 香港中學的地理課外活動；
- 課外活動在促進師生關係上的功能；及
- 學生領袖所面對的困難及其解決辦法（與鄧月儀合作）。

　　要宏觀了解全港中、小學推展課外活動的情況，馮以浤於 1983 年已開始進行中、小學的課外活動廣泛性調查。1989 年又進行全港小學課外活動調查[29]。二十多年後，龔萬聲等發表《香港小學課外活動（2014）調查報告》。中學方面，協會每隔約五年進行類似調查。在 1983、1988 及 1993 年便先後進行了三次全港中學課外活動調查，馮以浤等綜合分析後，發表了〈香港中學課外活動（1983–1993）調查〉[30]。後來，鑑於香港的中學在 2009 年開始實施新高中學制，並在 2012 年舉行首屆中學文憑試，對整個本土教育帶來轉變，龔萬聲、鄭金洪分別在 2009 及 2012 年向全港中學發出問卷，聚焦新高中學制下的課外活動，然後發表《香港中學課外活動（2009–2012）調查報告》；他們再於五年後進行追蹤研究，發表《香港中學課外活動（2017）調查報告》。

　　雖然本書焦點為學校課外活動，但我們亦可留意一些關於課餘生活（主要集中校外）的研究。最廣為人知的是香港小童群益會、香港教育專業人員協會及

附錄二：課外活動的研究工作

---

29. 黃顯華、馮以浤（1993）。
30. 馮以浤等（1994）。

教育學院畢業同學會每隔約十年，在 1979、1989[31]、2002、2014[32]年合作進行的「香港學童餘暇生活調查」，其內容豐富，涉及學童社經背景，參加校外、校內活動的情況，家長、老師態度及學校相關設施等。此外，顏明仁、黃毅英、林智中亦曾進行沙田區小學課餘生活的研究，發表《沙田區小學課餘生活調查報告》[33]，香港基督教女青年會於 2011 年亦進行過「香港家庭讓子女參與課餘活動狀況調查研究」[34]。雖然這些報告有涉及但並非聚焦在學校舉辦的課外活動，但卻可以直接反映香港學童在餘暇時間還有多少「留白」空間（詳見第十章的討論）。黃毅英亦連續於 1990、1992、1994、1996 年對中學生流行文化作出調查，並對流行文化及「主流」文化作出反思[35]。

碩士論文

馮以浤 1966 年的碩士論文[36]應該是香港首份關於課外活動的高級學位論文，內容以高中學生對課外活動的態度作論題，論文雖屬早期之作，但研究論述已相當細緻，論文除了一開始便細研課外活動的意涵和綜述西方對課外活動的研究外，利用問卷探討了男女生差別、課外活動和其他活動態度之差別、不同年齡及社經背景學生的差別，還探討了課外活動和各社群及個性因素間之關係，可謂十分全面。

馮以浤與黃毅英於 1991 年合作，再循馮以浤 1966 年碩士論文的部分方向作出探究：探討課外活動參與、學術表現（成績）、性格和同儕認受性間之關係[37]。可見香港課外活動研究在那段時期已漸趨成熟。

---

31. 報告於1990年出版。
32. 報告於2015年出版。
33. 顏明仁、黃毅英、林智中（1997）。
34. 香港基督教女青年會（2011）。
35. 當時以「蓮華」筆名發表：蓮華（1994，1996）。
36. Fung (1966).
37. 研究結果載於 Fung & Wong (1992).

蔡香生於 1973 年在英國進修期間亦以課外活動為題撰寫論文（非高級學位），當中探討課外活動在英國各教育學院的地位。論文以文獻調查為主，亦涉及有關英國曼徹斯特地區師資培訓院校師生就課外活動觀點的實證數據 [empirical data]），論文除了得出英國教育中課外活動的完整圖畫外，亦對西方（尤其英國）課外活動研究作出完整的評述，也明確肯定課外活動課程應納入師資培訓教育中[38]。

郭偉祥的碩士論文體現了扎根本地課外活動研究的進展：它是第一份由香港學者指導下完成有關課外活動的碩士論文[39]。它的論題為「探討中三學生參與及不參與課外活動之原因，以及其與成績間之關係」。結果顯示學生參與課外活動的主因是為滿足個人需要、樂趣及增廣見聞；不參加是因為時間安排欠佳、活動不能持久及參加活動太多限制。他的研究亦涉及課外活動與公開考試的關係，指出過度參與課外活動的同學在香港初中評核試的成績較適度參與的遜色；又若學生在參與課外活動時是以自我發展、增進社群經驗及友誼為出發點，他們在香港初中評核試的成績表現都會較佳。此論文邁開了本地課外活動研究的新一步。

1994 年，曾永康在其碩士論文中就香港中學課外活動主任的工作壓力進行研究，結果顯示其壓力主要來自工作量過重（兼顧大量教學及行政工作、欠缺文書支援）、角色混淆（對職權及工作範圍欠缺明確指引）及角色衝突，而壓力的主要來源是來自校長[40]。

探討課外活動亦不局限於教育學院，例如馮嘉和的中大社會學系哲學碩士論文，嘗試從社會學的角度分析本港的課外活動怎樣在教育改革下逐漸制度化，成為學校正規課程的一部分。他透過分析兩組文獻，包括官方「共同核心課程」文本及「香港課外活動主任協會」通訊期刊，探討在轉變背後，政府權力操控及

---

38. Tsoi (1973, 61–66) 見 "Possible Trends and Future Development" 段。

39. Kwok (1989).

40. Tsang (1996).

人力資本的議題，還有發展為課程一部分的意識形態基礎。該研究總結出，把課外活動制度化的課程改革，其社會認受基礎正與普世性的教育論述接軌，視教育為社會實現民主、科學、人權的制度[41]。

博士論文

上文提到劉桂焯博士的論文，他以杜威「教育即生活」教育哲學和教育心理學為基礎，依照實用主義、實驗主義和功能心理學，以該校狀況來規劃及制訂整個課外活動的改善方案[42]。論文內容分四部分：(1)討論教育哲學及心理學對課外活動理論與實踐的重要啟示；(2)介紹有關學校的情況；(3)檢視學校課外活動的哲學與實踐，並制定評估清單；(4)就當時學校課外活動情況提出改善建議[43]。

劉桂焯的論文是否第一份關於香港課外活動的博士論文暫無法稽考，但起碼可知1940年代課外活動的研究已經起步。在劉桂焯與曾永康的論文之間是否存在其他相關博士論文不得而知，不過據現時掌握的資料，劉桂焯的論文是第一份關於香港課外活動的博士論文，曾永康的論文是第一份由香港人撰寫的博士論文，而周昭和的論文則是首份在本港修讀、由香港人培訓及關於香港課外活動的博士論文。

曾永康的論文題目為「香港中學課外活動的優質管理」[44]。他借用了商業管理中的優質管理理論，配合課程理論研究香港中學課外活動的全面優質管理，提出傳統課外活動非正規課程與學科正規課程的有機整合，藉「課程活動化，活動課程化」產生協同效應，達到促進師生多元經歷及全人發展的教育理想，並減低

41. Fung (2008).

42. Lau (1940); 劉蔚之（2015）。

43. Lau (1940).

44. Tsang (2000). 原英文題目為Quality management of extracurricular activities in Hong Kong secondary schools。

學業成績與課外活動兩者長久以來的取捨矛盾，此觀點與隨後香港教育及課程改革中所提出的「體驗式學習」及「全方位學習」理念不謀而合。從學習角度來看，該論文將課外活動的功能從學生層面擴展至老師層面，認為師生也可從學校課外活動中受益。在課外活動行政管理方面，曾永康提出「E-C-A」學校教育質素管理模式，指出優質學校課外活動質素應該具備六大要素：

- 促進師生學習（enhancement of teacher and student learning）；
- 擴闊師生經歷（enrichment of teacher and student experience）；
- 學校社會責任承擔（commitment and social responsibility）；
- 學校及社會文化價值認同（culture and value recognition of school and society）；
- 有效行政管理（administration and management）；
- 質素保證機制（assurance of quality）。

周昭和的論文題目為「中學教師的課外活動觀研究」[45]。有鑑於當時「課外活動」的理念不斷轉型，甚至出現一種基調是課外活動「言人人殊」的情況，周昭和於是深入探討不同人的「課外活動觀」。他在三所中學考察了數個月之久（其數據之「厚」(thick data)使其只提取一所中學的數據以完成其論文），運用實地族誌學方法，結合現像圖式論方法，最後構建成七類課外活動觀：形責觀、附從觀、育人觀、成長觀、經歷觀、自由觀及平衡觀。論文內容嘗試將七類課外活動觀的特性與課程價值論的四個主要問題進行對話及對比，顯示形責觀、附從觀及育人觀均參照「群體」的價值，為「學習」設定工具性領域。成長觀、經歷觀與自由觀則參照「個體」，傾向從「個人本位」與「內在價值」作為學習的領域。「平衡觀」則處於兩者之間，試圖兼顧平衡「個人工具—社會工具」及「內在價值—外在價值」的兩重張力。論文指出如欲提升學校教育質素，個別教師須因應其課外活動觀，採用適切的課程定義與取向，以使兩者相互配合。

---

45. 周昭和（2005）。

後來隨着在本地修讀高級學位的學額增加，更多前線老師有機會深入地探究他們感興趣的教育研究題目。龔萬聲和梁幗慧便是兩位分別以課外活動及其他學習經歷為題目、在中大修畢教育博士課程的前線老師。

龔萬聲的博士論文題目是「在中學課外活動增強學生聲音對學生態度變化的探究」[46]。如果學生是課外活動的主角，那麼由「學生聲音」這研究傳統[47]出發，放手讓學生依自己的想法去籌組課外活動，不就是最理想的模式嗎？龔萬聲在他任教的中學，透過成立學生最受歡迎的課外活動——「電玩學會」，記錄幹事會的學生對人（包括自己、老師和同學）、對活動及對學校的態度變化。研究發現學生以自己的想法籌辦活動，他們的投入感、自我能力感都有所增長，部分學生更進入了「暢態」，對活動的態度也有正面的增長；但當他們的想法行不通、舉辦活動受挫折，他們的自我能力感則有負面的影響，甚至產生放棄活動的念頭。又如果幹事會中各位同學有着不同的聲音，而透過協商仍未能達至共識，彼此間的衝擊便會造成分化，對其他同學的態度的變化也會趨向兩極化，可以變得很喜歡，也可能變得討厭。是項研究亦分析了要成功以學生聲音建構課外活動的三個重要元素：老師、學生及課程。首先老師要真心相信學生聲音的力量，也要懂得拿捏最佳出手協助學生的時機及力度；而學生也要在能力及心態上願意分擔及分享活動設計者的角色；最後，建構課程的背後不可以有高持份的因素（例如公開考試、學校期望等）牽引。

梁幗慧的博士論文題目是「香港中學新高中課程其他學習經歷的實施」[48]。由於香港自2009開始實施新高中課程，當中其他學習經歷是學生的必修部分，梁幗慧進行了個案研究，利用檢視學校政策文件、訪問校長及老師，以了解兩所中學怎樣、為何和推行了什麼其他學習經歷活動，並探討學校推展其他學習經歷

---

46. 龔萬聲（2012）。

47. 有關理論見 Fielding (2004) 及 Rudduck & Flutter (2000)；又可參考龔萬聲（2013）。

48. Leung (2014). 原英文題目為 "Implementation of other learning experiences of the new senior secondary curriculum in Hong Kong schools".

的成效。研究結果顯示，學校能成功完成教育局指定其他學習經歷的課程時數，但活動的質素仍有改善的空間。至於其他學習經歷的推展成功與否，最大的阻礙因素來自社會文化觀念，梁認為其他學習經歷這類非學科課程只從屬於正規學科課程，甚至抵消了學校和老師努力推動其他學習經歷這項最有利課程推展的因素。不過梁幗慧又指出，其他學習經歷令老師的工作量增加，也會妨礙課程進一步發展。所以要有效並成功在學校推行其他學習經歷，研究報告對政府作出不少建議，例如投放更多資源、積極游說大學及向公眾推廣其他學習經歷等。最重要的是，她利用了課程決策理論和課程實施理論觀點，去探視一個課程政策從頒佈到實施中間經歷的詮釋、落實，以至可能出現的異化或扭曲。

家長觀感研究

以上的論文比較關心學生及老師的態度，多從學生及老師的角度出發。隨着時代發展，家長的參與越來越多，課外活動研究亦開展了家長這部分。梁兆棠的碩士論文探討了小學家長對學校課外活動的支持程度、小學課外活動的現況，包括行政管理架構及活動種類等[49]，不過研究仍停留於家長對學校課外活動之感知層面。

前述的四次《香港學童餘暇生活調查》亦有涉及家長觀感。這些調查透過問卷問學童所感知家長對課餘活動（主要集中校外活動）的態度，並調查家長有否陪同子女參與課餘活動；另外亦有進行家長訪問。他們比較了 1979 年和 1989 年的數據，發現家長的態度越來越積極、越來越少阻止子女參加課外活動。學童年紀越大，家長越少理會。2002 年的調查則發現家長安排學童的活動時，能尊重子女的意願，較以往更積極鼓勵及陪伴學童一同參與。

---

49. Leung (1996).

至於黃毅英和林智中合作的調查則直接探討家長對學校課外活動（而非餘暇生活）的態度，對象橫跨高小及中學[50]。研究結果顯示，願意投放在子女課外活動的金額與家庭背景、家長對課外活動之目的和效用的認同有關。故此，若學校希望家長更踴躍參與課外活動，應嘗試提高家長對課外活動正面效果的認識，這樣，家長才更願意在此類有意義的活動上付出時間和金錢。可行的辦法是多作宣傳，而方法亦是多樣的：在社會的層面，教育署可以通過傳媒推介課外活動的重要性及其優點；在學校層面，家長會及校內刊物是有效的宣傳渠道。至於家長是否願意付出時間，不僅與家庭背景、家長對課外活動之目的及效用的認同有關，也和家長當時參與組織活動的程度及學校氣氛有關。換句話說，在一個融洽的學校裏，若家長有份安排活動，他們會為子女的課外活動抽出更多的時間。另一方面，龔萬聲和黃毅英的研究則嘗試探討家長對學校課外活動的關注點[51]。

實務研究

　　學校舉辦課外活動日趨頻密，種類繁多，意外風險增加。1996 年八仙嶺山火事件造成兩名教師及三名學生死亡，十數名學生燒傷，教育署隨後於翌年公佈《戶外活動指引》；2002 年兩名參與遊學活動的香港學生因酒店大火喪生，教育署隨後公佈《境外遊學活動指引》；2003 年一名學生在雨後的河道參與浮筏活動時溺斃，死因庭對學校舉行戶外活動提出四項建議：

1. 所有學校應在充足設施及認可人員準備下進行活動；
2. 老師亦須遵守政府發出的所有指引，如有疑問要提出查詢，對指引不可存有個人意見；

香港學校課外活動發展史

---

50. 黃毅英、林智中（1996）。
51　龔萬聲、黃毅英（2019）。

3. 如發生意外應立即報警；及

4. 學校的通知須詳列活動資料，有任何更改應立即通知家長以取得同意。

　　學校應盡量避免在課外活動時發生不幸事件造成師生傷亡或損失，教育界必須有一個適合學校舉辦活動時使用的活動風險評估與管理方案，以保障師生活動安全，減低活動意外風險。有鑑於此，曾永康遂於2007年在課外活動專業發展研討會中發表「學生活動風險評估模式」，建議學校籌辦學生活動前先就險失(near-misses)事件及意外個案作分析，以保障師生及參與者安全，並設計了一份適合學校舉辦活動時採用的「活動風險評估表」，該表由2008年起正式被香港教育局《戶外活動指引》採納為全港學校舉辦活動時的「戶外活動風險評估表」[52]。

碩士課程之研究成果

　　學生活動教育文學碩士課程在開展時已着重培養學員的研究及反思能力，故此設立必修的MSAE 6008科「學生活動專題研習」，後來2008/09年度轉為選修科MSAE 6108。這個專題研習課程要求學員以小組（最多三人）或個人形式，按學員的興趣，對學生活動相關題目作實證性探究，並要求學員提交學術論文及作出口頭匯報及答辯。期間，學員進行不同課題的學生活動探究，合共累積寫成超過50份有關學生活動的學術探究習作（見表A2.1），成果豐碩。這些碩士課程學員都是前線老師、校長、教練、社工等，他們的研究習作內容圍繞在日常工作上最關心的學生活動議題，他們透過深入的研究、反思及行動所得出的成果，是他們學習上的一個里程碑。其詳細題目見表A2.1：

---

52. 見曾永康（2008）；教育局（2018c）。

表A2.1 學生活動教育文學碩士課程歷年學員的「學生活動專題研習」

年份	學員	研習內容
2006/07	李苡冰、蔡南生、魏思敏	探討不同社經地位高小學生參與課外活動的原因
	趙駿業、梁志洪	探討老師對歷奇輔導的看法
	陳麗萍、鄭金洪	中一訓練營的果效探究
	賴惠儀、麥燕眉	學生的第一課堂——博物館學習在高中階段的可持續發展空間
	朱國生、易詠詩、鄧妙霞	小學生不參加課外活動的原因——天水圍三所小學四年級學生研究
	樂景妤	The ECA development in the aided school in Hong Kong for the last 40 years: A case study on a female aided secondary school (資助中學近40年課外活動的發展——一所女子中學個案研究)[53]
	胡兆耀、葉綺雯、卓文達	深入比較三間學校之童軍活動及推行童軍活動時所面對的挑戰和發展策略
	黎志明、香玉梅、郭少冰	香港中學學生會幹事與非幹事之自我概念探究
	方劍男	外聘課外活動導師對小學的影響
	林偉才	小學生參加制服團體計劃對個人成長的影響
	龔萬聲、林啟超、何妙茵	活動評鑑——某中學「中一級文化學習特區」
	區偉麒、黃洪安、劉育勤	天水圍初中學生課餘活動調查
	梁偉健、楊美珊、潘永強	歷奇活動負責老師的風險意識探究
	李寶珊、韓天恩、陳鳳英	探討三間小學小四學生參與課外活動的情況
	李紹良、倪健生、鄧俊恩	香港學界游泳比賽成績優異的中學在推行游泳活動方面的現況分析
	李兆基	高中生對「社會服務」應持態度指標探究
2007/08	朱躍進、梁東瑜、吳惠玲	研究香港一所小學午間休閒活動的成效
	姚汝基、吳鳳婷、潘倩儀	探討不同教養模式的家長對課外活動的看法
	石玲、梁志凌	參與課外活動與學業成績的關係

---

53. 中文譯名由本書編者加上，下同。

香港學校課外活動發展史

年份	學員	研習內容
	楊達文、楊達武、魏海寧	元朗區新來港定居初中學生參與課外活動情況調查
	羅雅麗、李綺妮、黃穎志	研究一所中學高中生參與服務學習的影響和學習成效
	鄭元山、鍾嘉儀、李永滔	影響中學生參與歷奇活動的因素
	樊韻文、顏詠詩	休間活動對腦麻痺症兒童社交發展的影響
	譚國欣、黃沛鍵、尹定業	閒暇活動對改善自閉兼輕度智障學童校內行為表現探究
	郭楚恩、盛詩惠	探討兩所中學的學生、家長及教師選擇境外遊學的考慮因素
	陳兆邦、羅德泰、江文其	深入比較兩所學校（一所中學及一所小學）之ECA發展及長遠發展的方向
	陳潤華、王席雄、陳兆基	探討三間小學小五學生參與閒暇運動的原因
	馮偉強、曾詠珊、吳英妍	活動評鑑「思考快車（Thinking Express）」
	韓文暄、區志成、梁淑婷	體驗學習對提升小學生抗逆力的效果
2008/09	梁溢昌、孫瑞強、余培偉	深入探究一所中學「領袖培訓活動」的效能
	楊藹筠、楊秋萍、楊慧茵	探討小女童軍領袖提升隊員社交能力的關鍵因素
	黃仲賢、劉詩麗、呂君研	分析東涌某一小學學生及家長選擇校內外聘導師及校外機構舉辦的收費體藝活動之考慮因素
	高炳旋、余顯宜、胡漢基	香港一所小學男生參加「廣播體操」對習舞態度的影響
	蕭楚芸、葉青兒	探討香港離島小學推行課外活動所面對的困難及可行解決方案——長洲、坪洲、梅窩、南丫島學校個案分析
	盧偉雄、陳鵬信、鄭國財	透過一所中學服務智障人士的活動，探討其對智障人士所持態度的改變
	程永健、張智慧、雷婉華	探討香港小學體育老師在體育課教導土風舞的情況
	陳偉良、梁家倩	探討高中足球隊的隊長和副隊長認為學校球隊如何影響其個人成長
	李栢宇、林源生、莫靜宜	「領會教學法」與「技巧教學法」對提升二年級學生學習籃球運動之學習動機關係分析。
	李佩瓊、黃迪琪	探討參與童軍活動對個人成長的影響

（續上表）

年份	學員	研習內容
2009/10	殷小廣	「合作學習」對提升中四級學生學習足球之學習動機研究。
	戴玉麟	Using English musical drama to promote students' motivation in strengthening their oral English standards （利用英語音樂劇促進學生提升其英文口語水平之動機）
	羅雁瑤	探討一所小學推行「成長的天空計劃」對提升學生效能感的成效
	羅雯萍	How the impact of drama (as a regular extra-curricular activity at school) can be learning tools to improve students' language learning, emotional expressions and attitudes in the classroom （戲劇［一項常規課外活動］作為學習工具在促進學生語文學習、情感表達及課堂態度之影響）
	廖志成	A reflective study on a case of implementation of an authentic student activity —"Physics in a Hot Pot" （引入真實情境學生活動「火鍋中的物理學」之個案反思研究）
	蘇穎敏	What do we need for the development of orienteering in secondary school in Hong Kong? （香港中學發展野外定向活動的需要條件）
2010/11	尹志剛	領袖訓練營的學習成果——個案研究
	朱偉旗	香港中學的視覺藝術教育在新學制下與學生活動之間的關係與發展方向
	張頌恩	遊戲與創意動機——從兩位中學生的生命歷史自述，看遊戲如何塑造他們的創意動機
2011/12	徐恩祖	How does participation in a particular student activity shape a student's academic motivation and possible selves?—A case study （學生如何透過參與某特定學生活動以形成其學業動機及可能自我）
	張啟文	比較運動團隊與非運動團隊對運動的參與動機（香港專業教育學院之個案研究）
	劉秀明	How do primary school students develop higher-order thinking through Insect Explorer Program? （小學生如何透過昆蟲探究計劃發展高階思維）

年份	學員	研習內容
	劉寶田	大專院校的學生在課餘時間參與體育活動的動機及障阻的個案分析
	黃啟儀	到底獲得了什麼——從童軍支部成員的童軍經驗，探討童軍運動對其個人成長之影響
2012/13	蔡振超	某中學學生對體育課的觀感調查
	盧子齊	探討天水圍區一所小學的兩個家庭，影響兒童參加課外活動的因素
2013/14	李建欣	家長對小學生參加課外活動的看法——個案研究
2014/15	劉嘉敏	學生的課程活動對促進腦痲痺學生學習能力的研究

其他論述及學術探討

　　不少學者亦適時總結課外活動的發展，繼馮以浤分別於 1986、1987 及 1988 年的三本著作後，黃顯華、黃毅英、馮以浤於 1993 年總結了當時中、小學課外活動的發展並前瞻[54]。翌年黃毅英為協會十周年文集再撰寫課外活動的回顧與展望[55]，續於 2000 年以普及教育角度作出評析[56]，其後因應教改，黃毅英等人亦作出相關評論[57]。

---

54. 小學：黃顯華，馮以浤（1993）；中學：黃毅英、馮以浤（1993）；黃顯華（1994）。
55. 黃毅英（1994b）。
56. 黃毅英（2000）。
57. 周昭和、黃毅英（2000）；黃毅英、梁幗慧、朱嘉穎、龔萬聲（2011）。

除了上述的調查研究外，協會亦進行了不少相關的調查報告：

- 1985 年：課外活動主任工作情況調查
- 1988 年：全港中學課外活動調查
- 1989 年：全港小學課外活動調查
- 1993 年：全港中小學課外活動調查
- 1993 年：課外活動主任工作範圍（職、權、責）的研究
- 1996 年：香港中學課外活動主任工作壓力研究
- 1997 年：全港中學活動主任現況調查
- 2002 年：從《中學概覽》分析中學中一自行收生與小六學生課外活動的關係
- 2009－2013年（教改初期）：香港中學課外活動調查報告
- 2003 年：《學校質素保證視學報告：2001－2002》課外活動相關視學結果分析
- 2014 年：香港小學課外活動調查報告
- 2017 年：香港中學課外活動調查報告

課外活動無論以傳統課外活動、全方位學習活動、聯課活動、其他學習經歷等不同形式進行，其核心價值在於讓學生透過在真實的情境中進行真正的學習，以促進學生的全面發展。這類體驗式學習的成效值得關注。香港政策研究所教育政策中心及大教育平台於 2019 年發表了「體驗式學習活動成效研究」第一階段報告[58]，總結出(1)體驗式學習活動對基層學生更有幫助，主要在學習素養、人生目標、企業精神、STEM 心態、人文價值和動機方面；(2)學生希望學習活動有更多商校平台模式的夥伴合作，商業及社會機構的積極參與能幫助學生的全面發展、認識有關範疇的工作世界及提升學生的「社會資本」；(3)追蹤研

58. 葉蔭榮、馮智政（2019），頁35–36。

究數據顯示，體驗式學習對學生情意及社交表現帶來正面影響，積極參與體驗式學習活動的受訪學生，在「人文價值」、「動機」及「人際關係」表現都有明顯增長，對學生的個人素質（attributes）亦有較大的影響。

學前教育（兩歲至六歲）近年備受重視，發展迅速。政府於2007/08學年起推行學前教育學券計劃（學券計劃），向家長提供學費資助，並提供資助以提升幼稚園教師及校長的專業水平。2017年課程發展議會發表《幼稚園教育課程指引——遊戲學習好開始　均衡發展助成長》，建議幼稚園及幼兒中心採用，上述指引強調以生活化主題作為組織課程的主軸，來設計綜合學習活動，打破學習範疇的界限，說明「學習內容可涵蓋課堂內外的學習經歷。教師可從茶點、早會、參觀活動、生日會、節日聯歡會中發掘學習內容，豐富幼兒的學習經驗。」（頁46）。其實，「幼童可以透過參觀活動和『課堂內外的學習經驗』學習和應用相關知識和技能。這些參觀活動和課堂外的學習經驗，俗稱"outing"，源於上世紀八九十年代學校採用生活化『主題學習模式』（Project Apporoach），又名『方案教學法』或『活動教學法』。」[59]

課外活動可供研究的範疇非常廣泛，例如謝均才於1997年表的「香港中學的課外活動和公民教育」研究。其他課題如「性別差異與課外活動的關係」都是值得進行深入研究的課題。在華人社會早期普遍存在「重男輕女」、「男主外、女主內」、「男女授受不親」[60]等觀念，或多或少影響着學校課外活動的提供[61]，甚至或不經意地讓學生透過活動促成性別定型。例如男生或較多動態課外活動、女生或較多靜態課外活動；男生或女生被指定或只准參加某些課外活動等。雖然

---

59. 李子建、張樹娣、鄭保瑛（2018，頁110）。

60.《孟子‧離婁上》：「男女授受不親，禮也；嫂溺援之以手者，權也」。

61. 例如真光中學就曾因為女子提供體育課而遭非議。見〈南來諸校的口述故事　回首百年教育〉。《星島教育》，2012年1月12日。

在現今重視男女平等的世代，情況已大為不同，但畢竟是一個值得探究的課題。至今仍未發現有關香港學校課外活動與性別差異關係的研究，但在外國有不少類似課題的研究[62]。

62. 例如Gadbois & Bowker (2007).

附錄三：香港教育及課外活動大事年表 (1841-2021)

年份	事件
1841	香港開埠，成為英國殖民地。當時只鼓勵私人和教會辦學。
1842	中英簽訂《南京條約》。
1847	臨時教育委員會發表第一份《教育委員會報告書》，是香港最早的教育調查報告。殖民地政府正式介入公共教育，推行公共學校教育制度。
1860	中英簽訂《北京條約》。
1861	英人進佔界限街以南的九龍半島。
1862	中央書院開辦。
1865	教育司署成立。
1898	簽訂《展拓香港界址專條》，西方教育開始延展至新界地區。
1911	• 辛亥革命（1911-1912）。 • 香港大學成立。
1913	香港頒佈首項《1913年教育條例》(*Education Ordinance, 1913*)。
1914	第一次世界大戰（1914-1918）。
1935	香港政府公佈《賓尼報告書》(*Burney Report*)，當中論及課外活動。
1941	• 第二次世界大戰（1941-1945）。香港進入日治時期（或稱香港淪陷時期，香港人稱為「三年零八個月」）。 • 香港淪陷前，不少廣州學校南遷來港，進一步引進西方教育理念及課外活動。
1945	香港重光。
1949	官立小學率先開設上、下午班，政府呼籲其他小學仿照實施半日制。
1950	《菲沙報告書》(*Fisher Report*)建議官津學校應組織校外活動(out-of-school activities)，如早會及社際活動，以凝聚學生歸屬感（建議第59項），並建議師範教育學院應強調校外活動及青年工作（建議第37項）。
1962	首屆「香港中學入學考試」(Secondary School Entrance Examination, SSEE，俗稱「升中試」)。
1964	香港小童群益會與香港青年協會合作借用政府小學校舍，首次舉辦暑期康樂中心，供學童參加活動。

年份	事件
1965	戰後由1949年起至1950年代初期，由中國大陸抵港的移民人數激增。政府發表《教育政策白皮書》，把推行普及小學教育視為當務之急，展開大規模的建校計劃。
1966	• 「九龍騷動」發生。 • 香港小童群益會舉辦全港性暑期活動，參加的少年由8至16歲，人數達九千餘人。
1967	• 「六七暴動」發生。 • 香港政府發表《1966年九龍騷動調查委員會報告書》，指出要：（一）克服社會結構上的瑕疵，（二）增加青年福利和康樂設施，以及讓青年參與社會事務而培養成一種有所歸屬的感覺；（三）加強道德訓練和品格培養，以及加強傳統道德觀念的力量；（四）需要增加設備，以供進行康樂和有建設性的活動，疏導青少年過剩的精力及情緒。 • 教育司署發出通告（第64/67及72/67號），號召學校響應在校內舉辦暑期活動。
1968	• 市政局Parks, Recreation and Amenities Division成立小組，專責提供青少年活動，並在全局翌年（1969年）工作目標首次加入青少年文康活動，且定為整個Division的首要工作。 • 市政局在卜公碼頭舉辦新潮舞會，社會議論紛紛。 • 市政局和一些志願團體（例如：香港小童群益會及香港青年協會）舉辦大規模青少年暑期活動，其中包括宿營、遠足、游泳、舞會、綜合晚會、粵劇等。一些學校響應了政府的號召，在校內舉辦各種暑期活動，讓學生參加。
1969	• 政府成立全港青年康樂中央統籌委員會，積極推動青少年暑期活動。 • 在1969、1971、1973年的6月至9月期間舉辦香港節，並籌備一連串活動，協辦成員包括香港社會服務聯會、義務工作協會，以及與青年康樂活動有關的政府各主要機關的代表。
1971	• 全港兒童均可接受免費小學教育。教育司獲授權力，可迫令家長送其6至11歲子女入讀小學。 • 成立「愛丁堡公爵獎勵計劃」教育署支部，由兩位教育司署督學兼理；其後於1976年起，由一位全職教育司署督學負責推行計劃。小學推行活動教學。
1972	香港業餘體育協會暨奧林匹克委員會在香港召開了一個略具國際性的會議，討論有關香港康樂體育活動發展的問題。
1973	市政局成為法人團體，脫離政府獨立，工作包括文康場地管理、大會堂、圖書館及博物館的活動。
1974	教育司署成立「康樂及體育事務組」（其後改為文康廣播科下康樂體育事務處）專責以分區為單位，提供全面之策略、發展及推廣青年的康樂體育活動。
1975	• 小學資助則例規定，在官津標準小學增設一助理教席，由課外活動主任晉升。 • 港大開設課外活動選修科。
1977	• 最後一屆香港中學入學考試。 • 政府成立音樂事務統籌處。

香港學校課外活動發展史

年份	事件
1978	• 全港的小學畢業生均可修讀三年初中課程，全部官立及資助類別學校的初中班級都不再收取學費。教育司可以對未滿15歲而又尚未完成中三課程的適齡兒童行使逼令入學的權力。（所有兒童均能接九年資助教育，即六年小學教育及三年中學教育。） • 教育署成立「公益少年團」。政府推行普及教育及以「香港中學學位分配辦法」（Secondary School Placement Allocation, SSPA）取代「升中試」。
1979	香港考試局接辦香港中文大學入學資格考試，並易名為「香港高等程度會考」（Hong Kong Higher Level Examination, HKHL）。
1980	• 香港中文大學教育學院在教育文憑課程中增設課外活動選修科。 • 香港考試局接辦香港大學高級程度會考，並更名為香港高級程度會考（Hong Kong Advanced Level Examination, HKAL）。 • 教育司署改組成「教育科」及「教育署」。
1981	• 政府成立「康樂文化署」，由1974年成立的康樂體育事務處和1977年成立的音樂事務統籌加上新設立的表演藝術組組成。 • 政府推行「初中成績評核辦法」（Junior Secondary Education Assessment, JSEA，俗稱為「中三評核試」）。 • 教育局頒佈《學校德育指引》。
1982	• 香港電視有限公司自此年起連續兩年夏天都出版「課外活動指南」小冊子，秋天舉辦一次「校際課餘活動推廣設計獎」比賽。 • 政府發表《香港教育透視──國際顧問團報告書》。
1983	• 1月，教育署宣佈接受中學教師在課外活動方面的表現為升職條件之一。 • 3月，教育署與香港中文大學教育學院合辦一個以課外活動為主題的中學校長研討會；出席這個研討會的教育工作者達300人，其中三分之二以上是中學校長。這個研討會的成果之一是促成「香港課外活動統籌主任協會」的成立。 • 東華三院學務部舉辦了與課外活動有關的「課外活動」研討會。
1984	• 「香港課外活動統籌主任協會」正式成立；申請成為會員的中學代表超過160人，約佔全港中學總數的四成。 • 香港教育專業人員協會於4月假烏溪沙青年新村舉辦中學生領袖營。 • 教育署宗教倫理組舉辦了與課外活動有關的「課外活動與德育」研討會。 • 政府轄下的四所教育學院和師範學院開辦各種課外活動班，由9月開始升格為一門計算學分的正式學科（complementary studies）。 • 中學生的聯校活動組織舉辦了一個聯校課外活動節。 • 教統會發表《教育統籌委員會第一號報告書》。
1985	教育局頒佈《學校公民教育指引》。
1986	• 在政府及資助中學增加一名非學位教師，協助推行課外活動。 • 教統會發表《教育統籌委員會第二號報告書》。
1987	教育署委派代表加入「香港課外活動統籌主任協會」為秘書，協助處理會務。

年份	事件
1988	• 教育署輔導視學處改組，成立「學校活動組」推廣課外活動，其工作範圍包括原屬體育組的「公益少年團」和「愛丁堡公爵獎勵計劃」（後易名為「香港青年獎勵計劃」）等。 • 教統會發表《教育統籌委員會第三號報告書》。
1989	香港課外活動統籌主任協會、香港中文大學校外進修部聯合開辦課外活動管理證書課程（1996年起轉由協會與該大學之香港教育研究所繼續開辦）。
1990	教統會發表《教育統籌委員會第四號報告書》。
1991	• 設立「大學聯合招生辦法」（簡稱大學聯招，Joint University Programmes Admissions System, JUPAS），並開設「香港高級程度會考（Hong Kong Advanced Level Examination, HKALE)」。 • 教育局推行「學校管理新措施」計劃。
1992	• 教統會發表《教育統籌委員會第五號報告書》，指出應擴大學校的露天活動面積，並建議在新建的學校裏設學生活動中心。 • 最後一屆「香港高等程度考試」及中大暫取生制度。
1993	香港課外活動統籌主任協會成立小學支部，吸納小學會員學校。
1994	• 香港課外活動統籌主任協會正名為「香港課外活動主任協會」。 • 香港課外活動主任協會成立十周年；出版《課外活動：香港課外活動主任協會十週年文集》。 • 香港課外活動主任協會十周年會慶晚宴聚餐。 • 考試局新增多科高級補充程度（AS-Level）科目。
1995	• 香港課外活動主任協會出版《香港中學課外活動資料冊》。 • 教統會發表《教育統籌委員會第六號報告書》。
1996	• 發生八仙嶺山火意外，兩名教師及三名學生死亡，社會對課外活動安全表示關注。 • 教育署頒佈《戶外活動指引》。
1997	• 香港回歸中國。 • 教育署頒佈《學校課外活動指引》。 • 教育署頒佈《學校教育質素保證表現指標》（中小學），在「範疇三、校風及給予學生的支援」及「範疇四、學業及學業以外的表現」均對課外活動加以評估。 • 教統會發表《教育統籌委員會第七號報告書》正式報告（曾在1996年發出諮詢稿），其中建議將為本港所有適齡兒童提供「九年免費及強迫教育」之「強迫教育」一詞修改為「普及基礎教育」。 • 「教育統籌科」更名為「教育統籌局」（Education and Manpower Bureau）。 • 教育署不再派代表加入香港課外活動統籌主任協會為秘書。 • 香港課外活動主任協會、香港中文大學校教育學院的香港教育研究所聯合開辦「中學課外活動管理證書課程」。 • 香港課外活動主任協會、香港中文大學校外進修部聯合開辦「小學課外活動管理證書課程」（開辦至2002年）。

年份	事件
1998	• 香港課外活動主任協會、香港大學專業進修學院為前線教師開辦短期「課外活動專業管理課程」（開辦至2006年）。 • 教育署發佈《學校教育質素保證表現指標》。
1999	• 教育署輔導視學處合併體育組及學校活動組，減省人手。 • 八大校長及教統會檢討課外活動作為升讀大學的考慮條件。 • 教育署頒佈《香港學校體育科安全措施》。 • 香港課程發展議會發表《香港學校整體檢視報告》，提出「終身學習、全人發展」及「社會支援教育、教學跑出課室」。
2001	• 香港課外活動主任協會合併中學本部及小學支部。 • 香港考試及評核局與教育局合辦（英國語文、普通話）教師語文能力評核。 • 課程發展議會在《學會學習——課程發展路向》報告書中，建議在各學習領域及跨學習領域推行四個關鍵項目，包括：德育及公民教育、從閱讀中學習、專題研習、運用資訊科技進行互動學習，以幫助學生發展獨立學習的能力。
2002	• 課程發展議會公佈《基礎教育課程指引》（小一至中三），推行全方位學習(Life-wide learning, LWL)，其中包括五種主要學習歷程：（一）德育及公民教育；（二）智能發展；（三）體藝發展；（四）社會服務；（五）與工作有關的經歷。 • 教育局推出「香港賽馬會全方位學習基金」。
2003	• 「教育署」併入「教育統籌局」。 • 教育統籌局頒佈《境外遊學活動指引》。 • 香港課外活動主任協會、中大教育學院香港教育研究所聯合開辦「小學課外活動管理證書課程」。 • 香港課外活動主任協會註冊成為有限公司及慈善社團。 • 教統局推行「透過學校自我評估及校外評核促進學校發展與問責」。
2004	• 10月8日晚上，香港課外活動主任協會在香港灣仔伊利沙伯體育館舉行「二十週年中、小學課外活動慈善綜藝匯演」。 • 香港課外活動主任協會二十周年會慶晚宴聚餐。 • 政府推行中英數三科「全港性系統評估」(Territory-wide System Assessment, TSA)。 • 香港課外活動主任協會與中大合辦之課外活動管理證書課程，轉為專業文憑課程。 • 教育局推行姊妹學校計劃，為香港的中、小學及特殊學校提供專業交流及合作平台，按校本發展需要，與內地姊妹學校舉辦不同層面的交流活動。
2005	• 香港中文大學與香港課外活動主任協會合辦「學生活動教育文學碩士課程」（開辦至2015年）。 • 教育局推行「校本課後學習及支援計劃」（「校本津貼」及「區本計劃」）。
2006	香港課外活動主任協會、香港中文大學香港教育研究所出版《課外活動：探究與管理（香港課外活動主任協會20週年文集）》。
2007	「教育統籌局」改稱「教育局」。

年份	事件
2008	• 香港課外活動主任協會出版《學生活動風險評估與管理》。 • 教育局修訂《戶外學習指引》加入「活動風險評估表」。 • 在《施政報告》中，行政長官宣佈籌建一個名為「薪火相傳」的國民教育平台，上載「赤子情 中國心」及「同根同心」初中及高小學生交流活動資助計劃、「高中學生交流活動資助計劃」、「香港盃外交知識競賽」等資訊。
2009	• 推行三三四學制(三年初中、三年高中及四年大學)，2009－2012學年新舊學制雙軌並行。 • 課程發展議會發表《高中課程指引──立足現在 ‧ 創建未來》。
2010	• 香港課外活動主任協會與中大合辦的中小學兩個課程整合轉型為「中小學學生活動管理專業文憑課程」。 • 民政事務局推行「制服團體及香港青年獎勵計劃推行的清貧學生隊員資助計劃」。
2012	• 香港舉行首屆中學文憑試（Hong Kong Diploma of Secondary Education Examination, DSE）及最後一次高級程度會考。 • 正式推行「學生學習概覽（Student Learning Profile, SLP)」及「比賽/活動的經驗及成就（Other Experiences and Achievements, OLE)」 • 香港課外活動主任協會屆別由曆年制改學年制（會員屆別由9月1日至翌年8月31日）
2014	課程發展議會頒佈《基礎教育課程指引──聚焦 ‧ 深化 ‧ 持續（小一至小六）》。
2015	教育局推行一項為期三年的「促進香港與內地姊妹學校交流試辦計劃」，為與內地學校締結為姊妹學校的公營及直接資助計劃（直資）學校提供財政及專業支援。
2017	• 課程發展議會頒佈《幼稚園教育課程指引──遊戲學習好開始 均衡發展樂成長》。 • 課程發展議會頒佈《中學教育課程指引》。
2018	教育局將「促進香港與內地姊妹學校交流試辦計劃」恆常化，為與內地學校締結為姊妹學校的公營及直接資助計劃（直資）學校提供經常津貼（2018/19學年每所學校15萬元）及專業支援。津貼額將每年按照綜合消費物價指數的變動幅度而調整。香港目前有1,149所中小學、1,030家幼稚園及幼兒園，現時香港中小學與內地姊妹學校結締數量超過1,500家，其中粵港姊妹學校數量約850家。幼稚園同樣也可申請與內地結締為「姊妹園」。
2019	在《施政報告》中，行政長官建議由2019/20學年起，每年撥款約九億元，向公營及直資學校發放恆常的「全方位學習津貼」，以支援學校在現有基礎上更大力推展全方位學習，在人文學科、STEM教育、體藝、德育和公民教育等不同課程範疇，組織更多走出課室的體驗學習活動。津貼金額視乎學校班數而定，全校24班的中學及小學每年可分別獲116萬元及75萬元，12班的特殊學校則為55萬元。
2020	香港在COVID-19新型冠狀病毒疫情影響下，學校需要間歇性停課或上半日課，課外活動受到嚴重影響，學校採用「線上/線下/混合模式」進行課外活動成為新常態。
2021	• 香港教育大學香港教育博物館與香港課外活動主任協會合作籌辦「課堂外的學生歲月（Beyond the classroom: Extra-curricular Activities）」大型展覽。 • 香港教育大學開辦「體驗式學習活動領導」文學碩士課程。 • 本書竣工付梓。

香港學校課外活動發展史

附錄四：不同國家和地區近年課外活動的發展

　　近年，各國或各地為裝備學生迎接21世紀的需要，因應其社會情況，開展了以能力或核心素養為本的基礎教育課程改革，以培養學生的21世紀能力和核心素養，讓他們能夠適應轉變中世界的發展。故此，全人發展及跨學科學習是當今的重要課題，而課外活動是學生跨學科學習及全人發展的平台，其教育功能因而備受重視。將部分課外活動課程化連繫正規課程，以期在學習上產生統整及協同效應，是一個世界趨勢。

　　從20世紀90年代起，不少國家或地區察覺到課外活動的教育功能和價值，了解到跨學科綜合學習的重要，明白到學科系統知識需要跟生活及社會聯繫，他們開始在當地的中小學課程改革中開設活動類綜合課程，將部分原已在學校課程中的課外活動進一步課程規範化，並因應國家或地方的特色和需要，以不同的名稱和方式實施，藉以培育學生的素養和能力。這類課程體現了跨學科領域、自主性、開放性、綜合性、研究性、生活性和實踐性等基本特徵。其中部分國家或地區在課程改革中沒有設置獨立的綜合活動領域，只把相關的素養和能力等學習元素利用活動滲入已有課程內。現簡介各地的有關課程：

　　中國內地教育部於2001年頒佈了《基礎教育課程改革綱要（試行）》，全面推進素質教育，設置了「綜合實踐活動」必修課，其內容和框架圍繞着「學生與自然課程的關係」、「學生與社會的關係」、「學生與自我的關係」三大線索，以學生全面發展為最終目標，內容範圍包括(1)探究性學習、(2)社區服務與社會實踐及(3)勞動與技術教育。經過十多年的試行和檢討後，教育部於2017年9月正式頒佈《中小學綜合實踐活動課程指導綱要》，規定上述課程是義務教育和普通高中課程方案規定的必修課程，與學科課程並列設置；它是跨學科實踐課程及動態開放性課程，注重引導學生在實踐中學習，從學生的真實生活和發展需要出

發，不以教材為主要載體，不是按照相對固定的內容體系進行教學，以培養學生綜合素質為導向，面向學生的個體生活和社會生活，注重學生主動實踐和開放生成，以及採用多元評價和綜合考察。綱要指出其活動形式與關鍵要素包括考察探究、社會服務、設計製作和職業體驗。

台灣教育部於1994年頒佈的《小學課程標準》和《中學課程標準》，增設「綜合活動」領域，內容包括(1)家政與生活科技活動；(2)鄉土藝術活動；(3)輔導活動課程；(4)團體活動，包括學術、藝術、康樂、科技、運動、服務和聯誼類別活動。台灣教育部再於2018年頒佈《十二年國民基本教育課程綱要　國民中小學暨普通型高級中等學校綜合活動領域》及《技術型高級中等學校綜合活動領域》，領域總目標在培養學生具備「價值探索、經驗統整與實踐創新」的能力，其理念為(1)擴展價值探索與體驗思辨；(2)涵養美感創新與生活實踐；及(3)促進文化理解與社會關懷。課程具體內容包括(1)促進自我與生涯發展；(2)實踐生活經營與創新；(3)落實社會與環境關懷。[1]

澳門特別行政區政府於2014年頒佈《本地學制正規教育課程框架》，以期促進學生全面發展，培養終身學習能力。該法規規定，自2014/2015學年開始，把「餘暇活動」[2]正式納入小學至高中的課程計劃，以培養學生的實踐能力。框架規定餘暇活動在小學、初中及高中教育階段分別不得少於14,240分鐘、7,040分鐘及6,240分鐘。澳門學校於2009年起已逐步設有餘暇活動專職人員，澳門餘暇活動專職人員協會亦在2012年成立。

日本自20世紀80年代以來，大幅刪減學科課程[3]及設有「特別活動」課程，包括學校傳統活動、學生活動和班級指導活動三方面。後來文部省在1996年頒佈的《學習指導綱要》中試行綜合學習，致力培育學生「生存能力」。日本

---

1. 台灣教育部(2018)。
2. 泛指教學活動以外的另一類教育活動，即傳統課外活動。
3. 李坤崇(2003)。

在2002年落實新課程，增設「綜合學習時間」[4]，規限綜合學習的目標及課時，沒有規定其具體內容，只在《初中綜合學習時間綱要》中規定了「課題研究學習」和「社會體驗性學習」，各校可因應地區資源及校本課程來實施。[5]

美國沒有統一的綜合實踐活動課程，但各州都依照其課程標準設置了具體的綜合實踐性活動課程[6]，內容主要環繞(1)自然與社會研究（studies of science, technology and society, STS）；(2)設計學習（project or design learning, PDL）；(3)社會參與性學習（social participating learning）。英國亦有類似綜合實踐課程的設計，內容包括社會研究（social studies）和設計學習（project or design learning）。德國則將素養培育及全人發展元素作為課程改革的指導思想，滲入各級各類課程內。[7]

法國亦推行「綜合學習」課程，要求學校綜合教導學生運用跨學科的知識和技能，綜合學習的活動形式需要多元化及包涵探究及應用等方面。

新加坡中小學都是上半天課的，下午進行聯課活動(co-curricular activities, CCA)[8]。為了讓學生能夠全面發展，新加坡教育部強制性規定所有小學及初中生必須參加聯課活動，在四大組別活動中參加一項，四大組別為體育活動團體、制服團體、表演藝術團體、協會和學會團體。如學校未有提供符合學生興趣的活動，學生亦可自行開展該活動，目的是讓學生追求個人興趣及增加學校活動類別[9]。

---

4. 詳見歐用生（1994）。
5. 錢貴晴（2004）。
6. 錢貴晴（2004）。
7. 錢貴晴（2004）。
8. 指課外活動。
9. Singapore Ministry of Education (2020).

南韓在《2009年修訂課程》將原有之「能力培養活動」與「課外活動」統整為「創意體驗活動」，內容包括自律活動、社團活動、服務活動、職業生涯發展活動[10]，並於2013年於中小學課程系統中開設「創意體驗學習」課。

---

10. 見丘愛鈴（2013）。

評論嘉賓回應

從過往的發展看前路

林智中[1]

本書作者細緻地整理大量文件，通過系統分析，指出在過往50年，香港學校的課外活動呈現了兩項明顯而又相關的轉變。首先，課外活動愈來愈受到各方面的重視，而隨着社會認同課外活動對學生成長有顯著的效能，教育當局不單投入更多資源推動課外活動，甚至將課外活動列入高中學生必需有的學習經歷，並且記錄下來，作為大學收生的參考資料。

這兩項轉變並不奇怪。課外活動對學生成長的好處，相信對於在求學期間曾積極參與課外活動的人來說，是明顯不過的。曾體驗過課外活動的人，不管是音樂、藝術、體育或服務活動，都會認為參與這些活動帶來各種各樣的好處。當然，這些好處每個人都不一樣。對我個人來說，中學時期，每年學校均舉行越野長跑，由學校起步，跑到九龍仔公園，途中有一段陡峭的上斜路徑，校長常拿着籐條，在接近高點的路上，為我們「打氣」。在舊生聚會裏，我們經常提起這項活動，感恩當年有這經驗，讓我們看到人生就如馬拉松，要努力向前，絕不輕易放棄。

---

1. 林智中教授為香港中文大學課程與教學學系客座教授，多年來研究香港課程發展及實施，探索學校教學工作的發展路向。因受個人學習過程的影響，他深信課外活動對學生成長有很大的作用，故對課外活動的研究產生了興趣，曾於1990年代中期參與有關課外活動調查的研究工作。

從另一角度看，這兩項轉變使得我們要檢視應如何定義課外活動。在學校裏，一般教師和學生會把課外活動視為課堂以外的活動，換言之，課外活動的界線是「課堂」。這裏所說的課堂，並非指課室，而是上課時間表內所列出的上課活動。在 1980 年代以前，限於校舍的數目和辦學條件，不少學校是半日制的，難以組織和推廣課外活動，課外活動尚未蓬勃發展。課外活動只是集中在體育活動、藝術活動和一些學科學習活動。

這種以課堂時間作為課外活動界線的說法與當時流行的課程定義配合。當時一般人視課程為「學生學習目標、內容、學習方法以及評估的計劃」。課堂被視為培養學生智能發展和傳授學生知識的主要場地。在那段時間，無怪乎馮以浤先生會沿用 Frederick（1959）的看法，定義課外活動為：「課外活動是指由學生團體或教育機構為培養學生的興趣和能力以及向他們提供娛樂和進行教育而舉辦的各種不算學分的活動」（馮以浤，1988，頁 1）。

2001 年的教育改革提出了全人教育及全方位學習（life-wide learning），以上的定義便很難突顯課外活動與課堂活動的分別。在全方位學習的政策下，學習活動超越了學校的圍牆，同時也跨過了上課時間表的規限。在學校及上課時間以外有學校組織和安排的學習活動應否列入課外活動呢？同時這些學校組織的全方位活動並不單純是學術學習活動，就以境外學習為例，不少都是結合語言學習、文化知識學習、體育活動、藝術活動等。如果是這樣的話，我們應如何定義課外活動呢？

近十多年有關影子教育（shadow education）的研究愈來愈受到重視，和很多受儒家文化影響深遠的地方一樣，香港學生在放學後會花不少時間在補習活動上。如果以學習場所和提供學習活動的組織者來劃分課外活動的話，影子教育可列入課外活動嗎？到了 2009 年的新高中課程改革，教育局規定所有申請升讀大學和高級文憑課程的考生均須提交一份參與其他學習經歷（other learning experience）的活動紀錄，供大學收生時考慮。本質上，與學分類似。那麼這些其他學習經歷，應否歸類為課外活動呢？

自從課外活動受到重視，學校、教師和家長組織的活動愈來愈多，形式多樣化。在時間上，這些活動與上課時間表連在一起；在空間上，學校與校外也連在一起。因此，傳統上劃分課外活動範圍的指標，似乎不再適用。研究課外活動的教育工作者，需要思考這個問題。

香港學校課外活動的發展，除了突顯了重新定義課外活動的需要外，還帶出了如何規劃課外活動的問題。隨着社會愈來愈重視課外活動，以及問責文化的興起，不少人期望課外活動可以帶來高效的學生成長，更期望通過細緻的事前規劃，確保參與課外活動的學生在過程中，獲得期望中的學習成果。例如申請優質教基金來進行活動，申請者必須列出學習目標、受益者的人數等，這種做法合宜嗎？

課外活動的特點之一，是學習成果的不確定性遠比課堂學習為高。很難在事前規劃和預設學生的經歷。例如學生參加學校的足球隊可能會因為隊友間的一些小誤會，與隊友相處出現問題，而形成學生的情緒壓力。另一方面，也可能是因為隊友或啦啦隊的愉快合作，體驗到群體活動的樂趣及領略到人際間相處之道。因此組織課外活動與課堂教學有本質上的不同。

既然如此，如果硬要學校在設計和安排課外活動時，採用行為學派的策略，以行為目標作為規劃的重點，並不合宜。組織課外活動的目標，應是提供一個學習機會，讓參與者經歷、感受和反思。在設定學習目標時可採用 Eisner（1985）建議的表述性目標（expressive outcome）說明課程活動主要是提供一個豐富的環境讓學生體驗（the consequences of curriculum activities that are intentionally planned to provide a fertile field for personal purposing and experience）[2]。若要學生從中獲得良好的學習經歷，在設計了課外活動後，負責課外活動的教師需要審時度勢，適時地製造機會讓學生認識、反思和實踐。有一

---

2. Eisner, E. W. (1985). The education imagination: On the design and evaluation of school programs (3rd ed.). New York: MacMillan.

次參觀了學界球賽的冠軍爭奪戰，兩隊勢均力敵，啦啦隊也是旗鼓相當。我所支持的一隊，不幸落敗了。隊員們極度失望，部分更流下男兒淚。如何接受人生中總有不如意之事，如何看待失敗，對年青人的未來，極為重要。看到學生像鬥敗了的公雞，如何開解他們？幸好，他們的教練站起來對球隊隊員說了一番話，由於站得很遠，未有清楚聆聽到每一句話，但是球員們的面容逐漸好轉過來，收拾好自己的東西。幾天後，在學校內又看到他們努力地練習，相信已從挫敗中總結經驗和認識到如何面對前面的比賽及挑戰。

　　除了領隊、負責教師和教練外，學生領袖也可以發揮領袖的功能，帶動學生反思。當然同學間互相支援交流也是高效的學習途徑。負責組織課外活動的老師，要了解學生能力、性向及投入度，從而決定在過程中如何讓學生自我尋找、互相學習、又或者是由老師帶領，這方面的收放是考驗教師的判斷和組織能力。因此，目前推動課外活動的重點，不應是規定學校和教師如何組織，如何選取行為目標，反而是培養教師帶領課外活動的專業能力。

具專業識見的社群智慧

蔡香生[1]

這是一本不可多得的書。從事課外活動的前線專業人士值得細讀理解，安排兒童活動的家長教師、調配內部資源的校長校董、訂立全港政策的官員議員也適宜參考關注。

本書各位作者都是香港課外活動主任協會的資深核心成員。由他們論述香港學校課外活動最好不過。他們搜集及組織了大量資料，提供了一個相當全面、涉獵廣遠的香港教育及課外活動的歷史、文化、社經背景，又反映了不少老師的心態、境況和見識，讓讀者可以跟着書中內容及思路，去了解香港學校課外活動的發展過程、推行現況、困難機遇。細讀略讀都可以領略到各位作者對課外活動的透徹認識、感受到他們對這範疇的真誠關注、欣賞到他們在這方面的無私貢獻。

書首檢視了「課外活動」的定義，之後在不同章節交代行內行外人士對這些「活動」的理解和認受如何因社會的變動而演化。在探討過程中，引用了心理、哲學、社會、經濟、管治各範疇的學者的理念構想和實據研究，談論課外活動的功能和好處。書中用過的字詞語句包括：給予課餘空間、平衡學校生活、防止讀死書、舒展身心、消閒耍樂；照顧體格健康和身心發展、豐富課餘生活、滿足身心需要；培養興趣和能力、啟發創新、定期有益的磨練；消耗剩餘精力、供

---

1. 蔡香生，為教師提供「課外活動」培訓最早倡議者之一。1960 年代開始在中學任教，1970 至 1980 年代從事教師培訓，及後由教育科技首席講師調任首席督學，負責成立香港教師中心。香港教育學院（即現今香港教育大學）成立初期，借調回學院協助新舊交接等工作，其間曾先後任中小學等教育學部部長。就讀中學及大學時，積極參與多類課外活動，深深體會到課外活動對學生成長的好處；任職中學、師範、教師中心、甚至退休後，仍一直參與及帶領課外活動。2005 年因對優質學校教育的貢獻獲香港政府頒授榮譽獎章。

給正當及培養品德修養的活動、提供自律/合群/服從/以團隊精神為重的訓練、學習獨立、照顧他人、建立人際關係、交朋結友；在正規課堂以外發掘潛能、運用創意、建立良好自我觀；跟學生有更多的接觸、促進師生關係、加強對學生的了解和影響。後來還作為實踐政府當局頒佈的各項教育指引的理想平台。

我中學畢業已是60年前的事，但上述的學校課外活動好處和功能，或多或少我全部都得益過（當然除了最後一點，因為很多年後才開始有「各項教育指引」）。本書提過，1950年代香港有兩位積極推動中學課外活動的校長，拔萃的郭慎墀（S. Lowcock）和伊利沙伯的韓敦（A. Hinton）。作者之一馮以浤就是郭慎墀校長時代的拔萃學生，後來更回過拔萃任教；我則有幸就讀韓敦任副校長[2]時的伊利沙伯中學（以下簡稱伊中），之後也曾回過母校任教。記得創校時，伊中已有社（house）的組織[3]、球類活動、話劇演出、辯論比賽等。本書雖然沒有特別着墨，但其實當年已有中、英文校際話劇比賽，伊中還有校內社際話劇比賽、大型公開演出、話劇訓練班、導演訓練班等。戲劇是我喜愛及投放較多時間的課外活動之一，戲劇助我成長、讓我領悟到「課外活動好處和功能」。後來回校任教，也努力嘗試通過帶領戲劇及其他群組發揮課外活動對我的學生的好處和功能。自己的體驗和周邊的觀察都告訴我：成功有效帶領課外活動，需要一籃子專業知識、技能和心態。我較幸運，讀書時可從伊中校長、老師處「偷師」，但不是每位帶課外活動的老師都有這種機會，所以我在1970年代初被派往英國修讀如何培訓教師的課程[4]時，就已經在論文中提出應把「課外活動」加入基礎教師培訓課程之內。

---

2. 當時校長是創校的張維豐先生。張校長也十分積極推動中學課外活動。

3. 張校長以孫中山先生的「新四維」——忠孝、信義、仁愛、和平——作為四社名稱，相信也是希望通過課外活動培養品德修養的一個例子。

4. Diploma in the Education of Teachers Overseas (DETO), Manchester, U.K.

受訓回港後，調任教育學院。這正是本書各位作者「積極參與香港學校課外活動的發展及相關教師培訓工作[5]」的年代。跟着的十多年，見證了各教育學院的急速擴展及教師培訓課程的演化，「課外活動」有關的課題亦在這時期以不同形式、不同學科範疇、不同學院組織出現在教師基礎培訓，剛好和香港課外活動主任協會（下簡稱協會）的誕生和工作開展配合。

協會的成立、發展、貢獻，本書已有章節論述，不再重複了。只想借此對各位作者及協會表示欽佩，因我從工作經驗中知道[6]，把忙碌的老師聯繫組織起來、把關注的工作提升至專業層次、令教育當局確認教師團體的地位，都需要投入大量的精神、時間、毅力和誠意。

如書中說，教育專業團體就算曾經蓬勃發展，但到某階段，往往就會慢下來。回想所見所聞，團體可能已解決舊問題而失去動力，可能遇到新問題而未有對策，可能正在思索尋找下一步方向，也可能成員無暇兼顧而放慢。我從本書字裏行間似乎感覺協會也不例外，書中後半的章節內，就有不少有關協會近況論述和路向分析。

協會想解決什麼「舊問題」，從本書第七章明列的目的及會務可以見到：就是要促進課外活動主任及教師的專業化。這包括推動及改善課外活動質素；提供專業意見；促進專業發展；建立溝通支援網絡；出版印製書刊推廣協會宗旨；定期聯絡政府官員表達意見；組織考察交流，舉辦課程、講座、研討會以提升技巧能力，增加知識和改善態度；進行研究調查，發表統計資訊。協會努力經營了三十多年，以上提及的基本上已做到或已上軌道，教育當局亦早已正式確認學校課外活動的地位和課外活動主任的角色。如作者們所說：已形成了一個具專業識見的社群。

---

5. 見本書序言。
6. 我曾參與香港數理教育學會、香港教育研究學會、香港電腦教育學會的創立和初期發展，也在負責香港教師中心時見到過其他很多教師團體的發展。

協會遇到的「新問題」除了課外活動類別及形式愈來愈多之外，大多和「教改」有關。書內不少篇幅涉及過去二三十年香港及外地的教育改革，雖然認同需要，但似乎「彈多讚少」，覺得教改令課餘活動被擠壓與異化，與傳統課外活動由學生主導、老師協辦的初衷迥異：認為教改限制了課外活動的靈活性，扼殺了學生的自主空間；未能有效照顧學生的學習多樣性和學習差異，窒礙學生個性化發展，無視學生不同興趣和需要；擠壓了師生真正互動關懷和聆聽的時間，減少了老師透過課外活動輔導學生成長及促進師生關係的應有空間；影響老師放學後協助學生組織傳統課外活動的空間與熱誠；失卻了課外活動應有的教育功能，無助實踐全人教育的理想等。亦因中六生要應付沉重的文憑試，領袖生、社長等多由中五生擔任，打亂了學生領導才能培養的節奏。

「新問題」也包括「無暇兼顧」。教改之下的老師正如頗多其他行業的員工一樣，愈來愈忙、擔子愈來愈重。作者們見到由上而下推展的教改，政策既多且急，更號召「全社會動員」，令教育界、學校、老師，甚至連家長、學生也吃不消；老師「拋妻（夫）棄子（女）」，離鄉別井，疲於奔命，陷入困境；產生無力感；面對排山倒海的學校教學及行政工作，無暇兼顧會務；整個教育系統又未能支援。

我是當年學校課外活動的「受益人」，極希望將來學生如我一樣有課外活動幫助成長。再想，希望「如我一樣」並非最好。世界在變，教育在改，將來學校理應更完善，將來學校課外活動理應更能發揮它的功能。但上文提過的困難又如何克服呢？從這書中看得出，各位作者都正在努力為協會尋找新方向。

期待協會很快就可以在各方面有突破：可能是舉辦課程時，更聚焦提供具體技巧和方法協助解決在組織、推動及帶領課外活動時遇到的困難——探究思索什麼活動最好、怎樣引入/保留/提升這些活動；什麼做法會更好，怎樣獲得這些更好做法的所需知識、練成所需技巧、培養所需態度等；什麼政策程序更可善用學校投放的大量人力、物力、財力、時間，怎樣說服校方引入及落實這些政策

程序等。可能是定期聯絡政府官員時，不單只表達意見，而是幫助政府優化微調教改政策——包括減輕或去除書中提到的教改問題，令教育系統能夠支援協會，令「有心人」有暇兼顧會務等。可能是發展網絡時，不單只聯繫支援課外活動主任，亦成為跨校及跨界別協作平台。可能是進行學術研究時，不以描述性的調查統計和歸因分析為主[7]，而多探討因果和鑽研如何提供及帶領優質課外活動。可能是……相信協會內有心人的集體智慧一定會為會員學校及前線教育同工找到適切的前路。

評論嘉賓回應

---

7. 附錄二「學生活動教育文學碩士課程歷年學員的『學生活動專題研習』內容」記錄的57個專題，23%描述活動的情況或成效，16%統計參加或選擇活動的原因，14%調查活動的影響，12%探究困難挑戰及發展，11%調查對活動的觀感態度，另有兩個專題計算活動和學業成績/學習動機的相關係數。

參考文獻

中文參考文獻

九龍騷動調查委員會(1966)。《一九六六年九龍騷動調查委員會報告書》。香港：香港政府印務局。

中華人民共和國教育部(2017)。《中小學綜合實踐活動課程指導綱要》。見中華人民共和國教育部網站。【http://big5.www.gov.cn/gate/big5/www.gov.cn/xinwen/2017-10/30/content_5235316.htm（2020年2月13日瀏覽）】

中學中層管理研討會編輯員會(編)(1987)。《中學中層管理研討會報告書》。香港：九龍樂善堂。

方美賢(1975)。《香港早期教育發展史》。香港：中國學社。

方駿、麥肖玲、熊賢君(2006)。〈中學教育(庇理羅士女學校)〉。載方駿、麥肖玲、熊賢君(編)，《香港早期報紙教育資料選萃》(頁162)。長沙：湖南人民出版社。

方駿、熊賢君(2008)。《香港教育通史》。香港：齡記出版有限公司。

王惠玲(2006)。〈東華義學——促進香港平民教育〉。載冼玉儀、劉潤和(主編)，《益善行道：東華三院135周年紀念專題文集》，頁224–263。香港：三聯書店(香港)有限公司。

王齊樂(1996)。《香港中文教育發展史》。香港：三聯書店(香港)有限公司。

王賡武(1997)。《新編香港史》。香港：三聯書店(香港)有限公司。

丘愛鈴(2013)。〈南韓中小學課程改革評析及其對臺灣十二年一貫課程的啟示〉。《高雄師大學報》，第35期，頁47–64。高雄：國立高雄師範大學。

台灣教育部(2018)。《十二年國民基本教育課程綱要國民中小學暨普通型高級中等學校—綜合活動領域》及《十二年國民基本教育課程綱要技術型高級中等學校—綜合活動領域》。見台灣教育部網站。【https://edu.law.moe.gov.tw/LawContent.aspx?id=GL001819&KeyWord=活動領域（2020年2月13日瀏覽）】

白居雅(2006)。《沐恩百載、本信進前：聖士提反女子中學圖片歷史(1906–2006)》。香港：聖士提反女子中學。

池興周(1960)。〈徙置區教育之重要〉。《童聲》40期，頁46。

何子樑(1994)。〈課外活動與教育：教育署擔當的角色〉。載陳德恒(編)，《課外活動：香港課外活動主任會十週年文集》(頁21–27)。香港：廣角鏡出版社。

何惠儀、游子安(1996)。《教不倦：新界傳統教育的蛻變》。香港：香港區域市政局。

余敏聰（2006）。〈僑校童軍〉。《香港童軍》，2006年8月，268期，頁24。

吳昊（2000）。《亂世童真》。香港：南華星報出版。

吳倫霓霞（1997）。〈教育的回顧（上篇）〉。載王賡武（編），《香港史新編》（下冊）（頁417–463）。香港：三聯書店（香港）有限公司。

吳倫霓霞（1999）。〈香港教育的發展歷程〉。載顧明遠、杜祖貽（編），《香港教育的過去與未來》（頁696–715）。北京：人民教育出版社。

吳彭年（1999）。〈香港東華三院教育服務發展史略〉。載顧明遠、杜祖貽（編），《香港教育的過去與未來》（頁575–582）。北京：人民教育出版社。

庇理羅士女子中學（2010）。《庇理羅士女子中學120年流金歲月（1890–2010）》。香港：庇理羅士女子中學基金會。

李子建（2017）。〈21世紀技能教學與學生核心素養：趨勢與展望〉。《河北師範大學學報（教育科學版）》，19（3），頁72–76。

李子建、張樹娣、鄭保瑛（2018）。《再做一次幼稚園生——香港幼兒教育今昔》。香港：中華書局（香港）有限公司。

李臣之（2007）。《綜合實踐課程與教學論》。廣州：廣東高等教育出版社。

李坤崇（2003）。《綜合活動學習領域教材教法（第二版）》。台北：心理出版社。

李相勖、徐君梅、徐君藩（1936）。《課外活動》。上海：商務印書館。

李相勖、陳啟肅（譯）（1935）。《課外活動的組織與行政》。上海：商務印書館。

周昭和（2005）。《中學教師的課外活動觀探究》。未發表哲學博士論文。香港：香港中文大學。

周昭和、黃毅英（2000）。《從課外活動「持分」失衡看教育產品指標化的權力展現》。香港：香港中文大學教育學院香港教育研究所。後載曾榮光（編）（2005），《廿一世紀教育藍圖？香港特區教育改革議論》（頁369–408）。香港：香港中文大學出版社。

周祝瑛（2003）。《誰捉弄了臺灣教改？》。台北：心理出版社。

東華三院教育史略編纂委員會（1963）。《東華三院教育史略》。香港：香港東華三院壬寅年董事局。

林青華（2017）。〈香港學校音樂協會對香港音樂教育的貢獻〉。載周光蓁（編），《香港音樂的前世今生：香港早期音樂發展歷程（1930s–1950s）》（頁301–305）。香港：三聯書店（香港）有限公司。

星島日報（2001）。〈程介明：秤豬不等如養豬〉，2001年10月28日。【http://std.stheadline.com/daily/article/detail/1112298/日報（2019年9月29日瀏覽）

英華女學校校史委員會（編）（2001）。《百年樹人百載恩——英華女學校校史：1900–2000》。香港：英華女學校。

香港01（2018）。「港大數學研究所所長：香港學生課外活動太多　或窒礙培養創科人才」。1月8日。【www.hk01.com/社會新聞/147629/港大數學研究所所長-香港學生課外活動太多-或窒礙培養創科人才（2019年2月9日瀏覽）】

香港小童群益會、香港教育專業人員協會及教育學院畢業同學會（1979/1990/2002/2015）。《香港學童餘暇生活調查1979/1989/2003/2014》。香港：香港小童群益會、香港教育專業人員協會及教育學院畢業同學會。【2015調查發佈會撮要：https://www.hkptu.org/19605; www2.hkptu.org/event/leisure-forum/survey2014.pdf（2018年12月27日瀏覽）】

香港政府（1965）。《教育政策白皮書》。香港：政府印務局。

香港政府（1974）。《香港未來十年內之中等教育》。香港：政府印務局。

香港政府（1978a）。《高中及專上教育發展白皮書》。香港：政府印務局。

香港政府（1978b）。《香港1978》。香港：政府印務局。

香港政府（1984a）。《代議政制綠皮書》。香港：政府印務局。

香港政府（1984b）。《代議政制白皮書》。香港：政府印務局。

香港政府（1991/1992/1997/2000）。《香港1991/1992/1997/2000》。香港：政府印務局。

香港政府（1997）。《香港一九九七年：一九九六年的回顧》。香港：政府印務局。

香港師訓與師資諮詢委員會（2003）。《學習的專業　專業的學習：「教師專業能力理念架構」及教師持續專業發展》。香港：香港師訓與師資諮詢委員會。【www.edb.gov.hk/attachment/tc/teacher/qualification-training-development/development/cpd-teachers/interim%20report%20(chinese).pdf（2019年6月25日瀏覽）】

香港特別行政區政府（2017）。《2016年香港貧窮情況報告》。【www.povertyrelief.gov.hk/sim/pdf/Hong_Kong_Poverty_Situation_Report_2016(2017.11.17).pdf（2019年1月1日瀏覽）】

香港特別行政區政府（2018）。《行政長官2018年施政報告　堅定前行　燃點希望》。【www.policyaddress.gov.hk/2018/chi/policy.html（2019年2月7日瀏覽）】

香港基督教女青年會（2011）。《香港家庭讓子女參與課餘活動狀況調查研究》。香港：香港基督教女青年會。【報告摘要：https://www.ywca.org.hk/files/ywca/News/Press/香港家庭讓子女參與課餘活動狀況調查研究.pdf（2019年5月18日瀏覽）】

香港專上學生聯會（1983）。《香港學生運動回顧》。香港：廣角鏡出版社。

香港教育統籌科及教育署（1991）。《學校管理新措施：改善香港中小學教育質素的體制》。香港：教育統籌科及教育署。

香港課外活動主任協會(2004a)。《課外活動通訊》，2004年4月。

香港課外活動主任協會(2004b)。《課外活動通訊》，2004年11月。

容志超(1998)。〈從《青年世界》到《學潮》〉。載吳萱人(編)，《香港七十年代青年刊物回顧專集》(頁72–73)。香港：策劃組合出版社。

席慕蓉(2001)。〈貼近自然之心〉。載天下編輯(編)，《美的學習　捕捉看不見的競爭力：天下雜誌海闊天空教育特刊V》(頁112–115)。台北：天下雜誌。

真光中學(1937)。《真光校刊》第五卷一期。香港：真光中學。

真光中學(1939)。《真光校刊》第六卷二期。香港：真光中學。

真光中學(1940)。《真光校刊》第七卷四期。香港：真光中學。

馬鴻述、陳振名(1958)。《香港華僑教育》。香港：海外出版社。

張家偉(2012)。《六七暴動：香港戰後歷史的分水嶺》。香港：香港大學出版社。

張奠宙、鄭正亞(1995)。〈數學教育爭鳴十題〉。《數學教育學報》，第4卷第3期，頁1–7。後載張奠宙(編)(2003)。《數學教育經緯》(頁136–147)。南京：江蘇教育出版社。

教育局(2008)。〈新高中課程的「其他學習經驗」及「學生學習概覽」〉。教育局通函第163/2008號。香港：教育局。

教育局(2018a)。《幼稚園及幼稚園暨幼兒中心概覽》。香港：教育局。【https://www.chsc.hk/kindergarten/ (2019年1月1日瀏覽)】

教育局(2018b)。《戶外活動指引》(修訂本)。香港：教育局。【http://www.edb.gov.hk/FileManager/TC/Content_100/c_outdoor.pdf (2018年6月30日瀏覽)】

教育局(2018c)。〈香港賽馬會全方位學習基金(2018/19)〉。教育局通函第102/2018號。香港：教育局。

教育局(2018d)。〈校本課後學習及支援計劃2018/19學年〉。教育局通函第80/2018號。香港：教育局。

教育局(2018e)。〈制服團體及香港青年獎勵計劃推行的清貧學生隊員資助計劃〉。香港：教育局。【www.edb.gov.hk/tc/student-parents/support-subsidies/assistance-scheme/index.html (2018年9月16日瀏覽)】

教育局(2018f)。〈學生內地交流計劃(2018/19)概覽及簡介暨分享會〉。教育局通函第84/2018號。香港：教育局。

教育局(2018g)。〈姊妹學校計劃津貼〉。教育局通告第9/2018號。香港：教育局。

教育局（2018h）。〈2018/19學年『多元智能躍進計劃』〉。教育局通函第27/2018號。香港：教育局。

教育局（2018i）。《2017/18學年學生人數統計（幼稚園、小學及中學程度）》，2018年6月。香港：教育局。

教育統籌局（1998）。《與時並進　善用資訊科技學習：五年策略1998/99至2002/03》。香港：教育局。

教育統籌局（2003）。《質素保證視學報告2001–2002》。香港：教育局。【www.edb.gov.hk/tc/sch-admin/sch-quality-assurance/reports/insp annual-reports/annual-report2001-2002.html（2018年1月11日瀏覽）】

教育統籌局（2004）。《高中及高等教育新學制　第一階段諮詢文件》。香港：教育統籌局。【www.edb.gov.hk/attachment/tc/curriculum-development/cs-curriculum-doc-report/about-cs-curriculum-doc-report/main_c.pdf（2018年9月16日瀏覽）】

教育統籌局（2005）。《高中及高等教育新學制　投資香港未來的行動方案》。香港：教育統籌局。

教育統籌委員會（1984/1986/1988/1990/1992/1996/1997）。《教育統籌委員會第一／二／三／四／五／六／七號報告書》。香港：政府印務局。

教育統籌委員會（1999a）。《廿一世紀教育藍圖　教育制度檢討：教育目標》。香港：政府印務局。

教育統籌委員會（1999b）。《教育制度檢討：教育改革建議　終身學習 自強不息》。香港：政府印務局。

教育統籌委員會（1999c）。《教育改革建議專題研討會參考文件》。香港：政府印務局。【www.legco.gov.hk/yr99-00/chinese/panels/ed/papers/342c01.pdf（2018年9月16日瀏覽）】

教育統籌委員會（2000）。《終身學習　全人發展——香港教育制度改革建議》。香港：政府印務局。

教育署（1981）。《學校德育指引》。香港：香港政府。

教育署（1982）。《香港教育制度全面檢討》。香港：香港政府。

教育署（1984）。《品德教育參考資料》。香港：香港政府。

教育署（1995）。《小學活動教學——教學指引》。香港：香港政府。

教育署（1996）。《戶外活動指引》。香港：香港政府。

教育署（1997）。《學校課外活動指引》。香港：香港政府。

教育署（1998）。《學校教育質素保證表現指標》。香港：香港政府。

教育署（2000）。《日新求進　問責承擔：為學校創建專業新文化》。香港：香港政府。

教師及校長專業發展委員會(2018)。〈T-標準⁺〉。【www.cotap.hk/images/T-standard/Teacher/香港教師專業標準參照.pdf(2020年9月22日瀏覽)】

梁一鳴(2017)。〈香港殖民時代教育政策秘聞〉。【www.master-insight.com/梁一鳴-香港殖民時代教育政策秘聞/(2018年9月16日瀏覽)】

梁植穎(2018)。《官立英皇書院創校160週年紀念文獻圖片集》。香港:明報出版社。

梁操雅、丁新豹、羅天佑、羅慧燕(2011)。《教育與承傳(二)——南來諸校的口述故事》。香港:香港教育圖書公司。

梁操雅、羅天佑(編著)(2017)。《香港考評文化的承與變:從強調篩選到反映能力》。香港:商務印書館。

郭元祥(2013)。《綜合實踐活動課程與教學論》。北京:人民教育出版社。

郭少棠(編)(2010)。《健民百年——南華體育會一百周年會慶特刊》。香港:南華體育會。

陳奎憙(1971)。〈國民中學課程發展之研究〉。《國立臺灣師範大學教育研究所集刊》第13卷,頁367–484。

陳若敏(1986)。《中學行政理論與實踐》。香港:廣角鏡出版社。

陳德恒(編)(1994)。《課外活動:香港課外活動主任會十週年文集》。香港:廣角鏡出版社。

陳慕華著,馮以浤(譯)(2017)。《林護——孫中山背後的香港建築商》。香港:香港中文大學出版社。

陳讚煌(譯)(1968)。《集合論與拓撲學導論》。台北:中央書局。

陶淑女子中學(1933,1949)。《陶淑女子中學校刊》。香港:陶淑女子中學。

陸鴻基(2010)。《心靈何價?資本主義全球化下的教育與心靈——基督宗教與中華文化傳統的回應》。香港:香港中文大學崇基學院神學組。

陸鴻基(2016)。《坐看雲起時:一本香港人的教協史》。香港:香港城市大學出版社。

國際教育顧問團(1982)。《香港教育透視國際教育顧問團報告書》。香港:國際教育顧問團。

曾永康(2001)。〈課外活動的定位與中、小學課外活動主任的角色〉。《課外活動通訊》21期,頁1–2。

曾永康(2002a)。〈學校外聘課外活動導師帶來的機遇與隱憂〉。《課外活動通訊》24期,頁7。

曾永康(2002b)。〈再談課外活動在學校課程中的定位與角色〉。《課外活動通訊》23期,頁2–3。

曾永康(2002c)。〈解構「課外活動」/「經驗學習」的本質,促進學生全人發展——建構線上/線下/混合活動模式(Blended Mode of Activities)〉。香港課外活動主任協會《課外活動通訊》,44期,頁6–9。

參考文獻

曾永康（2003）。〈《質素保證視學週年報告2001–2002》中小學課外活動視學報告帶來的啟示與 E-C-A學校教育質素管理模式〉。《課外活動通訊》25期，頁4–10。

曾永康（2008）。《學生活動風險評估與管理》。香港：香港課外活動主任協會。

曾永康（2009）。〈跨科知識的平台，多元能力的搖籃——綜合實踐活動課程成中小學課程改革熱點〉。《課外活動通訊》37期，頁6–7。

曾永康（2014）。〈從課外活動到學生活動〉。《香港教育研究所通訊》2014年11月，第37期，頁8。香港：香港中文大學香港教育研究所。

曾永康、洪楚英、朱惠玲（編）（2006）。《課外活動：探究與管理（香港課外活動主任協會20週年文集）》。香港：香港課外活動主任協會、香港中文大學香港教育研究所。

曾榮光（1984）。〈教育專業與教師專業化：一個社會學的闡釋〉。《香港中文大學教育學報》第12卷第1期，頁23–41。

曾榮光（1997）。《教統會第七號報告書》的深層意義：市場效率的膜拜〉。香港：香港中文大學香港教育研究所。

曾榮光（2000）。《香港教育政策分析：社會學的視域》。香港：三聯書店（香港）有限公司。

程翔（2018）。《香港六七暴動始末：解讀吳荻舟》。香港：牛津大學出版社。

馮以浤（1978）。〈金禧事件評述〉。《明報月刊》7月號，頁93–97。

馮以浤（編）（1983）。《課外活動中學校長研討會專刊》。香港：教育署及香港中文大學教育學院。

馮以浤（1986）。《小學課外活動》。香港：廣角鏡出版社。

馮以浤（1987）。《中學課外活動的理論與實踐》。香港：廣角鏡出版社。

馮以浤（1988）。《課外活動研究》。香港：廣角鏡出版社。

馮以浤（2015）。《小河淌水——退休教師憶流年》。香港：青田教育中心。

馮以浤、黃毅英、劉錦民、黃光啟（1994）。〈香港中學課外活動調查報告〉。載陳德恒（編），《課外活動：香港課外活動主任會十週年文集》（頁67–99）。香港：廣角鏡出版社。

馮穎賢（1986）。《校政民主化》。香港：香港基督教協進會。

黃漢勛（1954）。〈本會三十三年來概述〉。載《香港精武三十三週年紀念特刊》（頁16–18）。香港：香港精武體育會。

黃漢超（2002）。《中國近百年螳螂拳術史述論稿》。香港：天地圖書。

黃毅英（1982）。〈一個校內成長計劃個案〉。載廣角鏡出版社（編），《教育問題面面觀》（頁107–112）。香港：廣角鏡出版社。

黃毅英(1994a)。〈問答與數學教學〉。《數學傳播》70期，頁66-80。後載黃毅英(編)(1997)，《邁向大眾數學之數學教育》(頁123-152)。台北：九章出版社。

黃毅英(1994b)。〈學校課外活動之發展——回顧與展望〉。載陳德恒(編)，《課外活動：香港課外活動主任會十週年文集》(頁8-14)。香港：廣角鏡出版社。

黃毅英(1995)。〈普及教育期與後普及教育期的香港數學教育〉。載蕭文強(編)，《香港數學教育的回顧與前瞻》，頁69-87。香港：香港大學出版社。

黃毅英(2000)。〈活動課程、義務教育與社會進展〉。載楊慶餘(編)，《現代道德教育》(頁63-66)。上海：學林出版社。

黃毅英(2001)。〈從兩岸三地考試文化看教改困局〉。《聯合報》2月4日。

黃毅英(2008)。〈不叫它課外活動又如何？——我們究竟珍惜課外活動的什麼呢？〉。《課外活動通訊》35期，頁6-7。香港：香港課外活動主任協會。

黃毅英(2014)。《再闖「數教路」：課改下的香港數學教育》。香港：香港數學教育學會。

黃毅英、列志佳(2001)。〈香港戰後數學教育大事年表〉。載黃毅英(編)，《香港近半世紀漫漫「數教路」：從「新數學」談起》(頁115-143)。香港：香港數學教育學會。

黃毅英、周昭和(2002)。〈課外活動、非正式課程與全方位學習〉。《課外活動通訊》，24期，頁3-6。後載曾永康、洪楚英、朱惠玲(編)(2006)，《課外活動：探究與管理》(頁43-58)。香港：香港中文大學教育學院香港教育研究所。

黃毅英、林智中(1996)。《高小及中學學生家長對課外活動的態度調查報告》。香港：教育署。

黃毅英、張僑平、丁銳、李瓊、張爽、許家齡、楊光、韓繼偉(2010)。《教授現在告訴你！——如何開展教育研究？》。武漢：華中師範大學出版社。

黃毅英、梁玉麟、鄧國俊、陳詠心(2009)。《香港數學教育專業知識基礎的集體追求》。香港：香港數學教育學會。

黃毅英、梁幗慧、朱嘉穎、龔萬聲(2011)。〈教改下的課外活動〉。《第十三屆兩岸三地課程理論研討會——課程與教學的探究基礎：為何與何為》10/2。香港：香港中文大學教育學院。

黃毅英、馮以浤(1993)。〈中學課外活動的發展〉。載黃顯華、戴希立(編)，《香港教育——邁向2000年》(頁125-136)。香港：商務印書館。

黃毅英、黃家鳴(1997)。〈十地區數學教育課程標準〉。《數學傳播》82期，頁28-44。

黃毅英、黃慧英(2000)。〈「儒家文化圈」學習現象研究之反思〉。《課程論壇》9卷2期，頁73-81。後載於黃慧英(編)(2005)，《儒家倫理：體與用》(頁324-335)。上海：三聯書店。

黃毅英、韓繼偉、王倩婷(2005)。〈數學觀與數學教育〉。載黃毅英(編)，《迎接新世紀：重新檢視香港數學教育——蕭文強教授榮休文集》(頁77 99)。香港：香港數學教育學會。

黃毅英、韓繼偉、李秉彝（2005）。〈數學課程：趨向全球化還是趨向西方化〉。載范良火、黃毅英、蔡金法、李士錡（編），《華人如何學習數學》（頁24–61）。南京：江蘇教育出版社。

黃毅英、顏明仁、霍秉坤、鄧國俊、黃家樂（2009）。〈從香港數學課程發展的歷史經驗透視當前課程發展與決策的幾個問題〉。《課程研究》4卷2期，頁57–80。

黃顯華（1994）。〈課外活動：定義與研究展望〉。載陳德恒（編），《課外活動：香港課外活動主任協會十週年文集》（頁1–7）。香港：廣角鏡出版社。

黃顯華（1996）。《九年免費強迫教育研究報告書，卷一：目標和實施》。香港：香港中文大學教育學院、香港大學教育學院。

黃顯華、馮以浤（1993）。〈小學課外活動的發展〉。載黃顯華、戴希立（編），《香港教育——邁向2000年》（頁137–156）。香港：商務印書館。

楊極東（1990）。〈課外活動意義、發展與教育功能〉。載教育部訓育委員會（編），《大專課外活動工作手冊》（頁1–4）。台北：教育部訓育委員會。

楊寶乾（1959）。《談課外活動》。台北：教育部僑民教育委員會。

葉蔭榮，馮智政（2019）。《「體驗式學習」活動成效研究——第一階段報告》。香港：香港政策研究所研究中心、大教育平台。

精武體育會（1919）。《精武本紀》。香港：精武體育會。

劉紹麟（2001）。《古樹英華——英華書院校史》。香港：英華書院校友會有限公司。

劉蜀永（2016）。《簡明香港史（第三版）》。香港：三聯書店（香港）有限公司。

劉蔚之（2015）。〈中國留美教育學者的知識學習與轉化——以哥倫比亞大學師範學院為對象（1930–1950）〉。《市北教育學刊》51期，頁49–88。

歐用生（1994）。〈日本綜合學習課程之分析〉。《國立臺北教育大學學報》，第18卷第2期（94年9月），頁1–24。

蓮華［黃毅英］（1994）。〈學校與流行文化〉。載青年事務委員會。《大眾傳媒與青少年》（頁110–114）。香港：青年事務委員會。

蓮華（1996）。〈中學生流行消遣九六〉。《信報‧教育眼》。11月23日。

蔡榮婷（1986）。《禪師啟悟法》。台北：文殊出版社。

蔡碧璉（2000）。〈藏息相輔的課外活動〉。《雙語詞、學術名詞暨辭書資訊網》。台北：國家教育研究院。【http://terms.naer.edu.tw/detail/1315211/?index=1（2019年2月18日瀏覽）】

蔡寶瓊、黃家鳴（編）（2002）。《姨媽姑爹論盡教改》。香港：進一步出版社。

課程教材研究所（編）（2001）。《20世紀中國中小學課程標準・教學大綱匯編：課程（教學）計劃卷》。北京：人民教育出版社。

課程發展委員會（1985）。《學校公民教育指引》。香港：香港政府。

課程發展委員會（1986）。《學校性教育指引》。香港：香港政府。

課程發展議會（1992）。《學校環境教育指引》。香港：香港政府。

課程發展議會（1996）。《學校公民教育指引》。香港：香港政府。

課程發展議會（1997）。《學校性教育指引》。香港：香港政府。

課程發展議會（1999a）。《學校環境教育指引》。香港：香港政府。

課程發展議會（1999b）。《香港學校課程的整體檢視報告》。香港：香港課程發展議會。

課程發展議會（2000）。《學會學習：課程發展路向》諮詢文件。香港：政府印務局。

課程發展議會（2001）。《學會學習：課程發展路向》。香港：政府印務局。

課程發展議會（2002）。《基礎教育課程指引——各盡所能・發揮所長（小一至中三）》。香港：香港課程發展議會。

課程發展議會（2009）。《高中課程指引》。第五B冊：「學生學習概覽　彰顯全人發展」。香港：香港課程發展議會。

課程發展議會（2014）。《基礎教育課程指引　聚焦、深化、持續（小一至小六）》。香港：香港課程發展議會。

課程發展議會（2017a）。《中學教育課程指引》。香港：香港課程發展議會。

課程發展議會（2017b）。《幼稚園教育課程指引——遊戲學習好開始　均衡發展助成長》。香港：香港課程發展議會。

鄧國俊、黃毅英、霍秉坤、顏明仁、黃家樂（2006）。《香港近半世紀漫漫「小學數教路」：現代化、本土化、普及化、規範化與專業化》。香港：香港數學教育學會。再版：2010。

鄭毓信（2002）。〈文化視角下的中國教育〉。《課程・教材・教法》2005年第10期，頁44–50。

鄭毓信（2012）。〈動態與省思：聚焦數學教育〉。《中學數學月刊》11期，頁1–4。

鄭肇楨（1985）。〈遊戲與學習〉。載鄭肇楨（編），《教育途徑的拓展》（頁183–190）。香港：廣角鏡出版社。

鄭燕祥（2017）。《香港教改：三部變奏》。香港：中華書局（香港）有限公司。

魯言(1984)。《香港掌故(第二集)》。香港：廣角鏡出版社。

學生能力國際評估計劃——香港中心(2012)。《HKPISA通訊》13期，頁1–3。

盧一威、伍世傑、韓笑(2016)。〈由PISA結果看課外活動與全人發展〉。《香港高等教育》。香港：中華書局。

盧煒昌(1955)。《「新武化」：我的拳術意見百則》。香港：香港漢勛健身學院。

蕭宗六(1994)。《學校管理學》。北京：人民教育出版社。

錢貴晴(2004)。《綜合實踐活動課程與教學論》，北京：首都師範大學出版社。

謝均才(1997)。〈香港中學的課外活動和公民教育〉。《教育研究學報》，第12卷第1期，頁117–122。

謝振強(1993)。〈小學活動教學〉。載黃顯華、戴希立(編)，《香港教育邁向2000年》(頁180–191)。香港：商務印書館。

鍾宇平，黃顯華(1988)。《學校私營化：理論，效果與抉擇》。香港：小島文化。

顏明仁、黃毅英、林智中(1997)。《沙田區小學課餘生活調查報告》。香港：沙田區議會。

羅慧燕(2015)。《藍天樹下：新界鄉村學校》。香港：三聯書店(香港)有限公司。

譚萬鈞(1999)。〈香港的私立學校〉。載顧明遠、杜祖貽(編)，《香港教育的過去與未來》(頁547–566)。北京：人民教育出版社。

龔萬聲(2012)。《在中學課外活動增強學生聲音對學生態度變化的探究》。未發表教育博士論文。香港：香港中文大學。

龔萬聲(2013)。〈學生聲音〉。載羅浩源、張僑平、林智中(編)，《漫漫教育路——黃毅英教授退休文集》(頁110–120)。香港：香港數學教育學會。

龔萬聲、胡漢基、朱惠玲、文達聰(2014)。《香港小學課外活動(2014)調查報告》。香港：香港課外活動主任協會及香港中文大學學生活動教育文學碩士課程畢業同學會。

龔萬聲、黃毅英(2019)。〈課外活動的家長聲音〉。《課外活動通訊》，43期，頁10–13。

龔萬聲、鄭金洪(2013)。《香港中學課外活動(2009–2012)調查報告》。香港：香港課外活動主任協會及香港中文大學學生活動教育文學碩士課程畢業同學會。

龔萬聲、鄭金洪(2018)。《香港中學課外活動(2017)調查報告》。香港：香港課外活動主任協會。

英文參考文獻

Archer, M. S. (1984). *Social origins of educational systems (university edition).* London: Sage.

Bach, M. L. (1961). Factors related to student participation in campus social organization. *Journal of Social Psychology, 54*, 337–348.

Ball, S. J. (1998). Global trends in educational reform and the struggle for the soul of the teacher! Lecture by Wei Lun visiting professor. Hong Kong: The Chinese University of Hong Kong.

Barker, K. (2006). *Celebrate a century's grace, go forward in faith: An illustrated history of St. Stephen's Girls' College, Hong Kong, 1906–2006.* Hong Kong: St. Stephen's Girls' College.

Bedichek, R. (1931). *Interschool contests. Junior-Senior High School Clearing House, 6*(2), 83–89.

Beker, J. (1960). The influence of school camping on the self-concepts and social relationships of Sixth Grade school children. *Journal of Educational Psychology,* 51, 352–356.

Belfour, C. S. (1937). Non-athletic high-school contests: 40,000 orchestras 600,000 debaters. *The Clearing House: A Journal of Educational Strategies, Issues and Ideas, 12*(2), 81–85.

Bell, J. W. (1964). School dropouts and school activities. *School Activities, 35*, 4–7.

Bellingrath, G. C. (1930). *Qualities associated with leadership in the extra-curricular activities of the high school.* New York: Teachers college, Columbia University.

Bernstein, B. (1971). On the classification and framing of educational knowledge. In M. F. D. Young (Ed.), *Knowledge and Control. New Directions for the Sociology of Education* (pp. 47– 69). London: Collier-Macmillan.

Bickley, G. (2002). *The development of education in Hong Kong 1841–1897: As revealed by the early education reports of the Hong Kong Government.* Hong Kong: Proverse.

Blackshaw, T. (2003). *Leisure life: Myth, masculinity and modernity.* New York: Routledge.

Bossing, N. L. (1955). *Principles of secondary education (2nd ed.).* Englewood Cliffs, New Jersey: Prentice-Hall.

Bray, M. (2007). *The shadow education system: Private tutoring and its implications for planners (2nd ed.).* Paris, France: International Institute for Educational Planning, UNESCO.

Breeze, R. E. (1924). Extra-curricular activities and classroom achievements. *Peabody Journal of Education, 1*(6), 344–346.

Briggs, T. H. (1922). Extra-curricular activities in junior high schools. *Educational Administration and Supervision, 8*(1), 1–9.

Bringegar, H. F. (1955). Pupil attitudes towards extracurricular activities. *School review, 63*, 432–437.

Brown, M. (1933). *Leadership among high school pupils*. New York: Teachers College, Columbia University.

Brown, P. (1997). Cultural capital and social exclusion: Some observations on recent trends in education, employment and the labour market. In A. H. Halsey, H. Lauder, P. Brown & A. S. Wells (Eds.), *Education: culture, economy and society* (pp. 736–749). Oxford: Oxford University.

Burney, E. (1935). *Report on education in Hong Kong*. Hong Kong. Hong Kong Government.

Byrns, R. (1930). Concerning college grades. *School and Society, 31*, 684–686.

Chakraborty, S. (2013). Deskilling of the teaching profession. In J. Ainsworth (Ed.), *Sociology of education: An A-to-Z guide* (Vol. 1, pp. 184–186). Thousand Oaks, California: SAGE Publications. doi: 10.4135/9781452276151.n106

Chapin, F. S. (1929). *Extra-curricular activities at the University of Minnesota*. Minneapolis, Minnesota: Minnesota University Press.

Cheng, Y. C. (2005). Globalization and education reforms in Hong Kong: Paradigm shifts. In: J. Zajda (Ed.), *International handbook on globalisation, education and policy research: Global pedagogies and policies* (pp. 165–187). Dordrecht: Springer.

Chiu, C. Y., & Lau, E. Y. H. (2018). Extracurricular participation and young children's outcomes in Hong Kong: Maternal involvement as a moderator. *Children and Youth Services Review, 88*, 476–485.

Clem, O. M., & Dodge, S. G. (1933). The relationship of high school leadership and scholarship to post-school success. *Peabody Journal of Education, 10*, 321–329.

Constance, C. L. (1929). Greeks of the campus. *School and Society, 30*, 409–414. September.

Coombs, P. H., Prosser, R. C., & Ahmed, M. (1973). *New paths to learning for rural children and youth*. New York: International Council for Educational Development.

Corcoran, J. P. (1937). The correlation between school subject achievement and participation in extra-curricular activities. *Catholic Education Review, 35*, 96–105.

Cowell, C. C. (1960). The contributions of physical activity to social development. *Research Quarterly, 31*, 286–306.

Davalos, D. B., Chavez, E. L., & Guardiola, R. J. (1999). The effects of extracurricular activity, ethnic identification, and perception of school on student dropout rates. *Hispanic Journal of Behavioral Sciences, 21*(1), 61–77.

Department for Education and Employment and Qualifications and Curriculum Authority. (2000). *National curriculum*. London: H.S.M.O.

Department of Education and Sciences and the Welsh Office. (1991). *National curriculum*. London: H.S.M.O.

Dey, S., Bagchi, A., Bose, S., Tulsiyan, V., Chakraborti, S., Choudhury, A., Dutta, A., Tiwari, V. K., Shree, S. M., & Rana, T. K. (2017). Green energy powered smart village school. Paper presented at the 2017 8th IEEE Annual Information Technology, Electronics and Mobile Communication Conference (IEMCON). DOI: 10.1109/IEMCON.2017.8117216.

Dienes, Z. P. (1961). *Building up mathematics*. London: Hutchinson Educational Ltd.

Eash, M. J. (1960). The school program: Nonclass experience. *Review of Educational Research, 30*, 57–66.

Eidsome, R. M. (1963). High School Athletes Are Brighter. *School Activities, 35*, 75–77. November.

Eisner, E.W. (1985). *The education imagination: On the design and evaluation of school programs* (3rd ed.). New York: MacMillan.

Eitel, E. J. (1867/1871/1878/1880/1881/1882/1883/1884/1885/1892). *Annual report on the State of Government schools in Hong Kong for the year of 1867/1871/1878/1880/1881/1882/1883/1884/1885/18 92*. Hong Kong: Government Printer.

Eitel, E. J. (1894). Annual report for education in the year 1893. *Hong Kong Gazette, 1892 Nov 19*.

Eitel, E. J. (1895). *Europe in China: the history of Hong Kong from the beginning to the year 1882*. London: Luzac & Company.

Endacott, G. B. (1964). *A history of Hong Kong* (2nd ed.). Hong Kong: Oxford University Press.

Etzioni, A. (1969). Preface. In A. Etzioni (Ed.), *The semi-professions and their organization: Teachers, nurses, social workers* (pp. 5–18). New York: The Free Press.

Faunce, R. C. (1954). Schools for adolescents: Nonclass experience. *Review of Educational Research, 24*, 66–73.

Faunce, R. C. (1960). Extracurricular activities. In C. W. Harris (Ed.), *Encyclopedia of educational research* (3rd ed.) (pp. 506–510). New York: MacMillan.

Featherstone, W. T, & Diocesan Boys' School. (1930). *The Diocesan Boys School and Orphanage, Hong Kong: The history and records, 1869 to 1929*. Hong Kong: Diocesan Boys School.

Fielding, M. (2004). "New wave" student voice and the renewal of civic society. *London Review of Education, 2*(3), 197–217.

Fingers, J. A. Jr. (1966). Culture involvement, academic motivation and youth. *School Review, 74*,177–195.

Fisher, N. G. (1950). *A report on government expenditure in education in Hong Kong.* Hong Kong: Noronha, Government Printers.

Fozzard, P. R. (1967). *Out-of-class activities and civic education: A study.* Strasbourg: Council for Cultural Co-operation, Council of Europe.

Frederick, R. W. (1959). *The third curriculum.* New York: Apleton Century Crofts, Inc.

Fretwell, F. K. (1931). *Extracurricular activities in secondary schools.* Boston: Houghton Mifflin.

Fung, C. M. [馮志明] (2002). Campus activism in defense of China and Hong Kong, 1937–1941. In K. C. Chan Lau [陳劉潔貞], & P. Cunich (Eds.), *An Impossible dream: Hong Kong University from foundation to re-establishment, 1910–1950* (pp. 175–192). Hong Kong: Oxford University Press.

Fung, K. W. [馮嘉和] (2008). The development and expansion of extra-curricular activities in Hong Kong secondary schools. Unpublished M. Phil. Dissertation. Hong Kong: The Chinese University of Hong Kong.

Fung, Y. W. [馮以浤] (1990). Effects of hall residence on leisure activities and student activism in the 70's. *CUHK Education Journal, 18*(1), 89–94.

Fung, Y. W. (1966). *Extracurricular activities: Experimental studies of the attitudes and participation of Hong Kong fifth form students.* Unpublished M.Ed. dissertation. Hong Kong: The University of Hong Kong. Retrieved from http://hdl.handle.net/10722/40755

Fung, Y. W., & Chan-Yeung M. W. M. [陳慕華] (2009). *To serve and lead: A history of the Diocesan Boys' School, Hong Kong.* Hong Kong: Hong Kong University Press.

Fung, Y. W., & Wong, N. Y. [黃毅英] (1992). Involvement in extracurricular activities as related to academic performance, personality and peer acceptance. *CUHK Education Journal, 19*(2), 155–160.

Gadbois, S. & Bowker A. (2007). Gender differences in the relationships between extracurricular activities participation, self-description, and domain-specific and general self-esteem. *Sex Roles: A Journal of Research, 56*(9–10), 675–689. Retrieved February 13, 2019, from https://doi.org/10.1007/s11199-007-9211-7.

Garrison, K. C. (1933). A study of some factors related to leadership in high school. *Peabody Journal of Education, 11*(1), 11–17.

Gianferante, M. G. (1951). *A study of the extent of participation in the extracurricular activities by junior high school students and the relation of such activity to personality adjustment.* Unpublished Master's Thesis. Boston: Boston University.

香港學校課外活動發展史

Goldberg, M. H. (1946). Extra-curricular activities. *The Journal of Higher Education, 17*(5), 257–262.

Goldman, R. (1958). Adventure and Responsibility. *Educational Review, 10*, 199–210.

Good, C. V. (1945). *Dictionary of education*. New York: McGraw-Hill.

Gruth, W. T., & Douglass, H. R. (1956). *The modern junior high school* (2nd ed.). New York: The Ronald Press.

Haensly, P. A., Lupkowski, A. E., & Edlind, E. P. (1985). The role of extracurricular activities in education. *The High School Journal, 69*(2), 110–119.

Hamilton, H. (1959). The educational value of the extra curriculum. *National Association of Secondary School Principals Bulletin, 43*, 132–136.

Hare, A. P. (1955). An evaluation of extra-curriculum activities. *School Review, 63*, 164–168.

Hartnett, R. T. (1965). Involvement in extra-curricular activities as a factor in academic performance. *Journal of College Student Development, 6*(5), 272–274.

Harwood, H. M. (1918). Extra-curricular activities in high schools. *The School Review, 26*(4), 273–281.

Hayes, W. J. (1930). *Some factors influencing participation in voluntary school group activities: A case study of one high school*. New York: Teachers College, Columbia University.

Hieble, J. (1938). Language learning through extra-curricular activities. *The Modern Language Journal, 22*(8), 584–585.

Hinton, A. (1964). Extra-curricular activities and student development. *Journal of Education, 22*, 24–29.

Hirst, P. H., & Peters, R. S. (1970). *The logic of education*. London: Routledge & Kegan Paul.

HKU Centre for Suicide Research and Prevention. (2005). *Prevention of suicide is everybody's business*. Hong Kong: HKU Centre for Suicide Research and Prevention.

Hobson, C. S. (1923). An experiment in organization and administration of high-school extra-curricular activities. *The School Review, 31*(2), 116–124.

Jacobsen, J. M. (1931). Athletes and scholarship in the high school. *School Review, 39*, 280–287.

Johnston, E. G., Faunce, R. C. (1952). *Student activities in secondary schools*. New York: The Ronald Press Company.

Jones, G. (1925). Three principles underlying the administration of extra-curricular activities. *The School Review, 33*(7), 510–522.

Jordan, R. H. (1928). *Extra-classroom activities in elementary and secondary schools.* New York: Thomas Y. Crowell Company.

Joseph, A. (1942). Developing a sourcebook of extra-curricular activities in physical science for senior high schools. *Science Education, 26*(2), 84–93.

Karweit, N. (1983). Extracurricular activities and friendship selection. In J. L. Epstein & N. Karweit (Eds.), *Friends in school; Patterns of selection and influence in secondary schools* (pp. 131–139). New York: Academic Press.

Keating, W. T. (1961). Scholarship of participants in high school football. *The Athletic Journal, 41*, 11.

Kievit, M. B. (1965). Social participation and social adjustment. *Journal of Educational Research, 58*, 303–306.

Knox J. E., & Davis, R. A. (1929). The Scholarship of University Students Participating in Extra-curricular Activities. *Education Administrators and Supervisors, 15*, 481–493. October.

Kwok, B. W. C. [郭偉祥] (1989). *A study of the relationship between participation in extracurricular activities and academic performance with reference to form three students.* Unpublished M.A. (Ed.) dissertation. Hong Kong: The Chinese University of Hong Kong.

Lam, S. F. [藍新福], & Chang, J. W. [張維] (2006) (ed.). *The quest for gold: Fifty years of amateur sports in Hong Kong, 1947–1997.* Hong Kong: United League Graphic and Printing Co. Ltd.

Lau, K. C. [劉桂焯] (1940). *The formulation of a plan to be proposed to the faculty of Lingnan Middle School, Hong Kong, for the improvement of extra-curricular activities in the school and for the guidance of pupil participation in these activities.* Ed.D. thesis. New York,: Teachers college, Columbia University.

Lau, Y. H. E. [劉怡虹], & Cheng, P. W. D. [鄭佩華] (2014). An exploration of the participation of kindergarten-aged Hong Kong children in extra curricular activities. *Journal of Early Childhood Research, 14*(3), 294–309. Retrieved February 13, 2019, from https://doi.org/10.1177/1476718X14552873.

Law, W. W. [羅永華] (2004). Translating globalization and democratization into local policy: Educational reform in Hong Kong and Taiwan. *International Review of Education, 50*, 497.

Lawler, V. (1952). Extracurricular music activities. *The Bulletin of the National Association of Secondary School Principals, 36*(184), 177–186.

Leung, M. K. W. [梁幗慧] (2014). *Implementation of other learning experiences of the new senior secondary curriculum in Hong Kong schools.* Unpublished Ed.D. thesis. Hong Kong: The Chinese University of Hong Kong.

Leung, S. [梁兆棠] (1996). *Teachers' and pupils' participation in extracurricular activities in primary schools in Hong Kong.* Unpublished Master thesis. Hong Kong: University of Hong Kong.

Lin, A. H. Y. [連浩鋈] (2002). The founding of the University of Hong Kong: British imperial ideals and Chinese practical common sense. In K. C. Chan Lau, & P. Cunich (Eds.), *An impossible dream: Hong Kong University from foundation to reestablishment, 1910–1950* (pp. 1–22). Hong Kong: Oxford University Press.

Livingston, A. H. (1958). High school graduates and dropouts–a new look at a persistent problem. *School Review, 66*, 195–203.

Llewellyn, J., Hancock, G., Kirst, M., & Roeloffs, K. (1982). *A Perspective on Education in Hong Kong: Report by a visiting panel.* Hong Kong: Government.

Ma, A. [馬卓珊] (2018). China is building a vast civilian surveillance network–Here are 10 ways it could be feeding its creepy "social credit system". *Business Insider.* Retrieved September 9, 2018, from http://www.businessinsider.com/how-china-is-watching-its-citizens-in-a-modern-surveillance-state-2018-4

Mahoney, J. L. (2000). School extracurricular activity participation as a moderator in the development of antisocial patterns. Child Development, 71(2), 502–516.

Mak, G. C. L. [麥肖玲] (1996). Primary and secondary education. In M. K. Nyaw [饒美蛟], & S. M. Li, [李思名] (Eds.), *The other Hong Kong report 1996* (pp. 389–407). Hong Kong: Chinese University Press.

McCaslin, R. E. (1958). *A study of extra-curricular activities in three secondary schools of Baltimore country.* Unpublished Doctor's thesis. College Park, Maryland: University of Maryland. Abstract: *Dissertation Abstracts, 19*(1), 79.

Mccormack, M. H. (1984). *What they don't teach you at Harvard Business School.* New York: Bantam Books.

McKown, H. C. (1929). *School clubs, their organization, administration, supervision, and activities.* New York: Macmillan.

McKown, H. C. (1938). *Activities in the elementary school.* New York: McGraw-Hill.

McKown, H. C. (1944). *The student council.* New York: McGraw-Hill.

McKown, H. C. (1952). *Extracurricular activities* (3rd ed.). New York: Macmillan.

Mehus, O. M. (1932). Extracurricular activities and academic achievement. *The Journal of Educational Sociology, 6*(3), 143–149.

Meyer, H. D. (1926). *A handbook of extra-curricular activities in the high school: Especially adapted to the needs of the small high school.* New York: A.S. Barnes.

Millard, C. V. (1930). *The organization and administration of extra curricular activities.* New York: A.S. Barnes.

參
考
文
獻

Miller, F. A., Moyer, J., & Patrick, R. B. (1956). Planning student activities. Englewood Cliffs: Prentice-Hall, Inc.

Moller, N., & Asher, W. (1968). Comment on "a comparison of dropouts and nondropouts on participation in school activities". *Psychological Reports, 22* (3rd supplement), 1243–1244.

Monroe, W. S. (1929). The effect of participation in extra-curriculum activities on scholarship in the high school. *School Review, 37,* 747–752.

National Commission and Excellence in Education. (1983). A nation at risk. Washington DC: U.S. Government Printing Office.

National Research Council. (1989). *Everybody counts: A report to the Nation on the future of mathematics education).* Washington DC: National Academy Press.

Ng Lun Ngai-ha [吳倫霓霞] (1984). *Interactions of East and West: Development of public education in early Hong Kong.* Hong Kong: Chinese University Press.

Nuñez, I. (2015). Teacher bashing and teacher deskilling. In M. He, B. Schultz & W. Schubert (Ed.), *The SAGE guide to curriculum in education* (pp. 174–182). Thousand Oaks, California: SAGE Publications. doi: 10.4135/9781483346687.n27

OECD (2019). Trends Shaping Education 2019-OECD says countries should use global mega-trends to prepare the future of education. Organisation for Economic Co-operation and Development. Retrieved February 1, 2020, from www.oecd.org/fr/education/ceri/trends-shaping-education-2019-oecd-says-countries-should-use-global-mega-trends-to-prepare-the-future-of-education.htm

Parkins, C., & Geoffrey, W. (2006). *Slow living.* London: Bloomsbury.

Partridge, E. D. (1934). Ability in leadership among adolescent boys. *The School Review, 40*(7), 526–531.

Pennington, A. (1950). A study of leisure interests in schoolboys. *Durham Research Review, 1*(1), 31–37.

Pogue, E. G. (1949). *Participation in the extra-class activities as related to socio-economic classification.* Unpublished Doctor's thesis. Urbana-Champaign, Illinois: University of Illinois.

Pruitt, C. M. (1927). Activities of chemistry clubs. *Journal of Chemical Education, 4*(8), 1037.

Rarick, L. (1943). A survey of athletic participation and scholastic achievement. *The Journal of Educational Research, 37*(3), 174–180.

Reavis, W. C., & van Dyke, G. E. (1932). *Non-athletic extra-curriculum activities (National Survey of Secondary Education Monograph No.26).* Illinois: U.S. Office of Education.

Ren, L. & Zhang, X. (2020). Antecedents and consequences of organized extracurricular activities amongChinese preschoolers in Hong Kong. *Learning and Instruction, 65,* 1–15.

Rudduck, J., & Flutter, J. (2000). Pupil participation and perspective: "Craving a new order of experience". *Cambridge Journal of Education, 30*(1), 75–89.

Sacks, P. (1999). *The standardized minds: The high price of America's testing culture and what we can do to change it*. Cambridge, Massachusetts: Perseus Publishing.

Sagsago, X. (2017). *How did the industrial revolution affect education? What are some examples?* Retrieved September 9, 2018, from www.quora.com/How-did-the-Industrial-Revolution-affect-education-What-are-some-examples

Savage, H. J., Terence, M. J., Woodmansee, B. H., & Franklin, S. D. (1929). American College Athletics. *Bulletin (Carnegie Foundation for the Advancement of Teaching) No.23*. New York: Carnegie Foundation for the Advancement of Teaching.

Schafer, W. E., & Armer, J. M. (1968). Athletes are not inferior students. *Trans-Action, 6*, 21–26.

Schafer, W. E., & Polk, K. (1967). *Delinquency and the schools*. New York: Prentice-Hall.

Schulte, M. L. (1940). Extra-curricular mathematical activities in secondary schools. *The Mathematics Teacher, 33*(1), 32–34.

Scott, M. C. (1960). The contributions of physical activity to psychology development. *Research Quarterly, 31*, 307–320.

Seah, W. T. [佘偉忠], & Wong N. Y. (2019). How can we unfold the reality of student learning, if there is a reality: Pitfalls–and bridges–of educational research. *Journal of Pedogogical Research, 3*(1), 92–99.

Shannon, J. R. (1929). The post-school careers of high school leaders and high school scholars. *School Review, 37*, 656–665.

Singapore Ministry of Education (2020). Co-curricular Activities. Retrieved February 14, 2020, from www.moe.gov.sg/education/programmes/co-curricular-activities

Smith, H. P. (1947). The relationship between scores on the Bell Adjustment Inventory and the participation in extracurricular activities. *Journal of Educational Psychology, 38*, 11–16.

St. Paul's Co-educational College [聖保羅男女中學] (2015). *SPCC Centenary*. Hong Kong: St. Paul's Co-educational College.

Start, K. B. (1961). The influence of a boy's home background on his level of performance in games at a grammar school. *Educational Review, 13*, 216–222.

Stokes, G., & Stokes, J. (1987). *Queen's College: Its history: 1862–1987*. Hong Kong: Queen's College Old Boys' Association.

Stoll, L., Bolam, R., Mcmahon, A., Wallace, M., & Thomas, S. (2006). Professional learning communities: A review of literature. *Journal of Educational Change, 7*, 221–258. DOI 10.1007/s10833-006-0001-8

Sweeting, A. (1990). *Education in Hong Kong: Pre–1841 to 1941: Fact and opinion.* Hong Kong: Hong Kong University Press.

Sweeting, A. (2002). Training teachers: Processes, products, and purposes. In K. C. Chan Lau & P. Cunich (Eds.), *An impossible dream: Hong Kong University from foundation to reestablishment, 1910–1950* (pp. 65–98). Hong Kong: Oxford University Press.

Terry, P. W. (1930). *Supervising extra-curricular activities in the American secondary school.* New York: McGraw-Hill.

Terry, P. W. (1932a). Summary of investigation of extra-curriculum activities in 1930. *School Review, 40*, 124–137, 182–191.

Terry, P. W. (1932b). Summary of investigation of extra-curriculum activities in 1931. *School Review, 40*, 505–514, 613–619.

Terry, P. W. (1934a). Selected references on the extra-curriculum. School *Review, 42*, 299–306.

Terry, P. W. (1934b). Studies in extra-curriculum activities on the curriculum. *Review of Educational Research, 4*, 191–193.

Terry, P. W. (1935–42). Selected references on the extra-curriculum. *School Review, 43–50.*

Terry, P. W. (1946). Selected references on the extra-curriculum. *School Review, 54*, 238–241.

Terry, P. W., & Brown, G. (1948). Selected references on the extra-curriculum. *School Review, 56*, 239–243.

Terry, P. W., & Charters, A. (1947). Selected references on the extra-curriculum. *School Review, 55*, 239–242.

Terry, P. W., & Cooper, D. H. (1943). Selected references on the extra-curriculum. *School Review, 51*, 241–245.

Terry, P. W., & Cooper, D. H. (1944). Selected references on the extra-curriculum. *School Review, 52*, 245–250.

Terry, P. W., & Hendricks, A. E. (1949). Selected references on the extra-curriculum. *School Review, 57*, 237–241.

Terry, P. W., & Olson, P. T. (1951). Selected references on the extra-curriculum. *School Review, 59*, 237–242.

Terry, P. W., & Peterson, O. (1945). Selected references on the extra-curriculum. *School Review, 53*, 240–244.

香港學校課外活動發展史

Terry, P. W., & Stout, T, L. (1950). Selected references on the extra-curriculum. *School Review, 58,* 233–237.

Thomas, R. J. (1954). An empirical study of high school drop-outs in regard to ten possibly related factors. *Journal of Educational Sociology, 28,* 11–18.

Tsang, S. [曾銳生] (2004). *A modern history of Hong Kong.* Hong Kong: Hong Kong University Press.

Tsang, W. H. [曾永康] (1996). *A study on job Stress of extracurricular activities coordinators in Hong Kong secondary schools.* Unpublished dissertation for the award of Master of Arts in Education Management, University of Wolverhampton.

Tsang, W. H. (2000). *Quality management of extracurricular activities in Hong Kong secondary schools.* Unpublished Ed.D. thesis. Leicester: University of Leicester.

Tse, K. C. [謝均才] (1997). Extra-curricular activities and civic education in Hong Kong secondary schools. *Educational Research Journal, 12*(1), 117–122.

Tsoi, H. S. [蔡香生] (1973). *The place of extra-curricular activities in colleges of education.* Unpublished DETO (Diploma in the Education of Teachers Overseas) Dissertation. Manchester: School of Education, the University of Manchester.

Turnbull, C. M. (2002). The Malayan connection. In K. C. Chan Lau & P. Cunich (Eds.), *An impossible dream: Hong Kong University from foundation to reestablishment, 1910–1950* (pp. 99–118). Hong Kong: Oxford University Press.

Twining, C. W. (1957). Relationship of extracurricular activity to school marks. *School Activities, 28,* 181–184.

Vaughan, R. P. (1968). Involvement in extracurricular activities and dropout. *Journal of College Student Personnel, 9,* 60–61.

Watkins, D. A., Biggs , J. B. (1996) (Eds.). *The Chinese learner: Cultural, psychological and contextual influences.* Hong Kong: Comparative Education Research Centre, The University of Hong Kong; Melbourne: The Australian Council for Educational Research.

Watkins, D. A., Biggs , J. B. (2001) (Eds.). *Teaching the Chinese learner: Psychological and pedagogical perspectives.* Hong Kong: Comparative Education Research Centre, The University of Hong Kong.

Wilds, E. H. (1917). The supervision of extra-curricular activities. The School Review, 25(9), 659–673.

Wiley, W. E. (1925). Organization of extra-curricular activities as a device for training in citizenship. *The School Review, 33*(1), 62–66.

Williams, L. A. (1948). *Secondary schools for American youth.* Woodstock, Georgia: America Book Company.

Wong, N. Y. (2009). Exemplary mathematics lessons: What lessons we can learn from them ? *ZDM – The International Journal on Mathematics Education, 41*, 379–384.

Wong, N. Y. (2017). Teaching through variation: An Asian perspective – Is the variation theory of learning varying? In R. Huang [黃榮金], & Y. Li [李業平] (Eds), *Teaching and learning mathematics through Variation – Confucian-Heritage meets Western theories* (pp. 375–388). Rotterdam: Sense publications.

Wong, N. Y., Han, J. W., & Lee, P. Y. (2004). The mathematics curriculum: Towards globalisation or Westernisation? In L. Fan, N. Y. Wong, J. Cai, & S. Li (Eds.), *How Chinese learn mathematics: Perspectives from insiders* (pp. 27–70). Singapore: World Scientific.

Wong, N. Y., Wong, W. Y [黃慧英]. & Wong, E. W. Y. [黃穎瑜] (2012). What do Chinese value in (mathematics) education. *ZDM – Mathematics Education, 44*(1), 9–19. doi: 10.1007/s11858-012-0383-4.

Wood, J. R. (1912). *Report of the Director of Education for the year 1911*. Hong Kong: Government Printer.

Yarworth, J. S., & Gauthier, W. J. (1978). Relationship of student self-concept and selected personal variables to participation in school activities. *Journal of Educational Psychology, 70*(3), 335.

Yeung Hans, W. Y. [楊穎宇] (2002). Bookworms, dandies, and activists: Student life at HKU in the 1920s and 1930s. In K. C. Chan Lau & P. Cunich (Eds.), *An impossible dream: Hong Kong University from foundation to reestablishment, 1910–1950* (pp. 139–162). Hong Kong: Oxford University Press.

Zhou, Y. [周憶粟] , Wong, Y. L. [黃綺妮], & Li, W. [李薇] (2015). Educational choice and marketization in Hong Kong: the case of direct subsidy scheme schools. *Asia Pacific Education Review, 16*, 627–636.

Ziblatt, D. (1965). High school extracurricular activities and political socialization. *The Annals of the American Academy of Political and Social Science, 361*(1), 20–31.

索引

香港學校課外活動發展史

香港學校課外活動發展史

十五畫